COLLECTION / SANTÉ

Guides pratiques

La Collection Santé, dirigée par le docteur Serge Mongeau, réunit des titres traitant de divers aspects de la santé ou des moyens de la retrouver quand on l'a perdue. Ces livres sont destinés au grand public, car les auteurs croient qu'il faut cesser de se fier, pour sa santé, aux seuls spécialistes. En conséquence, cette collection devrait contribuer à la démédicalisation de la santé.

Dans la Collection Santé, la série **Guides pratiques** présente des instruments concrets pour permettre de régler soi-même divers problèmes de santé. Ces livres sont écrits dans une langue très accessible et la mise en pratique des conseils qu'ils contiennent ne peut mettre en danger la santé des usagers.

GUIDE D'ANALYSE DES
RÊVES

Données de catalogage avant publication (Canada)

Saulnier, Thérèse-Isabelle

Guide d'analyse des rêves

(Collection Santé. Guides pratiques).
Comprend des références bibliographiques.

ISBN 2-89037-399-1

1. Rêves. I. Titre. II. Collection.
BF1092.S28 1990 135'.3 C90-096049-3

Dépôt légal:
1er trimestre 1990
Bibliothèque nationale du Québec
Bibliothèque nationale du Canada

Montage:
Régis Normandeau

GUIDE D'ANALYSE DES
RÊVES

THÉRÈSE-
ISABELLE
SAULNIER

ÉDITIONS QUÉBEC/AMÉRIQUE
425, rue Saint-Jean-Baptiste,
Montréal, Québec H2Y 2Z7
(514) 393-1450

Préambule

Pour vous mettre dans l'atmosphère...

Si vous avez acheté ce livre, c'est certainement parce que vous désirez être capable de comprendre vos rêves. Vous pressentez qu'ils signifient quelque chose, qu'ils contiennent un sens caché. Mais lequel ? Et surtout, comment le découvrir, comment le déchiffrer ? Voilà toute la question !

En vous procurant ce livre plutôt qu'un autre sur le sujet, vous avez fait un choix judicieux, puisque son but est de vous expliquer comment vous y prendre pour découvrir vous-même ce sens.

Cependant, une telle entreprise n'est pas toujours facile et exige un certain état d'esprit dont nous allons d'abord vérifier l'existence. Êtes-vous prêt ou prête, psychologiquement, à faire cette étude ? C'est ce que nous allons voir à l'instant.

À quoi mène l'analyse de nos rêves ? À quoi faut-il s'attendre comme résultat ?

Vous avez peut-être déjà consulté certaines « clés des songes » ou « dictionnaires de rêves » pour arriver à déchiffrer certains éléments de vos rêves. Sans doute avez-vous remarqué que la plupart de ces clés donnent, pour chaque mot, une signification précise qui, la plupart du temps, va dans le sens d'une prédiction d'avenir. Vous rêvez d'un orage ? Le beau temps s'annonce dans votre vie ! Vous cassez un verre ? C'est signe de bonheur et de sentiments durables... Et ainsi de suite.

Or, les rêves nous parlent très rarement de l'avenir, mais plutôt du présent et du passé, de *notre* présent et de *notre* passé: ils nous parlent de nous-mêmes, de ce que nous sommes et de ce que nous sommes devenus; si nous avons des difficultés ou des problèmes que nous traînons depuis longtemps, nos rêves nous amènent à les identifier et à les régler. Analyser ses rêves, ce n'est rien d'autre, en fait, que réfléchir sur soi-même, apprendre graduellement à se connaître et à grandir sans cesse, à devenir de plus en plus maître de soi-même, libre, autonome.

En entreprenant l'analyse de vos rêves, vous ferez donc un retour sur vous-même et sur votre vie; vous réfléchirez sur vous-même, sur ce que vous êtes, sur la manière dont vous réussissez ou non dans la vie, sur la façon dont vous percevez les autres et la vie en général. Nos rêves, en effet, n'ont pour seul et unique sujet que nous-mêmes dans ce que nous sommes et ce que nous percevons.

En travaillant ainsi sur vos rêves, vous ferez des découvertes passionnantes et parfois étonnantes sur vous-même. La plupart d'entre elles vous feront plaisir, ou vous feront sourire. Bien souvent, en effet, de telles constatations vous amuseront ou, encore, vous en éprouverez tant de fierté et elles vous libéreront tellement que vous en sourirez de contentement, comme un enfant à qui on fait un beau compliment!

Par contre, d'autres découvertes ne sont pas aussi joyeuses. Il arrive, en effet, que nous ayons affaire à des vérités un peu difficiles à avaler, à des réalités que nous avons cherché à oublier, mais qui n'en sont pas moins agissantes. Il nous faut tout de même arriver à reconnaître celles-ci et à les intégrer, même si cela coûte parfois des larmes et des grincements de dents. Le sentiment de libération et de légèreté qui s'ensuit est tellement grand qu'on se dit toujours que cela en valait la peine et que c'était même nécessaire!

Bien sûr, lorsque vous maîtriserez la présente méthode d'analyse des rêves en ayant étudié les vôtres, vous aurez sans doute l'occasion, un jour ou l'autre, d'examiner ceux d'autres personnes. Le travail d'exploration que vous aurez alors à faire avec celles-ci sera le même que pour vos propres rêves. Là encore, cela risque de prendre du temps, et les découvertes seront du même ordre ! C'est une expérience passionnante, certes, mais aussi très délicate !

Le moment est-il venu pour vous d'amorcer cette réflexion sur vous-même ? Si oui, poursuivez votre lecture. Pour entreprendre une telle démarche, vous avez le désir de vous prendre en main et d'acquérir la maîtrise de vous-même et de votre vie, ce qui est la condition essentielle au processus d'auto-analyse. Tout le monde n'en a malheureusement pas le goût. Puisque vous le manifestez, vous pouvez alors légitimement considérer que vous êtes un être privilégié et que désormais, l'avenir vous appartient !

* * *

Peut-être avez-vous entendu des gens prétendre pouvoir interpréter les rêves, comme « oniromanciens » ou « onirologues »[1]. Généralement, ces personnes sont très impressionnantes et nous semblent avoir un don particulier, comme les adeptes de la cartomancie ou de la chiromancie. On a pu entendre ou lire ce genre d'interprétations à la télévision, à la radio ou dans les journaux. Ici, au Québec, nous avons, entre autres, Monique Aubry et Jacques Zouvi. En France, il y eut le psychologue Étienne Perrot qui a participé à une série d'émissions radiophoniques où il interprétait des rêves que les auditeurs et auditrices lui confiaient[2].

Est-ce là le but que vous poursuivez ? Voulez-vous devenir un ou une oniromancienne, un « devin » des

1. *Oniromancie* signifie « divination par les songes » (« oniro » vient du grec et signifie rêve alors que « mancie » donne l'idée de divination). Onirologie signifie « étude des rêves » ; c'est déjà plus scientifique, mais encore faut-il voir comment procède celui ou celle qui la pratique.
2. Ces émissions ont été transcrites et publiées sous le titre *Les Rêves et la vie*, d'Étienne Perrot. Pour la référence complète de toutes nos citations, consulter notre bibliographie.

rêves? Voulez-vous être capable d'interpréter en moins de cinq minutes les rêves des autres? Si oui, mieux vaut abandonner tout de suite la partie. D'abord, l'analyse des rêves est beaucoup plus longue et sérieuse que cela; ensuite, quel que soit le rêve que l'on étudie, il faut l'examiner dans le moindre détail *en tenant compte uniquement des perceptions de la personne qui l'a fait.* Comme nous le verrons tout au long de ce livre, la seule « clé » possible, pour déchiffrer le sens d'un rêve, c'est la personne qui a fait le rêve. Il n'y a donc pas d'« experts » qui peuvent interpréter correctement un rêve de l'extérieur, à la place de la personne qui a fait ce rêve, même si certains et certaines prétendent en être capables et le font dans les journaux ou à la télévision. Vous êtes la personne la mieux placée pour dire ce que tel élément ou tel symbole signifie dans *votre* rêve. Pour le moment, concentrez-vous donc sur vos rêves et sur vous-même. Abordez ce livre en vous disant: « Mon but est de savoir comment analyser et comprendre mes rêves, et non de devenir un ou une interprète des rêves. »

Ce que nous venons d'affirmer signifie donc qu'il revient à chaque individu de travailler sur les divers éléments de son rêve et de mettre à jour le sens qu'ils ont *pour lui.* Ce sens varie d'une personne à l'autre et nul ne peut prétendre imposer son propre sens à quelqu'un d'autre. Par conséquent, l'analyse d'un rêve exigera un travail de réflexion qui, dans certains cas, peut s'avérer long et difficile: plus le contenu est inconscient, plus il exige d'efforts pour parvenir au niveau conscient. Il faut donc vous attendre à travailler parfois très fort, à devoir vous « creuser les méninges » pour faire surgir le sens de vos rêves. En ce domaine comme en bien d'autres, on n'a malheureusement rien pour rien.

* * *

Une remarque, maintenant, sur la nature même des rêves (nature que nous préciserons plus en détail aux chapitres 1 et 2). La plupart des gens considèrent que leurs rêves sont illogiques, absurdes, ridicules et abracadabrants. En effet, l'absence de lien entre les images et les événements nous frappe tout particulièrement; tout nous semble décousu, sans suite logique et souvent, on ne peut voir de rapport entre l'effet et la cause d'un phénomène. Donnons quelques exemples:

Je suis d'abord au pôle nord, dans les glaces et le froid; puis, hop! me voici sur une belle plage ensoleillée devant une mer très calme, d'un bleu azuré...

Je rêve qu'on m'interdit de franchir une porte parce que *j'ai oublié mon sac à main dans une bibliothèque...*

En effet, qu'est-ce qui peut expliquer un passage subit entre le froid et la chaleur? Quel lien peut-il y avoir entre le fait de pouvoir franchir une porte et celui d'avoir, ou non, son sac à main avec soi? À première vue, aucun. Mais à première vue seulement!

En réalité, cet illogisme apparent vient du fait que la logique du rêve (car il y en a bel et bien une) est différente de celle qu'utilise la raison: l'inconscient, qui nous fournit nos rêves, parle un langage différent, un langage par images, analogique et symbolique, qu'il nous faut traduire pour en comprendre le sens. C'est cette langue, métaphorique, imagée et symbolique que vous apprendrez ici à découvrir et à déchiffrer.

* * *

Pour finir, voici quelques précisions sur la méthode d'analyse des rêves que nous vous amènerons progressivement à maîtriser tout au long de ces pages. Tout d'abord, celle-ci ne présuppose aucun talent divinatoire ni aucun don particulier. Contrairement à ce que bien des auteurs font et disent, on ne «chante» pas sur les rêves, on les travaille rigoureusement. On n'a pas à y voir des messages qui nous seraient envoyés par quelque dieu extérieur à nous: ce n'est là que superstition. Il n'est pas nécessaire, non plus, d'avoir été préalablement initié à quelque culte ésotérique que ce soit pour y comprendre quelque chose. La science, l'analyse des rêves est exotérique; c'est un savoir méthodique qui relève de la raison et n'a rien à voir avec la mystique.

Cette méthode, que tous les spécialistes gardent malgré tout secrète, est connue et même exercée par bon nombre de psychologues ou thérapeutes qui sont appelés, à l'occasion, à travailler avec les rêves de leurs clients. Il s'agit tout simplement de la méthode d'*association d'idées*, qui vous sera largement expliquée et illustrée dans ce livre grâce à l'étude détaillée de nombreux rêves et à l'explication du processus de raisonnement qui a mené à leur traduction finale.

Or cette association d'idées, clé de l'analyse des rêves, est essentiellement individuelle : personne ne peut prétendre appliquer ses propres perceptions et ses propres significations à des éléments de rêves qui appartiennent à quelqu'un d'autre. Un chat ne signifie pas nécessairement la même chose pour moi et pour mon voisin. Dans les rêves de ce dernier, c'est sa perception des chats, et non la mienne, qui compte ! Par conséquent, vous ne trouverez pas, ici, d'explications toutes faites tirées d'ailleurs que dans les associations mêmes de la personne qui a fait le rêve. Sans cesse, pour vos propres rêves, vous devrez vous poser la question : « Qu'est-ce que cela représente *pour moi* ? » Vous acquerrez donc une méthode, un moyen, une manière de questionner vos rêves (vous-même, en fait) pour les faire parler et leur faire livrer leur sens caché. Œuvre parfois difficile, mais combien enrichissante !

***

Retour sur votre état d'esprit

	OUI	NON
En entreprenant l'analyse de vos rêves, vous ferez un retour sur vous-même et sur votre vie; vous réfléchirez sur vous-même, sur ce que vous êtes, sur la manière dont vous réussissez ou non dans la vie, sur la façon dont vous percevez les autres et la vie en général : êtes-vous prêt ou prête à le faire ?	_____	_____

Votre principale motivation est-elle de comprendre vos propres rêves ? _____ _____

L'analyse d'un rêve exige un travail de réflexion qui, dans certains cas, peut s'avérer long et difficile. Êtes-vous prêt ou prête à y investir le temps et l'énergie nécessaires ? _____ _____

Si vous avez répondu oui à ces trois questions, alors vous êtes dans l'état d'esprit idéal pour aborder ce livre et entreprendre l'analyse de vos rêves.

Commencez dès maintenant à ne vous fier qu'à vous-même et à vous concentrer sur VOUS. Avant même de tourner cette page et d'aborder le chapitre 1, faites d'abord les quatre (4) exercices suivants, qui vous serviront d'ailleurs en cours de route. C'est la première étape de votre auto-analyse qui commence !

* * *

Travail préalable

1. Si ce n'est déjà fait, allez acheter un cahier qui sera votre «journal de rêves». Faites-le consciencieusement et avec amour : c'est votre vie qui s'y révélera !

Achetez de préférence un cahier à anneaux avec feuilles mobiles : c'est beaucoup plus pratique et cela permet aussi de faire des ajouts sans problèmes majeurs.

Accordez une attention particulière au choix de la couleur de votre cahier. Nous avons toujours une prédilection pour certaines couleurs, auxquelles nous associons des états d'âme ou une signification plus ou moins consciente. (Tiens, ce serait l'occasion rêvée pour mettre à jour le sens que vous donnez à telle et telle couleur ! Pensez-y tout en la choisissant.)

2. Sur la première page de votre cahier, identifiez *au moins un* problème ou une difficulté que vous voulez vaincre et faire disparaître, et un but que vous voulez atteindre : ce sera le point de départ de votre démarche.

Toute personne a au moins un petit quelque chose à

résoudre: une certaine instabilité émotionnelle, un manque de motivation au travail, un manque de confiance en soi, des amours difficiles, etc. Quelle est votre pierre d'achoppement à vous ?

3. Faites un bref bilan de votre vie, votre autoportrait :

– vos qualités et vos points forts;

– vos défauts et vos points faibles;

– vos principaux problèmes ou difficultés dans la vie;

– vos principaux souvenirs (point très important);

– votre situation actuelle : où en êtes-vous ?

– vos aspirations : ce que vous voudriez être, devenir, réaliser; ce que vous pensez être, et ce que vous vous croyez capable de devenir;

– votre héritage familial : comment voyez-vous votre famille, c.-à-d. votre père, votre mère, vos frères et sœurs ? Quels sont les principaux traits de vos deux familles, du côté maternel et du côté paternel ? De quel côté croyez-vous pencher le plus ? Pourquoi ?

4. Si vous vous sentez immédiatement d'attaque (après avoir accompli les trois points précédents), commencez à décrire quelques rêves dont vous vous souvenez.

A. Faites votre description de la manière la plus complète possible, en essayant de n'omettre aucun détail.

B. Numérotez vos rêves, de préférence par ordre chronologique.

C. Donnez-leur un titre et indiquez la date, même si celle-ci n'est qu'approximative (par exemple: quand j'avais entre 6 et 8 ans; à l'adolescence; il y a trois semaines).

C'est fait ? Alors vous pouvez aborder le chapitre 1. Mais pas avant !

* * *

À LIRE SI...

... vous ne vous rappelez jamais avoir rêvé.

« Je veux bien analyser mes rêves, mais je les ai tous oubliés et, de toutes façons, je ne rêve pratiquement jamais... »

Détrompez-vous, ou rectifiez votre façon de parler, puisqu'il est prouvé scientifiquement que nous rêvons plusieurs fois en une seule nuit et pas seulement un rêve. En réalité, il s'agit plutôt d'un problème de mémoire ; ceux et celles qui disent ne jamais rêver ou ne rêver que très rarement devraient plutôt dire : « Je ne me souviens jamais de mes rêves, ou très rarement. »

Je me rappelle un jeune homme qui voulait apprendre à déchiffrer ses rêves ; il avait acquis la base théorique et attendait qu'un beau matin, le souvenir d'un rêve se présente enfin. Trois mois plus tard, toujours rien... Dès qu'il se réveillait, il avait beau se poser la question : « Ai-je rêvé cette nuit ? », la réponse était toujours non, c.-à-d. que dès son réveil, il ne se souvenait de rien. Il rêvait pourtant, et son sommeil était même très agité : il lui arrivait de bouger et de parler en dormant. Son amie le réveillait alors et lui demandait ce qu'il était en train de rêver : même en de telles circonstances, « pris sur le vif », il n'arrivait pas à s'en souvenir... Voilà certes un sérieux cas de trou de mémoire !

Si vous ne vous souvenez que très rarement de vos rêves, vous pouvez toujours commencer par l'un de ceux que vous avez déjà faits et que votre mémoire a conservés. L'important, c'est de commencer ! Si vous n'en avez vraiment aucun (ce qui m'étonnerait !), attendez qu'il s'en présente un, dans les jours qui suivent. N'oubliez pas qu'un principe de psychologie veut qu'on ne se souvienne en fait que de ce qui nous intéresse ; donc, plus vous vous intéresserez à vos rêves, plus vous risquerez de vous en souvenir.

Avant de vous endormir, essayez de vous auto-suggestionner et de « passer la commande » d'un rêve, en répétant plusieurs fois, par exemple : « Je vais rêver cette nuit, et m'en souvenir à mon réveil. » Utilisez toujours la même formule. Dès que vous reprenez conscience, posez-vous la question: « Ai-je rêvé ? » Si oui, alors vous excellez dans l'autosuggestion ! Sinon, recommencez le soir suivant. Normalement, vous devriez avoir un rêve dans les trois ou quatre jours, si tout va bien.

Parfois, on peut reconstituer un rêve dans le laps de temps qui se déroule entre le sommeil et le réveil, un temps de demi-conscience où il se brasse toutes sortes d'idées (qui souvent, malheureusement, s'envolent dès que l'on est réveillé pour de bon...). Essayez, cela peut marcher !

Si vous vous réveillez en pleine nuit au milieu d'un rêve, mémorisez-le à ce moment-là: répétez deux ou trois fois l'essentiel de ce que vous avez rêvé et, le matin, posez-vous la question: « Qu'est-ce que j'ai rêvé ? » Habituellement, tout le rêve vous reviendra. Pour plus de sûreté, écrivez-le ou, puisque l'on tient tout de même à se rendormir le plus vite possible lorsqu'on se réveille en pleine nuit, enregistrez-le, si vous avez un magnétophone. Placez ce dernier à portée de la main près de votre lit.

Faire un somme l'après-midi peut être très favorable au souvenir d'un rêve: on se rappelle alors généralement le rêve qu'on a fait juste avant de se réveiller. Cependant, arrangez-vous pour dormir au moins une heure et demie, car la science expérimentale nous apprend que le premier rêve arrive après 90 minutes de sommeil.

Si vraiment il n'y a rien à faire et que vous ne vous souvenez toujours pas de vos rêves, essayez ces petites recettes que j'ai trouvées dans le livre *La Révolution du rêve* de Pierre Fluchaire:

– Placez chaque soir un verre d'eau sur votre table de nuit, et associez-le au fait de rêver. Buvez la moitié du verre juste avant de vous endormir, en demandant de vous rappeler de vos rêves. Dès le réveil, buvez la deuxième moitié. Un jour, le déclic-souvenir finira par se produire.

– Prenez de la vitamine B_6 qui, paraît-il, favorise la mémoire. (Un prof de bio m'a dit que ça marchait: il en a pris et c'est formidable ce qu'il s'est mis à rêver !)

– Consommez une nourriture adéquate, à base de protéines. (Il semblerait qu'il soit prouvé scientifiquement que les «cellules rêveuses» du cerveau se nourrissent essentiellement de protéines...) Deux recettes proposées par Fluchaire: 10 gouttes de citronnelle par demi-litre d'eau; 1 cuillerée à dessert de «sommités fleuries» (dit-il!) par tasse d'eau bouillante. Infuser dix minutes; en prendre deux ou trois fois par jour.

– Associez un parfum ou un air de musique à un thème ou à une personne à laquelle vous voulez rêver. Respirez-le ou écoutez-le juste avant de vous endormir. (Attention: pour que ça marche, il faut un long entraînement, précise Fluchaire! Faites donc preuve de patience et répétez l'exercice pendant plusieurs jours, sans vous décourager: à un moment donné, vous bénéficierez du fruit de votre labeur!)

– En désespoir de cause, vous pouvez toujours essayer de dormir à la belle étoile, ce qui, toujours selon Fluchaire, favorise «les rêves d'une grande ampleur»... Mieux encore, choisissez un endroit au bord de l'eau, mais évitez les régions où il y du minerai de fer, car cela perturberait les rêves...

– Dormez toujours la tête au nord ou, à tout le moins, à l'est, à cause de l'influence du champ magnétique terrestre: «nos rêves dépendent des ondes électromagnétiques, ondes de forme... qui sont présentes là où nous dormons», écrit le plus sérieusement du monde Fluchaire.

– Si jamais rien de tout cela ne réussit, eh bien! Fluchaire vous propose une solution assez radicale et probablement fort coûteuse, mais enfin! Il s'agit du *caisson d'isolation sensorielle,* comme on en voit dans le film *États altérés,* où un jeune scientifique s'isole dans un tel caisson et vit des expériences absolument incroyables, jusqu'à se transformer en être pré-humain, voire en animal. Le tout est d'en trouver un! Vous pouvez toujours opter pour la «bulle», perfectionnement récent de ce même caisson, mais le problème doit être le même....

– Enfin, moyen plus abordable, tentez de faire ce qu'on appelle un «rêve éveillé»: installez-vous dans un endroit tranquille, dans la pénombre. Relaxez et laissez venir toutes les images qui se présenteront à vous: à un moment donné, ces images devraient former une suite d'images, c.-à-d. un rêve. (Mais précisons qu'un tel exercice n'est pas facile à réaliser, surtout si l'on n'en a jamais tenté l'expérience. La patience est de mise.)

En attendant les résultats, lisez le chapitre 1: peut-être cette lecture vous inspirera-t-elle subconsciemment!

Première partie

Guide d'analyse

Chapitre 1

Le psychisme humain ou tout ce qui peut se passer à mon insu…

Les trois zones du psychisme

Pour comprendre la nature et le sens de nos rêves, il nous faut d'abord avoir une idée de la composition et du fonctionnement du psychisme humain. Attardons-nous donc un moment à celui-ci.

On distingue toujours trois couches ou trois zones du psychisme : le conscient, le subconscient et l'inconscient. Par définition, nous n'avons pas conscience de la zone inconsciente. Mais ce n'est pas parce que nous l'ignorons ou que nous ne la sentons ou ne la percevons pas qu'elle n'existe pas et qu'elle n'est pas agissante !

En ce qui concerne la zone subconsciente, elle se situe, comme son nom l'indique, sous la zone consciente, entre celle-ci et la zone inconsciente. Bon nombre de nos pensées et de nos perceptions y tombent directement sans passer par la conscience. Comme il s'agit d'une zone voisine, en faire l'exploration n'est pas nécessairement difficile, comme nous allons le voir dans quelques instants.

Quant au domaine conscient, nous avons tous et toutes une idée de ce qu'il peut être et contenir puisque, toujours par définition, nous en avons conscience : nous savons ce qui se passe, ce qui nous arrive ou arrive autour de nous, nous percevons ce que nous pensons et ce qui passe par nos cinq sens.

Or il est reconnu que la zone consciente est bien petite par rapport à la zone inconsciente. Il en est exactement du psychisme comme d'un iceberg: la petite pointe que nous voyons à la surface de l'eau, équivalente à la conscience, n'est qu'une faible partie (pas plus que le quart) de l'ensemble. Ce qui reste caché sous l'eau (plus des trois quarts) est l'équivalent de la zone inconsciente du psychisme.

Un véritable iceberg

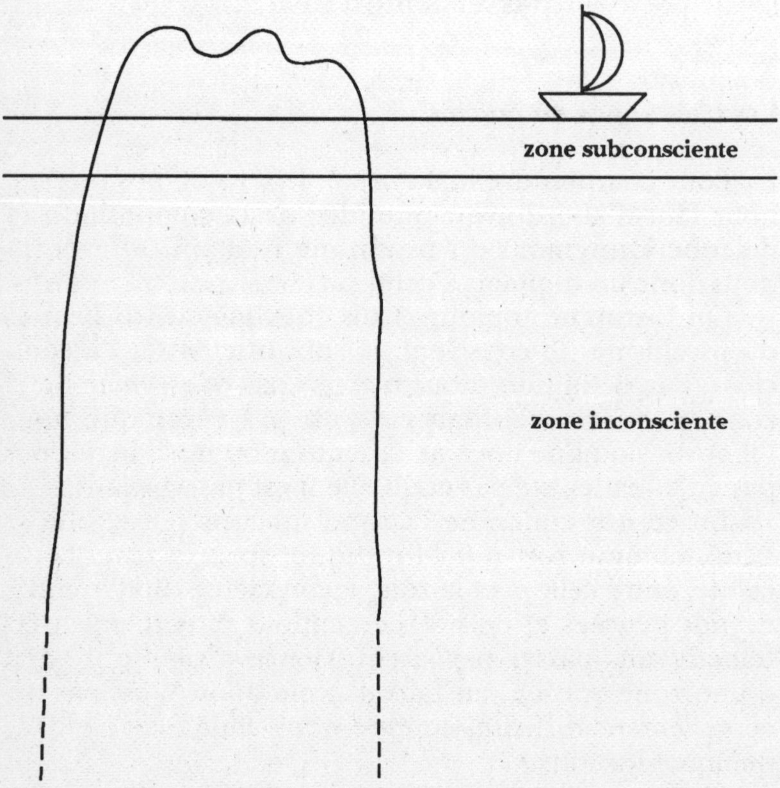

Comme on dit que nous nous servons d'à peine 10 % des capacités de notre cerveau, on peut tout aussi bien affirmer que notre conscience ne perçoit qu'un faible 10 % de tout ce qui passe par les cinq sens – et même par l'esprit lui-même, car il y a bien des choses que nous pensons sans trop nous en rendre compte, ou que nous faisons par stricte habitude, de façon toute routinière, sans vraiment en prendre conscience. Pour illustrer tout cela, prenons quelques exemples:

Tout ce que nos yeux peuvent percevoir au cours d'une journée

Imaginez seulement toutes les personnes que votre œil peut voir lorsque vous marchez sur la rue ou que vous vous promenez dans un centre commercial. Vous repérez quelques visages, bien sûr; certains sont très bien vus et perçus consciemment, mais combien d'autres ne sont-ils que visuellement enregistrés sans passer par la prise de conscience? Or, même si vous ne les avez pas vraiment vus, leur image est enregistrée dans la zone subconsciente et dans l'inconscient; cette faculté en nous qui nous donne des rêves pourra très bien se servir de ces visages si cela lui chante ou qu'elle juge bon de nous les présenter.

Mais les gens ne sont qu'un élément parmi d'autres de nos perceptions visuelles quotidiennes. Même si nous passons la journée dans la même pièce, notre œil perçoit ce qu'il y a sur les murs, les jeux de lumière, ce qui se passe et bouge à l'extérieur de la fenêtre... Si nous sommes en voiture et que nous sommes absorbés par une conversation ou par la ligne blanche ou jaune de la route, notre œil n'en perçoit pas moins le paysage qui se déroule devant et à côté de nous, à gauche, à droite et même en arrière!

Tous les sons que notre oreille peut percevoir

Que dire maintenant de tout ce que notre oreille peut enregistrer comme sons, bruits de fond et bribes de conversation! Comme nous voyons bien souvent sans voir, nous entendons aussi sans vraiment entendre; mais, dans les deux cas, rien ne se perd! Pour vous en rendre compte, il suffit de faire l'expérience suivante: où que vous soyez présentement, arrêtez votre lecture et écoutez les bruits que votre oreille est en train d'enregistrer, mais dont vous n'aviez pas conscience: les bruits extérieurs de la rue, ceux de la sécheuse, du climatiseur, du chauffage, ou ce ronron du frigo ou du néon qui vous éclaire, etc.

Par la même occasion, prêtez attention à ce que votre œil gauche et droit peuvent percevoir à votre insu. Palpez le livre que vous tenez entre les mains pour en sentir consciemment la texture; vérifiez la différence entre le papier de la couverture et celui des pages. Considérez l'effet que cette texture vous fait. Constatez combien votre concentration a dirigé votre zone consciente uniquement sur votre livre et non sur votre environnement sensoriel. Pourtant, vos sens ont tout capté et tout enregistré.

Peut-être êtes-vous de ceux et celles qui aiment lire ou travailler tout en écoutant de la musique? Qu'est-ce qui joue présentement? Vous ne vous en êtes pas rendu compte, mais vous entendiez sans entendre. Or votre subconscient et votre inconscient, eux, n'ont rien perdu!

Tous ces gestes quotidiens faits automatiquement

Passons maintenant à tout ce que vous faites au cours d'une journée, sans trop vous en rendre compte:

Votre corps est toujours placé dans une certaine position; mais quand en prenez-vous vraiment conscience?

Lorsque vous vous levez le matin, je suppose que vous ne vous posez pas la série de questions suivantes: suis-je couché sur le dos, sur le côté ou sur le ventre? Vais-je me lever ou non? Si oui, de quel pied? Vais-je faire mon lit immédiatement ou plus tard? Quelle est la première chose que je vais faire une fois debout?

Non! Toutes ces petites actions matinales se font automatiquement sans réflexion. Et pendant que nous «choisissons» le menu de notre petit déjeuner et les vêtements que nous allons porter ce jour-là, bien des idées et des réflexions nous sont déjà passées par l'esprit, mais lesquelles ? Bien malin celui qui saurait le dire, n'est-ce pas ? C'est que toutes ces pensées se sont déroulées sur le plan subconscient, sans que nous en prenions vraiment conscience. Cependant, encore une fois, tout a été enregistré et est prêt à servir, peut-être la nuit suivante...

Et nous pourrions continuer ainsi à constater combien il se passe de choses à notre insu en une seule journée, que ce soit en travaillant, en conduisant notre voiture, en faisant la vaisselle, en marchant, en parlant à quelqu'un, en lisant même !

Et que dire de tous nos gestes routiniers, de nos expressions, mimiques, tics et de tous ces petits événements et objets de notre vie quotidienne qui nous passent littéralement sous le nez sans que nous les percevions vraiment et sans que nous nous rendions compte que nous sommes en train de les faire ou de les voir! En ce moment même, peut-être êtes-vous en train de vous ronger les ongles, de tirer certains poils de votre moustache ou de tourner l'une de vos mèches de cheveux favorites ? Vérifiez si certains gestes vous avaient échappé... Renouvelez l'expérience trois ou quatre fois durant la journée: arrêtez-vous subitement et regardez-vous, regardez aussi autour de vous pour repérer tout ce qui vous avait échappé. C'est instructif !

Tout ce que nous percevons, sentons et pensons subconsciemment n'est aucunement perdu: c'est tombé directement dans la zone subconsciente de notre psychisme, sans passer par la zone de la conscience. En nous arrêtant momentanément pour nous mettre à l'écoute de nous-même et de notre environnement, nous nous sommes aperçus, tout à l'heure, qu'en faisant un petit effort, il était possible de « récupérer » tout ce qui nous passe ainsi sous le nez. Ces contenus inconscients ou hors-conscience, si l'on peut dire, nous sont donc accessibles si nous y prêtons attention.

Maintenant, comment nous servir de cette prise de conscience que nous venons de faire à propos de tout ce qui nous échappe quotidiennement ? Avant de répondre à cette importante question, tournons-nous quelques instants du côté de notre inconscient, cette faculté qui nous parle, qui communique avec nous par le biais des rêves.

Qu'est-ce que l'inconscient ?

Lorsque nous utilisons le mot « inconscient », nous voulons dire deux choses. Tout d'abord, en tant que ZONE du psychisme humain, l'inconscient est un véritable réservoir, un lieu où se trouvent souvenirs, expériences, perceptions, émotions, etc. Bref, un endroit indéterminable, non localisable physiquement mais bien existant, qui contient toute notre vie – et sans doute encore davantage... Rien de ce que nous avons senti, perçu et vécu depuis notre naissance, voire même depuis notre conception dans le sein maternel, n'a été perdu : tout est enregistré dans notre tête et même dans notre corps.

Ensuite, en tant que FACULTÉ, l'inconscient est cette réalité psychique qui nous parle en ces images et ces histoires d'allure souvent abracadabrante et ridicule que sont les rêves. C'est son langage à lui, son moyen de communication pour entrer en contact avec le Moi conscient. Au même titre, justement, que le MOI est le centre de la conscience, l'INCONSCIENT-FACULTÉ est le centre de l'inconscient-réservoir.

En étudiant de près vos rêves, vous allez fouiller graduellement dans ce réservoir qu'est votre inconscient en tant que zone, et vous allez entrer en communication, et même en dialogue, avec votre inconscient-faculté qui, soit dit en passant, attend depuis très longtemps que vous vous décidiez enfin à l'écouter ! (Admettons qu'il est d'une patience d'ange... Ça doit être parce qu'il sait très bien que vous ne détenez pas le mode d'emploi pour le comprendre. Patience ! Vous allez l'avoir très bientôt !)

Où l'inconscient puise-t-il ses matériaux ?

D'où nous viennent les images de nos rêves ? Où l'inconscient les puise-t-il ? La réponse est bien simple :

ce n'est sûrement pas dans la tête des autres ou dans ces livres spécialisés dans les symboles et les songes, qui nous disent que tel mot signifie telle chose et que telle couleur est le symbole de ceci ou de cela. Pas du tout. Quand on dit que L'INCONSCIENT est cette faculté en nous qui produit nos rêves, nous nous référons évidemment à NOTRE inconscient et non pas à une espèce d'inconscient impersonnel appartenant à tout le monde.

Si vous avez bien saisi ce que nous avons dit jusqu'à présent, vous êtes en mesure de répondre vous-même à la question suivante. Allez-y !

Mon inconscient puise ses matériaux de rêves dans....

....

....

....

Avons-nous la même réponse ? Rien de mieux que de vérifier pour le savoir !

Mon inconscient, comme le vôtre, puise ses matériaux en moi-même, dans ma propre vie, dans tout ce qui s'accumule au jour le jour dans mon psychisme, consciemment ou non. Cet amas est le bric-à-brac dans lequel il puise les images qu'il me sert au menu de mes rêves. Du nouveau pour moi, peut-être. Mais pour lui, c'est du « réchauffé » : les ingrédients avaient déjà été achetés depuis un certain temps et déposés dans le frigo !

Notre inconscient n'invente absolument rien, soyez-en convaincu. Même les « illustres inconnus » de nos rêves viennent de visages que nous avons vus sans les voir, probablement la journée même précédant le rêve. L'inconscient travaille, dans 99 % des cas (peut-être même 99,9 %...) à partir d'éléments qui ont du sens pour nous et, point fondamental, selon ce sens-là. Il s'agit donc de les travailler pour en dégager notre perception subconsciente, c.-à-d. ce que nous en pensons sans trop nous en rendre compte ou sans trop le reconnaître.

Disons donc immédiatement qu'il est absolument inutile de recourir à un quelconque « dictionnaire de rêves » ou à une éventuelle « clé des songes » pour comprendre le sens de nos rêves. Vous n'avez qu'une seule question à vous poser pour chaque élément de votre rêve : « Qu'est-ce que cela ou cette personne représente pour moi ? »

L'inconscient travaille donc à partir de ce que nous percevons subconsciemment pendant le jour à l'état de veille; ses images nous viennent tout droit de ces perceptions captées pendant le jour, plus ou moins à notre insu.

Explorons maintenant certaines de ces perceptions subconscientes. Je donne d'abord un exemple; ensuite, vous faites vous-même l'exercice.

Exemple :

Je rêve à ma tante Claudine: elle a un accident assez grave et elle se retrouve à l'hôpital. Son mari en est tout bouleversé.

Ma tante Claudine... Que vient-elle faire dans le décor de mes rêves ? Et mon oncle Armand, son mari ? Il faut que j'en trace le portrait... Même si ce n'est pas un travail nécessairement agréable, allons-y !

Ma perception consciente:

J'aime bien ma tante Claudine : je la trouve fine, très patiente et du genre « Roger-bon-temps », ce qui me plaît beaucoup chez elle. Quand il m'arrive de la voir, elle est toujours de bonne humeur et nous nous entendons très bien, elle et moi.

Quant à mon oncle Armand, celui-là, je le trouve tout simplement insupportable; chose certaine, MOI, je ne voudrais pas l'avoir comme mari. (Je pense même que je l'aurais tué depuis longtemps, quitte à passer le restant de mes jours en prison...) Que ma tante Claudine puisse l'endurer si facilement m'a toujours tout simplement dépassée.

Ma perception subconsciente:

Il me semble que ma tante Claudine en fait beaucoup trop chez elle: elle est toujours toute seule à tout faire... Ses enfants ne l'aident pas et je trouve qu'elle devrait exiger qu'ils le fassent... Il me semble qu'elle ne s'affirme pas suffisamment devant mon oncle Armand; celui-ci prend vraiment trop de place...

(Voyez combien ces réflexions deviennent très intéressantes ! Et pour voir cela, sur lequel mon inconscient travaille, il m'a suffi d'y penser un peu...)

Ma perception inconsciente:

Misère ! Je vois ma tante Claudine comme une femme complètement dominée par son mari et esclave de ses enfants ! Tout le contraire de ce que JE voudrais être ! (Mais que je suis peut-être inconsciemment... Ah ! Quelle découverte vais-je faire grâce à ce petit rêve ? La tension monte ! !)

* * *

Exercice

5. Ouvrez votre journal de rêves et choisissez-en un ou deux dans lequel il y a des personnes que vous connaissez assez bien, qui sont proches de vous. Tracez le portrait, conscient et subconscient, d'au moins deux de ces personnes, en tenant compte du contexte du rêve. Je pourrais parier que ce petit exercice éclairera déjà pas mal le sens du rêve en question !

– Et bonnes surprenantes découvertes !

Chapitre 2

Les sortes de rêves

Qu'est-ce qu'un rêve et d'où vient-il?

Un rêve n'est rien d'autre qu'un message qui nous est donné, sous une forme imagée et symbolique, qu'il nous faut traduire pour en comprendre le sens.

Et qui nous envoie ce message? Ce n'est pas quelqu'un qui est en dehors de nous, ni même en nous. C'est un aspect, une partie de nous-même; non pas une personne, mais une faculté au même titre que la volonté, la mémoire, l'intelligence, la raison, la sensibilité, l'intuition et l'imagination. Nous avons appelé cette faculté l'inconscient, mais certains psychologues lui donnent le nom de **surconscient**, ce qui est peut-être un terme plus approprié puisque cette faculté manifeste une **super-conscience** qui englobe à la fois ce que nous savons (ce qui se trouve dans notre zone consciente) et ce que nous ignorons (tout ce qui se trouve dans notre zone inconsciente).

En fait, la fonction de cette faculté, de cette **surconscience** qui est en nous, est de nous aider à résoudre nos difficultés et de faire en sorte que nous puissions réaliser notre Moi profond et authentique. Si nous éprouvons des difficultés et que nous avons bien souvent tendance à stagner, à piétiner pendant des années au lieu de toujours progresser et aller de l'avant, c'est que des énergies en nous sont bloquées. Mais par quoi ? Bien souvent, ces blocages sont dus à des expériences passées que nous n'avons pas encore « digérées », que nous avons voulu oublier (que nous avons refoulées, comme on dit en psychanalyse) au lieu de les assumer et de les surmonter. Or ce que nous avons oublié existe toujours et continue à agir en nous inconsciemment.

Ce que vise cette faculté qui nous parle à travers les rêves, c'est précisément de nous faire prendre conscience de ce que nous avons voulu oublier sans le régler, et plus généralement de nous faire découvrir ce que nous sommes, ce que nous percevons et sentons sans trop le savoir – ou en l'ignorant carrément. Ces perceptions que nous avons qualifiées de subconscientes sont le matériau de base sur lequel nous travaillons lorsque nous étudions un rêve.

Nous avons des choses à régler avec notre passé, et c'est beaucoup (voire essentiellement ou même uniquement) de cela que notre surconscient nous parle, surtout au début de notre démarche. Après, quand en particulier nous avons réglé notre perception inconsciente de nos parents et de nous-même en tant qu'homme ou femme, après seulement il peut nous parler d'autre chose et peut-être du futur.

À ce propos, disons tout de suite que les rêves prémonitoires, annonciateurs d'événements futurs, peuvent exister; nous ne le nions pas. Mais pour le moment, contentons-nous de rester les deux pieds bien ancrés sur terre, et faisons comme s'ils n'existaient pas. Ces rêves sont plutôt rares et la majorité de nos songes nous parlent non pas du futur mais de notre présent et de notre passé.

Les deux principales sortes de rêves

Mentionnons immédiatement, à la suite de ce que nous venons de dire, qu'il existe plusieurs sortes de rêves, mais qu'il y en a deux qui sont plus courants: les rêves circonstanciels et les rêves à thématique psychologique.

Les rêves *circonstanciels* (ce mot vient de « circonstance », d'où l'accent mis sur ce qui se passe dans notre vie et notre situation actuelles) nous invitent simplement à réfléchir sur un problème auquel nous faisons face présentement et nous amènent à en trouver la solution. Notons en passant que ce n'est pas notre surconscient qui nous fournit cette réponse, tel un maître ou un gourou que nous irions consulter. Le plus qu'il peut faire, c'est de nous orienter vers une solution en nous fournissant des éléments de base sur lesquels réfléchir; c'est toujours notre moi conscient qui trouvera cette solution. Dans le domaine des rêves, il n'y a ni magie, ni miracle : tout vient de nous, et uniquement de nous.

Les rêves *à thématique psychologique*, quant à eux, nous parlent de notre vie passée, des choses que nous avons à régler, à surmonter et à vaincre. En réalité, ce sont les rêves de cette deuxième catégorie qui sont les plus courants et, probablement aussi, les plus « déguisés » sous des images qui nous semblent étonnantes et à première vue indéchiffrables.

Lorsqu'un rêve nous parle de notre vie présente, en général nous le saisissons intuitivement très vite tellement son thème semble coller à ce que nous vivons. Donnons le petit exemple suivant :

Christian rêve qu'il rencontre son amie Denise. Celle-ci s'approche de lui et lui dit : « Je t'aime, c'est vrai que je t'aime. » Mais Christian doute de la sincérité de cette déclaration et y reste indifférent, ayant l'impression que c'est dit trop tard : il ne la croit pas, il ne la croit plus. Un peu plus tard, il se trouve près d'un petit groupe de personnes qui parlent entre elles de la déclaration de Denise; Christian s'approche pour entendre : elles sont éberluées de ce qu'a dit Denise et pensent que si Christian y a cru, il est bien naïf...

Durant la période où Christian a fait ce rêve, il se posait de sérieuses questions sur la nature véritable du sentiment de Denise à son égard : « M'aime-t-elle, ou non ? », se demandait-il. Or ce rêve l'amenait à réfléchir de près à cette question. Il a d'abord cru que c'était une confirmation du fait que Denise l'aimait bel et bien, mais il s'est vite dit que l'inconscient ne pouvait savoir ce qui se passait réellement dans la tête de quelqu'un d'autre. Ce rêve ne donnait pas la réponse à sa question mais le ramenait, lui, face à sa propre question et à sa propre réaction face à Denise: « Même si, dans le rêve, elle me dit qu'elle m'aime et que c'est *vrai* qu'elle m'aime, je ne la crois plus, *c'est dit trop tard.* » Les personnes du rêve qui le jugeaient naïf étaient des amies de Denise qui connaissaient très bien celle-ci. Tous ces petits détails (et d'autres, que nous n'avons pas mentionnés ici), ont amené Christian à la conclusion qu'il y avait vraiment quelque chose qui clochait dans sa relation avec Denise: il se faisait sans doute des idées et devait se montrer très réaliste. Quelques semaines plus tard, il rompait avec elle: elle avait enfin fini par lui dire qu'elle ne l'aimait pas d'amour...

En ce qui concerne les rêves à thématique psychologique nous faisant remonter dans notre passé, ils sont singulièrement plus compliqués et exigent un approfondissement de chacun de leurs éléments; bien souvent, ils cachent un événement réel dont il faut que nous nous souvenions. Nous y reviendrons un peu plus tard, lorsque nous aborderons la méthode d'analyse comme telle.

* * *

Nous venons de parler des deux principales sortes de rêves: les rêves circonstanciels (présent) et les rêves à thématique psychologique (passé). Bien que cela suffise amplement pour entreprendre l'étude et l'analyse de vos rêves, il me semble tout de même utile de consacrer quelques paragraphes aux *variantes* de ces deux principales sortes de rêve; vous pourrez ainsi, éventuellement, percevoir plus vite le message global d'un rêve, la conclusion à en tirer ou, encore, identifier la direction dans laquelle il vous mène.

D'autre part, si vous croyez faire parfois des rêves soi-disant prémonitoires *(Mon dieu, ma mère va peut-être mourir bientôt puisque j'ai rêvé que je la voyais dans sa tombe...)*, cela vous soulagera probablement d'apprendre qu'il s'agit en fait de tout autre chose...

Tentons d'abord de répondre à la question suivante:

Y a-t-il des rêves importants et d'autres insignifiants?

Plusieurs auteurs (tout spécialement s'il s'agit de psychologues) pensent que oui. C'est le cas, entre autres, de Jung et de Aeppli, lui-même jungien. D'après moi, ce jugement repose sur ce que j'appellerais une déformation professionnelle: étant habitués à travailler sur des grands symboles collectifs ou universels et avec des gens gravement malades qui font de tels rêves, ces spécialistes finissent par ne s'intéresser qu'à ce genre de rêves et ne trouvent rien à dire sur les rêves «ordinaires» qui sont le lot de la grande majorité des gens «normaux».

Ces rêves qui sont notre lot sont parfois qualifiés, de façon un peu méprisante, d'«ordinaires», voire même de «stupides» par les «experts». C'est d'ailleurs un qualificatif qu'utilise Aeppli pour classer le rêve d'une femme que pour ma part je trouve extrêmement riche de signification, pour autant qu'on s'y intéresse, évidemment. Jugez-en par vous-même:

Une amie du temps où je suivais des cours à Genève voulait me rendre une visite inopinée. Mais je n'étais pas encore habillée et ne pouvais trouver mon peigne. J'envoyai alors ma petite fille ouvrir la porte, mais mon amie n'était pas là; cependant je tenais à la main sa carte que ma petite fille ne m'avait pourtant pas donnée. La carte avait l'air d'un morceau de pain et j'en goûtai. Mon mari me dit: «Ce sont des enfantillages, tu es comme tante Hélène», mais je n'ai pas de tante Hélène. Je commençai à m'habiller mais ne pus trouver que des chaussures inégales. Je me trouvais ensuite dans un petit jardin, voulais arracher des herbes, mais ne pus me décider à le faire, vis un oiseau déplumé, l'effarouchai et allai chez ma mère, qui est morte pourtant; je le savais en rêve mais y allai néanmoins.

Aeppli affirme sans sourciller que ce rêve est «relativement stupide» et composé de «quelques menus symboles: le peigne, le pain, les chaussures, le jardin et l'oiseau »[1]. Ça par exemple ! Que lui faut-il donc et pourquoi faudrait-il de « grands » symboles pour rendre un rêve intéressant et significatif ? En plus, d'après lui, de tels rêves ne parlent que des hauts et des bas de notre existence journalière...

Pourtant, ce genre de rêve n'est jamais donné pour rien et signifie quelque chose qui n'est sûrement pas sans importance. D'ailleurs, si la rêveuse s'est donné la peine de le noter et de le communiquer à son thérapeute, c'est qu'elle le croyait significatif ! Cette importance est une question de jugement et, à ce niveau, la conscience (surtout si elle se prétend objective et qu'elle est celle d'un autre que le rêveur) doit se montrer extrêmement prudente et ouverte aux infinies possibilités, même et peut-être surtout si le rêve se présente sous des airs anodins et « insignifiants » d'apparence.

Rien, aucune image, aucun rêve, aucun élément de rêve n'est donné en vain. Si Freud affirmait que l'inconscient se déguise pour passer ses contenus à la conscience, alors je dirai, quant à moi, qu'il peut bien camoufler de grosses vérités sous des allures banales ! Méfions-nous des apparences, comme nous devons le faire en tout temps et en toutes circonstances !

Cela dit, rien ne nous empêche, toutefois, de déterminer effectivement une certaine échelle d'importance des rêves. De ce côté, il doit en être comme de la vie éveillée : certaines actions ont plus de poids que d'autres et s'il fallait que tout soit d'égale importance, nous serions débordés ! Il nous faut tout de même respirer dans des « petites » actions !

Normalement, nous sentons dès le réveil qu'un rêve est très important ou peu important. Mais, là encore, il faut nous méfier des apparences et de nos sentiments : nous sommes sujets à l'erreur. Mieux vaut toujours aller vérifier avant de nous prononcer.

Parfois, il arrive qu'à notre réveil nous jugions que tel rêve est sans importance, bon pour l'oubli. Or voilà qu'il ne cesse de nous revenir tout au cours de la jour-

1. Ernest Aeppli, *Les Rêves et leur interprétation*, p. 62.

née : il se fait insistant et demande de l'attention. Ce n'est sûrement pas pour rien !

Comment déterminer l'importance d'un rêve ?

Nous pouvons toujours déterminer cette importance selon notre impression, mais c'est là un critère tellement subjectif, donc aléatoire, qu'il est préférable de nous fier à autre chose. Quant à moi, je ne laisse pratiquement rien passer – à moins d'être sujette à une crise de paresse ! J'analyse tous mes rêves sans exception et ce n'est qu'après que je peux dire : « Tel et tel rêve étaient cruciaux, tel autre ne disait pratiquement rien. » C'est donc l'expérimentation de l'analyse qui est le meilleur critère.

Temps perdu, me dira-t-on ? Encore là, c'est une question de jugement : mon inconscient, lui, n'a pas perdu son temps en me le donnant, et même si l'analyse ne m'a pas fait découvrir grand-chose, tous ces « petits » rêves « sans importance » m'ont permis quand même d'avancer. En fait, quand je regarde tous mes volumineux cahiers d'analyse de mes rêves, je peux m'apercevoir de ceci : le rêve très important et vraiment riche de contenu, qui me fait faire de grosses découvertes, se présente lorsque je suis prête à en digérer le message. La plupart du temps, il est accompagné d'un autre rêve tout aussi important. Il est précédé de plusieurs « petits rêves » (une vingtaine, disons). L'analyse terminée, le processus recommence : une vingtaine de « petits » rêves et, tout à coup, le « grand » rêve (grand non pas à cause de la majesté impressionnante de ses symboles, mais parce qu'il m'a fait découvrir de grosses vérités, importantes pour moi et mon cheminement). Que s'est-il donc passé dans l'entre-deux ? Une progression que je qualifierais de souterraine, un cheminement préparatoire au rêve important.

* * *

Les rêves typiques

On appelle ainsi des rêves très fréquents chez la majorité des individus et dont le sens est stéréotypé, pratiquement toujours le même, invariablement. Il y en a trois:

Les rêves de chute

Yvan, un jeune homme de 24 ans, fait le rêve suivant, qu'il qualifie de très perturbant: *Je suis sur le toit d'un édifice très haut. Soudain je perds pied et je tombe, mais je ne me réveille pas avant d'arriver en bas. Je me suis senti mourir et mon esprit est sorti de moi petit à petit. J'étais bien mort, car je me voyais sans vie couché par terre. J'éprouvais à ce moment une sensation de liberté jamais vécue auparavant, mon esprit volait dans le ciel quand je me suis réveillé.*

Selon Pierre Daco, les rêves de chute sont des «rêves d'angoisse» qui parlent de la peur de se retrouver face à soi-même, de perdre la face ou, encore, de la crainte de ne pas pouvoir « surnager » dans la vie ou dans telle ou telle situation, voire même, dans certains cas, de « se perdre dans le néant ». Tout cela semble bien plausible, à mon avis, car il doit bien y avoir, effectivement, une peur qui se cache sous de tels rêves. L'important est sans doute de savoir d'où et dans quoi on tombe pour identifier la peur en question. Mais il s'agit peut-être bien d'*autre chose* aussi...

Dans l'exemple ci-dessus, le rêveur tombe d'un édifice, mais ce pourrait être d'un avion, du sommet d'une montagne, d'un rocher ou d'une falaise; on peut s'écraser sur le sol mais aussi dans la mer ou dans un trou sans fond. Lorsqu'il m'a présenté ce rêve, Yvan croyait qu'il s'agissait d'un rêve « astral» parce qu'il s'y voyait mort. Quant à moi, j'étais sceptique et je lui ai conseillé d'examiner d'abord s'il n'y avait pas, tout simplement, un message psychologique qui se cachait sous ce rêve. Deux de ses amis étaient morts récemment: voilà qui pouvait expliquer un tel rêve ! D'autre part, en réfléchissant sur l'élément « édifice », je lui ai soumis un indice et une question. Un édifice n'est pas un lieu naturel, mais fabriqué de main humaine; il tombe parce que *soudain* il perd pied. Quand, dans la réalité, l'équivalent de « perdre pied » a-t-il pu se produire dans sa vie ?

Yvan n'a pas été long à réagir : quelques jours plus tard, il m'écrivait : *Après avoir étudié les pistes que tu m'as données (elles furent très utiles), j'en suis venu à la conclusion suivante à propos de mon rêve :*

L'édifice très haut signifie pour moi un idéal que je m'étais bâti[2]*. J'avais de l'argent, un bon travail, une voiture, tout allait bien avec mes parents mais, surtout, j'étais en amour. Un amour qui était très important pour moi car je croyais m'être enfin « casé ».*

Soudain j'ai perdu pied dans mon rêve. Cela se relie, dans la réalité, au moment où mon amie m'a laissé subitement sans raison vraiment valable. Cet échec amoureux m'a fait extrêmement mal, plus mal que tout ce que j'avais pu connaître de déception dans toute ma vie. J'étais complètement déséquilibré et l'école commençait à ce moment.

J'ai pensé quelques fois au suicide puisque je ne me sentais pas capable de m'en remettre. Comme la mort, pour moi, est quelque chose de mystérieux mais pas d'effrayant, (je n'ai pas peur de la mort, elle m'intrigue), je crois qu'à la suite de cet échec amoureux, le suicide se voulait une bonne solution.

Je disais donc que j'avais eu des idées suicidaires et inconsciemment, je pense que j'ai voulu voir ce que c'était vraiment la mort. Je l'ai vue et c'était une sensation de grande liberté, une joie totale, indescriptible. Quand je me voyais sans vie, mon corps était sur le ventre et j'avais la bizarre sensation qu'il était vide à l'intérieur.

Par la suite, il est évident qu'après avoir eu une vision de la mort aussi agréable, j'ai continué à penser au suicide quelques fois. Ces idées ont été présentes dans ma tête jusqu'au moment où j'ai assimilé complètement cet échec, il y a environ 5 mois.

Belle réflexion, n'est-ce pas ? L'événement à la base du rêve (l'échec amoureux) a été facilement et rapidement identifié par le rêveur ; un événement que, bien entendu, ni moi ni personne n'aurait jamais pu deviner

2. En effet, une construction de main ou plutôt de tête humaine !

sans ses indications. Cependant, on ne peut pas dire que ce rêve ait été expliqué complètement, puisque toute la dernière partie reste encore bien mystérieuse: dans ce rêve, il y a la dualité Corps-Esprit et Ciel-Terre avec, comme centre, la Mort et la Liberté: que signifient ces dualités très métaphysiques? Comment expliquer ce lien que fait Yvan entre Mort et Liberté? Et que signifie le fait (non mentionné dans la description du rêve) d'avoir la sensation que son corps est *vide à l'intérieur*? Voilà une série de questions que j'ai posées à Yvan; mais, là-dessus, je n'ai plus eu de nouvelles...

Avec cet exemple, on peut donc voir que, bien plus qu'une peur ou une angoisse, il peut se cacher, sous les rêves de chute comme dans bien d'autres d'ailleurs, un événement réel qu'il s'agit d'identifier. Mais l'hypothèse d'une peur quelconque face à une réalité X n'est pas à exclure, loin de là: tout dépend du contexte du rêve et de la réalité psychologique du rêveur ou de la rêveuse, à examiner à la pièce.

Remarquons, pour finir, que ce rêve d'Yvan semble se distinguer de la plupart des rêves de chute puisque, dans la majorité des cas, la personne se réveille avant de s'écraser; ici, Yvan ne se réveille pas. À mon sens, c'est là un indice certain que celui-ci doit réfléchir plus en profondeur sur son idée de la mort liée à celle de liberté.

Les rêves de vol

Voilà un autre rêve typique, à l'opposé du précédent, bien que, dans plusieurs cas, il se termine lui aussi par une chute. Daco dit que ces rêves nous parlent d'un besoin de sublimer ou, encore, de survoler nos problèmes et difficultés, à moins qu'ils n'indiquent une incapacité de faire face à la réalité, d'avoir les deux pieds sur terre.

Pour d'autres, les rêves de vol symbolisent une attitude idéaliste face à l'existence, peut-être proche d'un manque de réalisme, auquel cas le rêve se charge, par la chute finale, de nous «rappeler à l'ordre». Il se pourrait aussi que ces rêves représentent un état d'insatisfaction.

Voilà qui, encore une fois, me semble fort plausible; mais pourquoi ces rêves ne pourraient-ils pas aussi représenter quelque chose de beaucoup plus positif, spécialement s'ils ne finissent pas par une chute ? Pourquoi ne seraient-ils pas le symbole d'un véritable survol de la réalité, ou un signal encourageant de notre capacité de réaliser ce que personne d'autre, ou presque, n'est capable de faire ? Bien entendu, pour le déterminer, il faut examiner de près ce que nous ressentons et ce qui arrive dans le rêve lui-même.

Il faut aussi examiner le décor du rêve, c.-à-d. ce que nous survolons et ce que nous remarquons tout autour de nous: ce sont là de précieux indices qui nous orienteront sur le sujet et le sens du rêve. À titre d'exemple, voici une petite expérience que j'ai vécue il y a quelque temps. Je causais avec une amie qui me dit, tout à coup: « Il m'arrive très souvent de rêver que je vole dans les airs. » Intéressée, je lui demande donc des détails plus précis sur ces rêves: est-ce toujours le même ? Que remarque-t-elle ? Elle finit par me dire, en se replongeant dans ces rêves, qu'en fait elle n'y volait pas, mais nageait dans les airs, comme si elle était dans l'eau.

Ça par exemple ! Voilà un détail infiniment précieux qui a l'art de changer toute l'interprétation et de rendre caduc tout ce qu'on dit dans les savants livres sur les rêves de vol, puisqu'il n'est plus question alors de voler comme un oiseau, mais de se déplacer... dans le mauvais élément ! Quant au lieu survolé, il s'agissait de son lieu de travail. Encore là, quel bel indice ! Il est pratiquement certain, alors, que ces rêves lui parlaient de quelque chose en rapport avec sa profession.

Les rêves de nudité

Qui n'a pas déjà rêvé au moins une fois qu'il était sur une rue très passante, presque ou entièrement nu, et tout ébahi de constater que personne, pourtant, ne le remarquait ?

Être nu, c'est être tel qu'on est et non tel qu'on le paraît. Or ce genre de rêve indique bien qu'être vu ainsi nous fait peur, nous donne un choc et ce, même si personne ne semble le remarquer. Selon Daco, il révélerait un sentiment d'infériorité et serait le lot de personnes qui se sentent démunies intérieurement, à moins qu'ils n'expriment l'impression qu'elles éprouveraient d'être percées à jour, de ne pas pouvoir cacher aux autres ce qu'elles sont réellement; peut-être aussi, pourquoi pas, l'impression de se sentir déshabillées par autrui, démasquées sur le plan de leurs défenses et de leur paraître. D'un autre côté, il se pourrait, plus positivement, qu'un tel rêve symbolise «le dépouillement de soi-même», une démarche essentielle et importante vers son être intérieur, sans ses «vêtements sociaux» devenus inutiles: me voici seule avec moi-même, telle que je suis vraiment[3].

Toutes ces explications me semblent possibles; laquelle est la bonne en ce qui concerne tel ou tel rêve? Pour le savoir, il faut examiner le contexte du rêve lui-même et, tout spécialement, ce que nous éprouvons en constatant notre nudité devenue publique. Il faut aussi, bien sûr, réfléchir sur ce qui peut nous préoccuper actuellement par rapport au jugement d'autrui et parler de notre attitude générale face à eux.

Les rêves de mort

Voilà un genre de rêve qui, souvent, fait peur. On rêve ou bien de sa propre mort, ou de celle de quelqu'un.

Il existe des rêves où l'on voit une personne décédée qui nous était chère et qui nous dit quelque chose comme: «Ne pleure pas, ne sois pas triste, je serai toujours avec toi.» Généralement, ce rêve se produit peu de temps après la mort de l'être cher. Son thème est assez évident: il s'agit de l'acceptation de la mort de quelqu'un, acceptation qui n'est pas toujours aussi simple ni aussi «secondaire» qu'on peut le croire. Dans un tel cas, notre inconscient nous invite à réfléchir sur le sens de la mort.

---

3. Pierre Daco, *L'Interprétation des rêves*, p. 45 et 309.

Fluchaire, quant à lui, dit que les rêves de mort, particulièrement lorsqu'il s'agit de la nôtre, annoncent une transformation assez radicale: «cela signifie par exemple que l'on va donner la prédominance au monde de l'esprit sur celui du matériel dont l'importance s'éteindra»[4]. C'est en quelque sorte un symbole d'espoir. Là-dessus, disons que le lien que cet auteur fait entre mort et espoir est tout à fait arbitraire. Cependant, si on pressent qu'un changement radical va se produire dans notre vie (un changement qui, dans la majeure partie des cas, est un mieux et un plus), on peut toujours dire, en effet, que c'est en rapport avec l'espoir et qu'il s'agit là d'un rêve très positif, malgré les apparences. Le tout consiste à découvrir la nature de ce changement, selon le contexte du rêve.

Chose certaine, la mort physique dans le rêve est toujours à prendre dans un sens symbolique: il s'agit d'une mort psychologique ou psychique. Selon Aeppli, rêver du décès de quelqu'un symbolise la mort de notre relation avec cette personne. Mort de l'amour, par exemple, signification à laquelle nous ajoutons le règlement définitif du ou des problèmes que nous avions avec elle.

Une jeune adolescente fait le rêve suivant: *Je vois mon amie Lucille, qui est morte il y a six mois; elle me dit que oui, elle est morte, c'est vrai, mais de ne pas être triste parce qu'elle sera toujours avec nous. Au même moment, le père d'une autre amie, Nicole, meurt et nous en sommes très contentes parce que Nicole pourra avoir l'auto quand elle le voudra.*

Voilà deux morts à la fois dans un même rêve; il doit sûrement y avoir un lien entre les deux, d'autant plus que le père de Nicole y meurt au même moment qu'apparaît l'amie défunte. (À moins que ce ne soit tout simplement une économie de l'inconscient qui aborde deux questions connexes à la fois.) La première concerne l'acceptation sereine de la mort, alors que la deuxième représente tout autre chose, on l'aura pressenti dès la lecture: voilà une mort qui *fait plaisir.*

---

4. Pierre Fluchaire, *La Révolution du rêve*, p. 261.

Pourquoi ? La réponse est donnée clairement dans le rêve : ce père autoritaire et empêcheur de tourner en rond une fois disparu, vive la liberté (symbolisée ici par l'usage de la voiture) pour sa fille – et pour la rêveuse !

Enfin, pour en terminer avec ce genre de rêve, mentionnons une variante : il ne s'agit pas d'une mort, mais de la découverte d'un cadavre. La plupart du temps, cette image fait référence à une partie morte de nous-même, ou à quelque chose que l'on croyait définitivement classé mais qui continue à agir inconsciemment : un vieil échec amoureux ou d'ordre sentimental, par exemple[5].

* * *

Toutes les sortes de rêves que nous venons d'énumérer sont classées, on l'aura remarqué, à partir de leur sujet : chute, vol, nudité, mort. Maintenant, le critère de classement va changer, puisque le genre sera établi en fonction de la fréquence, de l'importance ou de l'intention du rêve.

Les rêves répétitifs ou récurrents

Ce sont des rêves qui reviennent plus ou moins souvent et périodiquement : toujours le même ou des rêves abordant la même situation avec quelques variantes de l'un à l'autre. Ce type de rêve est probablement très fréquent et tout le monde doit en avoir au moins un dans son répertoire de rêves.

Parfois, ce rêve récurrent apparaît tout au long de notre existence, à certains intervalles ou, encore, à une certaine période de notre vie seulement (l'adolescence, par exemple). Ces rêves ne reviennent pas ainsi pour rien; ils nous indiquent un problème ou une difficulté que nous traînons avec nous et que nous n'avons toujours pas réglé. S'il l'était, le rêve ne reviendrait plus

5. Sur les rêves de mort et tous les symboles gravitant autour de ce thème, lire les excellentes pages d'Ernest Aeppli dans la troisième partie de son livre *Les Rêves et leur interprétation*, p. 265 à 269.

et nous pourrions enfin rêver à autre chose et progresser dans notre démarche.

En guise d'exemple, disons que pendant des années, je faisais à peu près toujours le rêve suivant: *je me «promenais» je ne savais où, dans des lieux que je ne connaissais pas, sans savoir d'où je venais, où j'étais ni où j'allais. Je passais ma nuit à traverser toutes sortes d'endroits sans rien ressentir, à «voyager» ainsi sans but et sans raison.* Un jour, je devins exacerbée par un tel rêve, et fatiguée de le faire. Comme je me doutais, déjà à cette époque, que les rêves parlaient de notre situation psychologique, je me suis demandé ce qu'il pouvait bien cacher et à quel problème il pouvait correspondre. Est-ce que je ne me sentais pas un peu ainsi dans la vie? – Eh oui! Depuis longtemps (depuis mes 5 ans, en fait), j'éprouvais la peur d'être perdue, de ne plus pouvoir m'orienter dans un endroit inconnu ou mal connu. C'était tellement vrai que sans trop m'en rendre compte, chaque fois que j'arrivais dans un lieu nouveau, je cherchais toujours instinctivement à repérer où se trouvait tel local ou la sortie, et à me situer par rapport à cette dernière!

J'ai fini par identifier d'où me venait cette peur et je l'ai réglée: ce type de rêve n'est plus jamais revenu – et je ne cherche plus de points de repère lorsque je suis dans un lieu nouveau! Maintenant, cela m'indiffère et je me fais confiance, parce que je n'éprouve plus cette crainte.

Les rêves de situation

Les rêves de situation ont pour but de nous présenter ce qui est, c.-à-d. notre situation actuelle, la tournure que prennent les événements. C'est ce que j'ai appelé précédemment les *rêves circonstanciels*, ceux qui nous parlent de notre situation présente et qui nous amènent à voir clair dans notre situation du moment et à résoudre éventuellement certains problèmes ou difficultés. Dans un tel cas, face à un tel rêve, nous devons nous poser les questions suivantes: Quels sont les problèmes auxquels je fais face ces jours-ci ? Qu'est-ce qui fait que j'ai de la difficulté à les résoudre ? Quelle attitude devrais-je adopter pour être capable de passer au travers ?

Les rêves rectificatifs ou de compensation

Ces rêves, qu'il nous faut considérer, je crois, comme une variante des précédents, ont pour fonction principale de rétablir l'équilibre dans nos perceptions et jugements conscients: ils réduisent l'importance de ce qui a été surestimé et rehaussent celle de ce qu'on a sous-estimé ou dévalorisé. Selon Aeppli, de tels rêves nous aident à découvrir ce qui nous fait défaut, à identifier les aspects de la réalité qui nous ont échappé ou que nous avons tendance à négliger, ce qui manque à notre conscience pour mieux vivre et mieux juger.

Le rêve de compensation, comme son nom l'indique, satisfera un désir réprimé ou non réalisé la veille ; c'est ainsi qu'un enfant se gavera en rêve d'un gâteau dont il a été privé, ou se verra très fort, grand et victorieux pour compenser son sentiment d'infériorité ou d'impuissance face à certains adultes[6].

D'un autre côté, il se peut que l'on réalise en rêve un désir refoulé pendant le jour. C'est du moins la thèse de Freud, selon laquelle un rêve est toujours et invariablement « un accomplissement de désir »[7]. À ce propos, notons que ce n'est là qu'une possibilité parmi d'autres, contrairement à ce que le grand Freud affirme si péremptoirement. Bien entendu, si vous rêvez que vous filez le parfait amour avec une personne qui vous attire mais à laquelle vous n'avez jamais osé dévoiler votre sentiment, il est fort possible que ce soit là la réalisation onirique de votre désir ; ou encore, si vous triomphez d'un adversaire qui, dans la réalité, vous domine, l'interprétation peut se faire dans le même sens.

6. Voir Daco, *op. cit.*, p. 266-267.
7. Sigmund Freud, *L'Interprétation des rêves*, chap. III, « Le rêve est un accomplissement de désir. »

Les rêves d'avertissement

Ces rêves, tout de même plutôt rares, fonctionnent d'après le principe logique du « si... alors... » : si je continue dans telle voie, alors il se passera forcément telle chose, il en adviendra nécessairement telle conséquence.

Les rêves de tension

Les rêves dits de tension se présentent lorsqu'un changement important se prépare en nous. Ils nous mettent en présence de notre « autre moi », du moi sombre et inconscient, ils suscitent des tensions en nous, comme leur nom l'indique, pour que nous arrivions à les résoudre et à devenir productifs et créateurs.

Les rêves à thématique psychologique

Ce sont les rêves qui, avons-nous dit, nous parlent de notre passé. Quels problèmes avons-nous vécus, durant l'enfance, qui nous marquent encore ? Quelle est notre vraie perception de nos parents, du père, d'une part, et de la mère, d'autre part ? Quelle image du couple, plus ou moins consciente, plus ou moins (plus que moins...) inconsciente, avons-nous développée à partir d'eux ? Quelle perception de nous-mêmes, en tant qu'hommes ou femmes, avons-nous en fonction des stéréotypes culturels déterminant ce qu'est un « vrai » homme et une « vraie » femme ?

Voilà, en fait, le vrai sujet de nos rêves ! Ils nous parlent de nous-mêmes, de ce que nous sommes et de ce que nous sommes devenus, de ce qu'il nous reste à être, à accomplir, à réaliser. En fait, ce sont les rêves les plus fréquents et vous en trouverez un grand nombre d'illustrations, particulièrement dans les divers chapitres de la deuxième partie.

Les grands rêves

Voilà le genre de rêves qui intéresse tout particulièrement les psychologues, les spécialistes et les « experts » en onirologie (science des rêves). Il s'agit de rêves très impressionnants comprenant de grands symboles universels que l'on retrouve généralement dans les mythes, les contes et les légendes. Ces rêves, qui sont très rares et qui se présentent dans des situations de grands changements ou lors d'une période critique de notre vie, nous amènent à réfléchir sur les grands problèmes de l'existence humaine et sur la question du sens de la vie. Ils nous placent dans une situation cruciale concernant non pas seulement notre destin personnel, mais aussi celui du genre humain, au moyen de symboles saisissants comme celui du dragon, du vieux Sage, du diable, etc.

Des chercheurs, comme Jung, ont travaillé essentiellement sur ces «grands rêves», et la symbolique dont ils nous parlent est fonction de ce genre de rêves. Quant à nous, lorsque nous étudierons certains éléments courants, nous travaillerons en fonction des rêves plus «ordinaires» et communs, notre but étant de permettre à «monsieur et madame Tout-le-Monde» de comprendre et de déchiffrer ses rêves.

Les rêves transpersonnels

Voilà encore un genre de rêve généralement très rare; c'est un rêve qui nous dépasse et dont on a l'impression qu'il concerne d'autres personnes.

Les rêves prémonitoires

Voilà un style de rêves qu'on ne peut tout de même pas passer sous silence, puisqu'il intrigue passablement de gens et qu'il existe certainement, bien qu'il soit rare. C'est un rêve qui annonce un événement futur qui aura lieu réellement. Il n'en sera pas question dans ce livre, et ce, pour les raisons suivantes: d'abord, avant de penser qu'il s'agit d'un rêve prémonitoire, il est toujours bon de l'étudier, dans un premier temps, comme s'il ne l'était pas; souvenez-vous du rêve d'Yvan, que ce dernier croyait «astral»: une approche réaliste, d'ordre strictement psychologique, a démontré qu'il n'en était rien. Ensuite, la « prémonition », si elle existe, s'explique scientifiquement, mais elle exigerait, à elle seule, un long chapitre qui alourdirait notre livre déjà suffisamment volumineux ! Cependant, si vous voulez approfondir ce type de rêve, je vous conseille l'ouvrage très étayé et très sérieux de Pedro Meseguer, intitulé *Le Secret des rêves*; on y trouve, au chapitre 4 portant sur les rêves télépathiques, prophétiques et mystiques, d'excellentes pages et, surtout, d'excellentes explications sur le sujet.

* * *

Exercices

6. Ouvrez votre journal de rêves et tentez de repérer, parmi les rêves que vous avez déjà notés, ceux qui sont circonstanciels, qui vous parlent de votre situation au moment du rêve. Tenez compte, bien sûr, de la date du rêve et essayez de vous rappeler ce qui vous préoccupait à ce moment-là.

Si aucun d'eux ne semble être du type circonstanciel, alors il est fort possible que vous ayez en main des rêves qui vous parlent de votre passé ou qui vous mettent sous les yeux un problème que vous traînez avec vous depuis un certain temps.

7. Tentez d'identifier, pour chacun de vos rêves, de quelle sorte il s'agit.

Chapitre 3

Les thèmes de nos rêves

Comment identifier le sujet ou le thème d'un rêve

Si vous êtes perspicace et que le désir d'en savoir plus au plus vite vous mène par le bout du nez, vous avez peut-être déjà découvert, particulièrement en faisant l'exercice précédent, de quoi pouvait bien parler tel ou tel rêve; en d'autres mots, quel en est le sujet ou le thème.

Nos rêves nous parlent finalement d'un seul sujet: nous-même. Mais ce MOI comporte des aspects différents et se trouve en relation avec plusieurs réalités. Si nous avons affaire à un rêve que nous avons appelé circonstanciel, son sujet ne nous est habituellement pas difficile à identifier. En comparant le contenu du rêve avec notre situation présente, le sujet nous apparaît alors assez clairement: mon rêve me parle de mon inquiétude face à cet examen ou à cette entrevue que je dois passer, de mes questions en ce qui concerne ma relation avec X, de ce professeur ou de ce patron que je ne suis pas capable de supporter, de ma colère contre Z qui m'a fait tel «mauvais coup», de ma mauvaise humeur persistante depuis quelques jours, etc.

S'il s'agit d'un rêve à thématique psychologique qui nous ramène vers des réalités passées, alors le sujet n'apparaît pas si clairement; il faut le chercher en commençant par déblayer le terrain et en étudiant un par un chaque élément du rêve. Parfois, le seul fait de décrire le rêve en son entier, par écrit, nous fait pressentir aussitôt quel peut être ce thème. Si, lorsque la description est achevée, nous sommes toujours dans le mystère le plus total quant à son sujet, il n'y a pas de quoi nous énerver; cette ignorance est peut-être encore plus stimulante parce que nous sentons que nous avons du pain sur la planche et qu'il faudra nous montrer à la hauteur, voire même nous surpasser ! Nous voici au début d'une enquête qui peut s'avérer difficile et compliquée, et Sherlock Holmes, ou Hercule Poirot, l'expert-détective chargé de trouver la solution, c'est nous-même !

En vérité, les thèmes des rêves de monsieur et madame Tout-le-Monde sont relativement restreints et nous pouvons les identifier sous cinq rubriques: la relation à la mère, la relation au père et la relation aux parents perçus en tant que couple, la perception de soi-même en tant qu'homme ou femme et, enfin, de soi-même par rapport à toute forme d'autorité ou à une réalité quelconque. Cependant, avant d'aborder ces principaux thèmes à tour de rôle, examinons, à l'aide d'un exemple, comment on peut arriver à identifier le sujet d'un rêve. C'est celui d'une femme d'une cinquantaine d'années, originaire de la campagne, dont le père est décédé depuis environ quatre mois:

DU GRAND MÉNAGE

Je suis dans une maison qui m'est bien familière. J'ai fait la sieste après le dîner et quand je suis sortie de ma chambre pour arriver dans la cuisine, un beau et chaud soleil entrait par les deux fenêtres ouest de la cuisine. Dehors, le sol est recouvert d'une mince couche de neige.

En arrivant dans la cuisine, je vois papa et une autre femme faire du ménage. Papa lave le mur et la femme fait le bas des armoires. Papa me dit: «D'ici une quinzaine de jours, on amènera ta mère vivre ici.» Moi je réponds: «Oui, je n'ai pas de misère avec elle, on s'entend bien, maman et moi. » *Et je me réveille.*

Sensation au réveil: joie puis tristesse. Dans mon rêve, la maison semblait être celle où je vis présentement, mais en réalité, c'est une maison voisine. Le soleil m'apparaissait être celui de janvier ou février, quand le soleil reprend de la force. L'autre femme que j'ai vue faire le bas des armoires et que je n'ai pas reconnue parce qu'elle était accroupie et qu'elle avait la tête baissée et qu'elle n'a pas parlé, c'était maman.

Que de choses pourrions-nous dire sur ce petit rêve en apparence si anodin ! Mais n'examinons que les indices pouvant nous conduire à l'identification du sujet ou du thème du rêve. D'abord, la rêveuse est dans une maison qu'elle dit lui être *bien familière.* Mais laquelle ? Cette imprécision dans la description du rêve est quelque peu embarrassante, mais la note finale nous indique qu'elle a d'abord cru que c'était *celle où elle vit présentement.* Or elle s'est rendu compte qu'en fait, il s'agissait d'une maison voisine. Pourquoi ?

Si notre rêveuse veut identifier le sujet ou le thème de son rêve, il faut absolument qu'elle s'interroge sur les propriétaires de cette maison; si elle a pris la peine de trouver l'expression « une maison qui m'est bien familière », c'est donc qu'elle connaît cette maison et les gens qui y habitent. Or ces voisins, qu'ont-ils de particulier ? Ont-ils un problème que la rêveuse perçoit ou croit percevoir ? De plus, si elle a d'abord pensé que ça pouvait être chez elle, c'est qu'il y a sûrement un point commun entre ce qui se passe chez ses voisins *et* chez elle. Mais quoi ? Évidemment, nous ne pouvons pas le savoir. Cependant, nous pouvons déduire qu'il s'agit certainement d'un « problème » ou d'une certaine réalité ayant rapport à la vie de couple: soit en tant que couple comme tel, soit en tant que parents. Pourquoi ? Précisément parce que son père et «une autre femme» sont les personnages principaux de son rêve, qu'ils se trouvent dans la *cuisine* et qu'il est question de *faire du grand ménage.*

Sur le sens de la cuisine, il vous faudrait aller voir, pour plus de précisions, le chapitre sur les différentes parties d'une maison. Mais, ici, il est pratiquement certain que la cuisine représente le lieu privilégié de la femme, de l'épouse et de la mère, de la « reine du foyer ». Or, dans ce lieu de la femme, il est question de grand ménage, avec un partage des tâches bien défini : le père lave les murs et « l'autre femme » (identifiée plus tard comme étant la mère, mais on ne sait par quel indice) s'occupe de faire le bas des armoires. Comme c'est significatif ! D'abord, soulignons la collaboration du père dans cette tâche ardue (et printanière) du grand ménage : père et mère ont un rôle spécifique. La mère n'est pas seule à tout faire; son mari l'aide. Remarquons, en ce qui concerne la tâche de l'un et de l'autre, que pour laver des murs, nous sommes en station debout, la tête probablement vers le haut, alors que pour nettoyer le bas des armoires, nous sommes en station accroupie et la tête penchée vers le sol – sinon dans les armoires elles-mêmes !

Et qu'y a-t-il dans le bas des armoires d'une cuisine ? Ou des instruments et produits pour faire le lavage et le ménage, ou des casseroles ou autres ustensiles dont on se sert plus ou moins souvent. Lavage, ménage, cuisson... Chère « technicienne en travaux domestiques » ! Tel est sûrement le sujet du rêve : la perception que la rêveuse a (ou avait) de sa mère comme travailleuse au foyer et, probablement, à travers elle, du rôle traditionnellement dévolu à la femme – donc aussi à elle-même !

Cependant, ce rêve doit tout spécialement concerner la relation père-mère-enfant ou, encore, la perception que la rêveuse a eue de ses parents en tant que couple lorsqu'elle était petite. Nous le soupçonnons à cause de la curieuse expression utilisée par la rêveuse : son père fait le grand ménage avec « une autre femme »... Une autre, c'est au moins une deuxième ! Que se cache-t-il là ? Comment expliquer cette confusion dans l'identification de la femme du rêve ? Se pourrait-il qu'un jour la rêveuse, après une sieste enfantine, ait aperçu ses parents en train de « faire des choses » et qu'elle ait alors pensé que son père était justement avec une autre femme ? Seule la rêveuse, bien sûr, pourrait nous le dire, mais cela serait bien possible; souvent, certains rêves nous ramènent à des événements précis du passé. De plus, comment expliquer le fait qu'elle remarque que « dehors, *le sol* est recouvert d'une mince couche de neige » ? L'idée de sol est sûrement très importante, ici, et la mince couche de neige signifie sans doute que la rêveuse n'est que légèrement inconsciente du problème soulevé par ce rêve; un petit effort de mémoire ou de réflexion, madame, et vous y arriverez assez rapidement !

D'un autre côté, même si nous ne connaissons pas personnellement la rêveuse, nous avons appris qu'elle tentait, depuis un certain temps, de convaincre sa mère de venir rester avec elle, mais elle essuyait toujours un refus. Or, dans ce rêve, son père a pris la décision, qui semble irrévocable : « On (= qui ?) amènera *ta mère* (et non maman, ou Jeannette, ou ma femme) vivre ici. » Le thème du père (et du mari) autoritaire y est donc présent : la rêveuse n'a pas réussi à convaincre sa mère de venir rester avec elle – et sa mère ne *veut pas* quitter sa maison. Or le père, lui, a pris la décision. C'est là un point très important : la rêveuse est amenée à revoir l'autoritarisme de son père, qui s'est exercé à la fois sur elle et sur sa mère.

Nous voici donc en présence de trois thèmes simultanés : un « problème » ou une certaine réalité ayant rapport à la vie de couple, soit en tant que couple comme tel, soit en tant que parents; la perception que la rêveuse a (ou avait) de sa mère comme travailleuse au foyer et, probablement, à travers elle, du rôle traditionnellement dévolu à la femme – donc aussi à elle-même; et finalement, l'exercice paternel et marital de l'autorité. Nous avons dégagé ces trois thèmes en travaillant les divers éléments et situations du rêve.

Cela dit, pour identifier le sens exact du rêve, il nous faudrait absolument savoir, de la part de la rêveuse, ce qu'elle peut bien percevoir chez ses voisins, car le problème de son rêve semble identique à celui qu'elle y perçoit, puisqu'il s'agit de la même maison, devenue la sienne ou « bien familière ». Mais ici, notre objectif n'est pas de déchiffrer le sens de ce rêve, mais de faire comprendre comment on arrive à identifier le sujet d'un rêve. Cela étant fait, nous pouvons maintenant passer à l'examen des principaux thèmes de nos rêves.

1. La relation à la mère

La mère est sans aucun doute le personnage le plus important et le plus marquant de notre existence, que l'on soit homme ou femme. C'est elle qui porte l'enfant et l'on sait maintenant à quel point le fœtus vit sensitivement et émotivement en contact étroit avec sa mère. C'est la personne qu'au début de notre vie, durant nos premières années, nous avons le plus vue et auprès de laquelle nous avons passé le plus de temps.

On dit que la mère incarne le monde des émotions; c'est probablement parce que nous avons passé près de cinq ans de notre jeune vie à saisir davantage le monde avec nos sentiments et nos «feelings» qu'avec notre tête et notre raison.

La femme qui fut (et qui est encore, si elle vit toujours) notre mère a été sentie, ressentie et perçue d'une manière qui nous marque encore. Ce «vécu maternel» qui est en nous continue à déterminer notre façon d'agir émotivement et de percevoir les femmes en général. Notre Anima, c.-à-d. l'image inconsciente que nous portons en nous de la femme et des femmes, vient d'elle[1].

2. La relation au père

Le père est généralement tout aussi important que la mère. Cependant, comme ce fut probablement un personnage plus effacé parce qu'il travaillait à l'extérieur, alors que la mère (la «reine du foyer») était pratiquement toujours à la maison, il se peut qu'il occupe la deuxième place dans notre vie, ce qui n'enlève rien à son importance.

---

1. Pour plus de renseignements sur la nature de l'Anima, lire le chapitre sur les personnages.

On dit que le père incarne l'autorité et tout ce qui concerne le social, la vie extérieure. C'est probablement vrai; dans nos sociétés patriarcales, sous la chefferie du mari, c'est effectivement lui qui – du moins théoriquement et légalement (jusqu'à tout récemment) – détenait l'autorité suprême. Combien de nos mères ont attendu l'arrivée du père à la maison pour lui faire exercer une punition ? «Attends que ton père revienne, tu vas voir ! » Ce n'est pas pour rien qu'elles ont pu nous faire de telles menaces. C'était bien plus impressionnant et ça risquait de faire physiquement bien plus mal !

La façon dont nous avons perçu ce premier homme de notre vie est tout aussi déterminante que celle dont nous avons perçu notre mère; toutefois, les conséquences de cette perception paternelle se font sentir tout particulièrement dans la relation que nous entretenons avec une forme d'autorité quelconque, que ce soit celle d'un supérieur (professeur, patron, gérant de banque, médecin, etc.) ou, plus globalement, le jugement d'autrui: le «qu'en-dira-t-on», le «qu'est-ce que les autres vont dire, comment vont-ils me juger».

Alors que l'Anima provient de la mère, l'Animus, c.-à-d. l'image inconsciente que nous avons de l'homme et des hommes en général, a d'abord été formé par notre père.

3. La relation aux parents perçus en tant que couple

Si nous avons perçu et vécu notre père et notre mère en tant qu'entités séparées, nous les avons aussi perçus en tant que couple, au cœur même de leur vie maritale: la mère est l'épouse de notre père, et notre père le mari de notre mère. Tous les deux ont vécu ensemble une certaine forme de relation amoureuse et affective que nous avons très bien perçue lorsque nous étions tout petits – mais à notre manière, bien entendu. Or cette perception de nos parents en tant que couple est tout aussi déterminante que les deux premières. Ses conséquences se font sentir dans notre propre façon de voir et de vivre nos relations amoureuses: sans nous en rendre compte, nous projetons inconsciemment cette perception que nous essayons soit de reproduire, si elle nous a plu, soit d'éviter, si elle nous a été source de désagrément et de souffrance.

Combien se sont dit, par exemple: «Moi, je ne vivrai pas ainsi, ça ne m'arrivera jamais, je n'agirai pas de cette manière», et qui se sont tout à coup aperçus qu'ils avaient revécu la même chose que leurs parents, sans le vouloir et s'en rendre compte! La perception parentale est si importante, si fondamentale et si cruciale, qu'elle peut nous jouer et nous avoir joué bien des vilains tours. Nous défaire de cette perception, si elle continue à nous emprisonner, est l'une des tâches importantes de notre vie. L'attachement aux parents est une excellente chose, mais lorsque cet attachement constitue une chaîne au bout de laquelle se trouve un boulet, il faut y voir: un tel lien devient alors un esclavage (même et surtout s'il est inconscient) dont il faut se départir.

4. Soi-même en tant qu'homme ou femme

Qu'est-ce qu'un «vrai» homme et une «vraie» femme? Qu'on le veuille ou non, nous en avons tous et toutes une petite idée (même inconsciente) et nous jugeons très souvent, sinon la plupart du temps (jugement subconscient, bien sûr!), les gens en fonction de notre perception des caractéristiques masculines et féminines telles qu'on nous les a inculquées. «Cette femme a l'air hommasse...» «R'garde donc comme il a l'air *efféminé...*» «Arrête, tu réagis comme une fille...» «Un homme, ça ne pleure pas...» «Un vrai garçon manqué...» « T'as l'air pas mal Tom Boy pour une fille...» «La cuisine, c'est rien qu'bon pour les filles...» «Si tu continues comme ça, y'a pas un garçon qui va vouloir de toi...»

Ah! Les stéréotypes! Qui, garçon ou fille, n'y a pas eu affaire à un moment ou à un autre? Un garçon, c'est comme ceci et comme cela; une femme, comme ceci et comme cela... On se l'est fait dire depuis pratiquement notre naissance et, qu'on se soit révolté ou qu'on s'y soit plié de bonne ou de mauvaise grâce, ces stéréotypes, cette double liste des caractéristiques du «vrai» homme et de la «vraie» femme, nous ont marqués et moulés, tous et toutes autant que nous sommes.

Or si nous jugeons les autres, même plus ou moins consciemment, à partir de ces stéréotypes, il ne faut pas oublier que nous nous jugeons tout autant nous-mêmes en fonction d'eux ! Plus nous y correspondons, plus nous risquons de nous sentir en confiance; moins nous y ressemblons, plus nous risquons d'avoir des problèmes... Or nos rêves nous parlent de cette perception que nous avons de nous-mêmes par rapport à ces stéréotypes Homme-Femme, perception qui est fondamentale dans l'acceptation entière de soi. L'indépendance et la véritable autonomie que nous devons acquérir un jour ou l'autre passe, entre autres choses, par la libération à l'endroit de ces stéréotypes.

Dans les rêves, comment repérer ce thème ? Ce peut évidemment être de différentes manières, selon les individus: chaque inconscient est bien personnel et se sert de son «alter ego» conscient ! Mais nous pouvons tout de même lancer nos lecteurs et lectrices sur les quelques pistes suivantes:

– Si, dans un même rêve, vous faites face aux couleurs bleu et rose, ma foi, c'est un indice qui vous crève presque les yeux!

– Certains vêtements peuvent vous induire à conclure qu'il s'agit des stéréotypes: par exemple, madame, si vous vous habillez dans 95 % des cas en pantalons et que vous rêvez d'une robe ou d'une belle jupe, il est fort possible que pantalon et robe-jupe fassent allusion à la masculinité-féminité qu'il y a en vous !

– À propos des parties du corps, la pilosité, la poitrine et, plus généralement, les rondeurs font allusion à la masculinité-féminité.

– Si l'un des personnages de vos rêves est quelqu'un que vous jugez «peu masculin» ou «peu féminine», encore là, c'est un bel indice que vous fournit votre surconscient. Que dire si vous rêvez à un ou une transsexuelle ou, encore, que votre ami Jean-Paul (pourtant très «viril» ! !) est en réalité une femme... C'est l'occasion rêvée (c'est bien le cas de le dire!) de réfléchir sur l'emprise que les stéréotypes ont sur vous!

5. Soi-même face à l'Autorité

Enfin, dernier thème des rêves, notre attitude générale face à l'Autorité sous toutes ses formes ou à ce que Freud appelait «le Surmoi». Pour nos lectrices et lecteurs qui ne sont pas familiers avec ce genre de termes, traduisons cela en langage clair: «qu'est-ce que *les autres* vont dire si...»

Les interdits! Le jugement d'autrui! Ce qui risque de nous arriver si nous n'agissons pas conformément à la «morale officielle»... Les exigences du milieu social dans lequel nous évoluons...

Dans quelle mesure sommes-nous vraiment autonomes, c.-à-d. fixons-nous nos propres règles et nos propres notions de ce qui est bien et mal, juste et injuste, admissible et inadmissible? Quelle véritable distance avons-nous prise face à la morale de notre génération et de notre époque? Sommes-nous des «gobeurs» et «gobeuses» de valeurs selon la direction du vent? Avons-nous bien réfléchi à ces valeurs que nous avons apprises ou qui nous ont été communiquées? Dans quelle mesure ne sommes-nous pas encore, à l'âge adulte, exactement comme des enfants face à leurs parents? Certains rêves nous apprennent – à notre grande surprise d'ailleurs – que nous sommes toujours prisonniers de ces «diktats» moraux et sociaux, et que notre dossier «autonomie» n'est guère reluisant.

Voici l'exemple de Caroline, qui a fait une telle découverte grâce à un rêve, elle qui croyait dur comme fer qu'elle se souciait des stéréotypes comme de l'an quarante et qu'elle était une femme parfaitement indépendante:

IL M'A VOLÉ MON BAIN!

Il est question d'aller prendre du soleil quelque part chez quelqu'un, à un chalet. Je me fais couler un bain. Quand je reviens dans la salle de bain, Christophe Langevin est dans mon bain, debout. Je me fâche et je lui dis de sortir de mon bain, mais il ne veut absolument pas. Finalement je le laisse faire, je laisse tomber parce que cela pourrait avoir des répercussions désagréables pour moi: la maison est aux Langevin, c'est comme si j'y pensionnais ou que j'y étais de passage. Christophe a l'air de considérer que c'est absolument son droit de prendre mon bain et, dans le rêve, je crains particulièrement madame Langevin – qui d'ailleurs a des ressemblances avec ma propriétaire actuelle; je crois que dans mon esprit, je les associe en tant que « belles grandes femmes », et je ne veux pas me les mettre à dos parce qu'elles sont mes logeuses.

Ensuite, je désire, avant d'aller à ce chalet, m'épiler les jambes, mais je ne le fais pas: je ne trouve ni le temps, ni l'occasion. À un moment donné, je descends une côte avec mon frère aîné. Nous sommes en « shorts » et j'ai presque autant de poils que lui sur les jambes. Au début cela m'inquiète un peu, je me demande ce que les autres vont dire, mais je continue comme si de rien n'était sans m'inquiéter. Je me rappelle aussi que cela ne me tente pas de m'épiler: j'aimerais bien mieux ne pas avoir à le faire, mais « plage oblige »...

Analyse (par la rêveuse elle-même):

Ce rêve comprend deux éléments qui ont rapport avec quelque chose que je crains: la colère ou l'impatience de personnes (ici des femmes) et le jugement d'autrui (la question des poils).

Christophe Langevin, dans le rêve, a environ 9 ans, c.-à-d. qu'il est tel que je l'ai connu lorsque je demeurais dans cette famille à l'époque où j'étais étudiante, il y a plus de quinze ans. Mais pourquoi lui et pas un autre ? Pourquoi cette famille ? En fait, j'y étais plus ou moins à l'aise, spécialement face à madame Langevin: celle-ci m'apparaissait un peu inaccessible, lointaine et « à apprivoiser ». Je l'admirais et je la trouvais très belle – exactement comme je percevais ma mère lorsque j'étais petite... ! Décidément, cette madame Langevin représente, pour moi, un substitut de ma propre mère, qui me dominait lorsque j'étais enfant; j'ai continué à vivre cette domination face à d'autres personnes qui pouvaient (inconsciemment bien sûr) représenter pour moi les traits physiques et psychologiques de ma mère: des logeuses (et n'habite-t-on pas chez ses parents lorsque nous sommes enfant ?), des femmes jugées très belles et grandes (comme je percevais ma mère dans mon enfance).

Pourquoi ce Christophe se trouve-t-il dans MON bain ? Pour moi, prendre un bain (surtout lorsque je le remplis aux trois-quarts, comme c'est le cas dans le rêve), signifie essentiellement RELAXER, et cette relaxation devient impossible parce que je crains non pas l'enfant lui-même, mais la réaction de sa mère... Ma propre mère, symboliquement! Ma mère m'empêchait de relaxer, d'être bien... Voilà que, par ce petit élément de rêve, je suis amenée à me rappeler la relation (assez difficile) que j'ai eue avec ma mère lorsque j'étais petite... Il semble que cette relation soit loin d'être résolue, puisque j'en rêve...

Et en effet, Caroline, qui a entrepris la démarche d'auto-analyse de ses rêves, s'est rendu compte, quelques rêves plus tard, qu'elle était toujours dominée par sa mère et ce, à l'âge adulte. Mais, en fait, le rêve apportait des précisions importantes sur cette relation mère-fille: par le biais de l'enfant-Christophe, qu'elle a interprété comme une représentation du Surmoi au sens freudien (ce qui interdit, qui empêche, qui dit «NON!»), elle a vu qu'en fait, sa mère avait, par son attitude autoritaire et dominatrice, empiété sur son intimité (son bain que Christophe lui *vole*, en quelque sorte, en ayant l'air de considérer que c'est absolument son droit).

L'épisode avec son frère (la question des poils sur les jambes) lui a fait voir que si elle était toujours dominée par sa mère, qu'elle continuait à craindre inconsciemment et dont elle n'était toujours pas libérée, elle l'était tout autant par les stéréotypes et par le jugement d'autrui: «Qu'est-ce que les autres vont dire en constatant que moi, une femme, j'ai autant de poils que mon frère, un homme?»

À vrai dire, Caroline n'a pas compris cela au moment du rêve lui-même, mais beaucoup plus tard, à la suite d'autres rêves. Le problème était cependant déjà posé; elle s'en est bien rendu compte quelques mois plus tard en relisant ce rêve.

* * *

Exercice

8. Essayez d'identifier le thème possible des rêves que vous avez pris en note et commencez à réfléchir sur chacun de leurs éléments, en suivant le même procédé que celui que nous mettons en œuvre dans nos illustrations. N'oubliez pas que vous êtes la seule personne en mesure de dégager le sens des divers éléments de vos rêves: il suffit simplement de vous poser l'éternelle question: «Qu'est-ce que cela signifie ou représente *pour moi*?»

Note:

Avant de passer au chapitre qui explique en détail la méthode d'analyse des rêves, nous allons d'abord étudier le sens des personnages. Après avoir lu le prochain chapitre, vous comprendrez alors plus facilement les exemples que nous donnons au chapitre 5, pour illustrer la méthode. N'oubliez pas, une fois votre lecture terminée, de faire les exercices proposés: c'est en «pitonnant» qu'on apprend!

Chapitre 4

Les personnages de nos rêves

Points à vérifier dans le rêve

Les personnages de nos rêves nous sont généralement connus dans la grande majorité des cas: ce sont nos parents (père, mère, frères, sœurs, cousins et cousines, oncles et tantes, grands-parents, même décédés), nos camarades de travail ou nos supérieurs, telle ou telle connaissance (même vague), tel commerçant, telle comédienne ou tel acteur (en tant que tel, ou relié de près à un rôle précis), etc. On peut même rêver à d'autres personnes qui nous sont connues par les médias: une personnalité politique, un personnage de roman, de téléroman ou de théâtre, un ou une écrivaine, un grand personnage de l'Antiquité ou de la Bible, etc.

Il arrive aussi que nous ayons affaire à d'illustres inconnus: une femme, un homme, un enfant, un bébé ou, encore, quelqu'un détenant un statut social quelconque: notaire, prêtre, agent de sécurité, professeur, médecin, etc. Comme nous le verrons tout à l'heure, ces figures inconnues mais dont nous percevons généralement le sexe, l'âge et l'apparence, sont souvent le substitut de quelqu'un d'autre, alors que le statut social bien identifié doit être pris en tant que tel.

Ces personnes peuvent avoir une « consistance » plus ou moins ferme: ou bien leur présence est très claire, ou bien elle est floue, vague, pouvant aller jusqu'à n'être qu'une ombre. Elles peuvent être « là mais comme pas là », c.-à-d. que l'on sent leur présence, mais sans les voir, une présence très fugace, lointaine. Cette présence diffuse, à peine perceptible, signifie généralement que ces personnes sont reliées, mais sans doute de loin, à la situation dont parle le rêve. Ce qui est certain, cependant, c'est qu'elles n'y sont pas pour rien.

Lorsque leur présence est nette ou passablement nette, il faut toujours essayer de les revoir de près telles qu'elles se sont présentées dans le rêve: d'abord, était-ce bien lui ou elle? Avait-il ou avait-elle quelque chose de différent ou de particulier? Souvent, cette petite particularité est pleine de signification et donne le sens de sa présence dans ce rêve.

Ne ressemble-t-il ou elle pas à quelqu'un d'autre par certains petits détails? Par exemple: c'est lui, mais peigné d'une manière différente, c.-à-d. comme Y... Dans ce cas, il nous faut mettre les deux personnes en relation ou, plutôt, attribuer au personnage du rêve un trait appartenant au dénommé Y.

Avons-nous eu affaire à cette personne la veille ou récemment? Si tel est le cas, il faut se rappeler ce qui s'est passé et ce que nous avons pensé sans trop nous le dire: souvent, encore là, l'inconscient se sert de ces petits événements qui ont presque échappé à notre conscience pour nous communiquer ses messages.

Comment la personne était-elle vêtue? Les vêtements représentent, comme nous l'expliquons dans le chapitre qui leur est consacré, la personnalité extérieure, ce que nous reflétons aux yeux des autres. Bien souvent d'ailleurs, dans nos rêves, nous percevons la manière dont nous sommes habillés, ce que nous portons en guise de vêtements. Ces petits détails vestimentaires ont toujours leur importance et, encore une fois, ils ne sont pas là pour rien. Il s'agit alors de se demander ce que ce vêtement représente pour nous. Si, par exemple, une personne est vêtue dans des tons que nous n'aimons pas, c'est un signe quasi certain et hors de tout doute qu'elle nous apparaît alors sous un jour qui nous déplaît: il s'agit donc de notre perception négative d'elle, à travailler. Si, au contraire, nous aimons ce qu'elle porte et que nous jugeons que cela lui va bien (même si « ce n'est pourtant pas son genre... »), c'est encore significatif: c'est notre perception positive d'elle qui est en jeu, perception peut-être même trop positive; si l'on tient compte du « ce n'est pourtant pas son genre », peut-être la voyons-nous « plus belle que nature ».

Qu'est-ce que j'éprouve face à cette personne dans le rêve? Et dans la réalité? Ici, il nous faut tracer un portrait de notre perception consciente, c.-à-d. connue, admise, reconnue, et subconsciente (ce que nous pensons d'elle mais sans trop nous le dire ou l'avouer) de cette personne. Il faut en brosser le portrait le plus complet possible, même si c'est bien souvent une tâche désagréable. C'est justement là que se trouve le sens! C'est notre perception subconsciente de la personne qui en explique la présence et le fait que ce soit elle et non quelqu'un d'autre.

Notons cependant que cette perception peut changer au fil du temps: on ne perçoit plus la personne en question de la même manière, soit parce qu'elle a évolué, soit parce que nous n'entretenons plus le même rapport avec elle, soit parce que nous-même avons changé. Il faut donc « renouveler » et vérifier cette perception, ce portrait que nous en avons tracé.

La personne apparaît-elle plus grande ou plus petite qu'elle ne l'est en réalité? Si la personne est plus grande, cela peut signifier que nous sous-estimons cette personne dans la réalité (en ce cas, l'inconscient joue un rôle de compensation, rétablissant l'équilibre), ou bien que nous la surestimons inutilement, éprouvant un sentiment d'infériorité à son égard ou la considérant meilleure qu'elle ne l'est. C'est toujours selon le contexte du rêve et de ce que nous ressentons.

Si la personne est plus petite, selon la fonction compensatoire du rêve, ce serait une façon de nous dire que nous surestimons la personne dans la réalité et que nous devons ajuster la perception que nous en avons. Ou bien, cela peut signifier que le « problème » que nous avions avec elle a perdu de son importance ou a diminué, est en voie de résolution. Ce peut être aussi que, si nous surestimions auparavant cette personne, ce n'est maintenant plus le cas, l'équilibre est rétabli.

Que fait la personne dans le rêve ? Ou que lui arrive-t-il ? Est-ce habituel ? Selon Aeppli, ce qui arrive à l'autre ou à soi dans un rêve peut représenter non pas ce qui arrive réellement à la personne, mais à la relation qui existe entre nous et elle. Par exemple, *je rêve que mon ami Gaston, avec lequel je vis depuis deux ans et qui se montre froid à mon égard depuis un certain temps, souffre d'une fièvre quelconque.* Un tel rêve symboliserait ma perception de Gaston dans notre relation de couple : il est « malade », effectivement, il a de la difficulté avec moi – à moins que ce ne soit moi qui sois malade et qui projette mon propre état sur lui ! Ou alors, ce rêve pourrait signifier que c'est notre relation elle-même qui est « malade » et que je perçois très bien la souffrance de mon ami.

* * *

Tout ce qui précède a été dit dans l'optique d'une interprétation « objective » du rêve, c.-à-d. dans laquelle on prend les personnes pour elles-mêmes, pour ce qu'elles sont et représentent pour nous, en fonction de ce que nous vivons avec ou en relation avec elles. Mais on peut aussi (et c'est souvent ce qu'il nous faut faire) les considérer dans un deuxième temps comme représentant autre chose qu'elles-mêmes. C'est ce qu'on appelle le plan « subjectif » de l'interprétation, et c'est là que l'analyse devient intéressante – mais aussi beaucoup plus compliquée !

Plusieurs possibilités existent, et il est bon de les examiner à tour de rôle si nous ne sommes pas sûrs de la signification de telle ou telle personne.

1. Un substitut de soi

Il est possible qu'une personne représente un aspect de moi-même, un trait de mon caractère ou de ma personnalité que je reconnais très bien chez cette personne, mais pas en moi. Dans ce cas, c'est le phénomène de projection, bien connu en psychologie, qui joue : on reconnaît bien plus facilement chez autrui ce qui est en nous, particulièrement les défauts ! Comme l'a dit un célèbre personnage, « on voit très bien la paille qui se trouve dans l'œil de notre voisin, mais pas la poutre qui se trouve dans le nôtre » !

Si l'interprétation doit se faire dans cette optique, alors il faut commencer par tracer un portrait de cette personne et voir dans quelle mesure les traits que nous lui attribuons peuvent nous convenir, même si nous ne voulons pas l'admettre si facilement. Voici un petit truc pour vous faciliter la tâche. Demandez-vous simplement : « Se *pourrait*-il que je sois ainsi, moi aussi ? » La question posée au conditionnel est plus facile à formuler et, une fois posée, une fois l'hypothèse lancée, la réponse, si elle est positive, devient plus facile à admettre !

Donc, si c'est bien le cas, vous poursuivez votre étude du rêve en vous situant face à cet aspect de vous-même.

2. Un substitut de quelqu'un d'autre

On appelle « substitut » une personne qui, selon la signification qu'elle a pour nous, est utilisée, dans nos rêves, à la place de quelqu'un d'autre. Le plus souvent, ce sera le substitut de nous-même sous un certain aspect ou, cas très fréquent, de nos parents : notre père, notre mère, et même, parfois, les deux à travers un couple que nous connaissons.

Si on me demandait pourquoi il en est ainsi, j'avoue que je ne saurais répondre : c'est ainsi, voilà tout. Cependant, on pourrait toujours dire que l'inconscient, avec son langage imagé, métaphorique et symbolique, utilise des détours pour nous parler. Utiliser quelqu'un en guise de substitut est l'un de ces détours. Nous en verrons un exemple détaillé tout à l'heure. Mais voyons d'abord de qui d'autre que nous-même une personne, dans un rêve, peut être le substitut.

Ce peut être... notre grand-père ou notre grand-mère

Hé oui ! Réfléchissez trente secondes et demandez-vous: « Quel personnage d'un rêve pourrait bien représenter mon grand-père ou ma grand-mère ? »

....

....

Vérifions notre réponse respective: un homme âgé ou une femme âgée peut fort bien représenter le grand-père ou la grand-mère, si nous-mêmes sommes assez jeunes; par contre, si nous avons 40 ans et plus, cet homme ou cette femme âgée peut fort bien représenter, plutôt, notre père ou notre mère tels qu'ils sont actuellement.

Ce peut être... notre père ou notre mère

Un homme ou une femme ayant à peu près le même âge que notre père ou notre mère peut fort bien être un substitut de l'un ou de l'autre. Mais parfois, c'est beaucoup plus subtil, car une femme ou un homme d'environ 30 ans peut aussi être un substitut du père ou de la mère lorsqu'ils avaient cet âge. Voilà tout de même un indice intéressant qui nous ramène à une certaine époque de notre enfance: une petite soustraction dans les âges et nous voici à 4, 5 ou 6 ans face à notre père ou à notre mère...

D'autres fois, un ou une amie, voire même une simple connaissance, peut être un substitut de l'un des parents. Il arrive très souvent qu'il en soit ainsi. Comment peut-on s'en rendre compte ? C'est souvent en cours d'analyse, en plein travail de déduction, selon le contexte du rêve et, aussi, par les caractéristiques de la personne en question qui peuvent très bien s'appliquer à notre père, à notre mère ou, même, à telle tante ou à tel oncle qui a joué un rôle important dans notre vie.

Pour illustrer cela, donnons un exemple de ces personnes-substituts qui se retrouvent fréquemment dans nos rêves. Il s'agit du 19e rêve que j'ai analysé:

APPARENCE

Je suis à Pierrefonds, ma ville natale. Je suis dans un autobus, et une jeune fille (que je ne connais pas) me dit que ce que Lise n'aime pas, c'est que j'aie les cheveux gris. Je lui réponds que « c'est des affaires à Lise », que c'est « dans sa tête à elle » et que si elle-même partage l'idée de Lise, c'est dans sa tête et uniquement là que ça se passe.

Puis elle me conduit dans une maison qui se trouve au pied de la côte du Collège, une maison située sous le niveau de la rue, pas mal au-dessous. Pour entrer dans cette maison, il faut passer par des espèces de tunnels, des couloirs de glace et des escaliers de trois ou quatre marches entièrement recouvertes de glace, et il faut se plier pour passer dans ces couloirs-tunnels. Dans la maison, nous arrivons dans une pièce assez grande, qui pourrait être la cuisine. À partir de ce moment, la jeune fille s'efface, elle devient « là mais comme pas là ».

À ma gauche, il y a une pièce où se trouve Lise: elle est assise, peut-être dans une chaise berçante, mais elle ne se berce pas: elle est immobile et comme lointaine, comme si elle méditait ou dormait les yeux ouverts... Je la regarde et je constate qu'elle est blonde – donc teinte – et je remarque tout particulièrement sa coupe de cheveux au niveau de l'oreille: ses cheveux sont coupés très droit au-dessus de l'oreille, et elle a une mèche – très blonde – faisant comme une sorte de favori en avant de l'oreille.

Après avoir ainsi remarqué Lise, je reviens dans la première pièce et j'y vois un jeune homme. En le voyant, je sais que la maison où je suis est « la maison des jeunes ». Lui, c'est le responsable de la maison, celui qui en a la charge. À droite, à l'opposé de la pièce où se trouve Lise, il y a une autre pièce dans laquelle se trouve une femme âgée (60-65 ans), qui semble être la mère du jeune homme, et je sens que cette femme est importante, qu'elle exerce un grand pouvoir.

Précisons d'abord que j'ai analysé, jusqu'à présent, plus de six cents de mes rêves. Ce 19e rêve que je viens de décrire a été l'un des plus importants – et des plus difficiles à analyser – que j'aie faits: il m'a fallu près de soixante pages d'écriture et plusieurs cassettes d'enregistrement pour en venir à bout. Bien entendu, je ne reproduis pas ici l'analyse complète de ce rêve; je vais me concentrer sur les cinq personnages mis en action:

moi-même, une personne que je connais (Lise), et trois illustres inconnus: une jeune fille, un jeune homme et une femme âgée.

Étant donné que c'était le dix-neuvième rêve que j'étudiais, vous pouvez vous imaginer que j'avais déjà certains points de référence que j'avais dégagés des précédents rêves. En particulier, je ne fus pas longue à comprendre la signification de la première partie du rêve:

La jeune fille de l'autobus est une représentation du « conscient collectif » (au sens jungien) ou du « Surmoi » (au sens freudien), qui vous dit ce que vous devriez faire (ici teindre vos cheveux) et ne pas faire (garder vos cheveux gris) [1]. En lui répondant que ce n'est là qu'une perception, qu'une idée qui se trouve dans sa tête et non dans la réalité, je me pose ici en égale: je ne suis plus dominée comme avant par le « Surmoi », par les conventions sociales.

Avez-vous remarqué l'étrange situation de la maison ? Si elle se trouve pas mal au-dessous du niveau de la rue, en bas d'une côte et qu'en plus, pour y entrer, il faut passer sous terre en traversant des tunnels de glace, c'est certainement là une combinaison d'images pour dire que ce qui s'y passe est difficile d'accès et qu'il y a sûrement quelque chose de très inconscient qui la concerne. En effet, ce rêve cachait un souvenir ou, plus précisément, une perception inconsciente remontant à une lointaine époque, lorsque j'avais 5 ans.

Que représentent, maintenant, les trois autres personnages? J'ai, bien entendu, commencé par Lise, que je connaissais. En en traçant le portrait, je me suis rendu compte que celle-ci représentait, pour moi, un certain idéal, mais imparfait: un idéal de femme, mais contenant passablement de défauts, un idéal d'apparence. Cette Lise me semblait *avoir l'air* libre et dégagé; mais je me demandais, au fond, si elle l'était vraiment. Je perce-

1. Vous voyez qu'une personne peut aussi représenter une réalité quelconque, ici le « Surmoi », la morale sociale imposée.

vais en elle quelque chose d'artificiel et de fabriqué [2].

Pourquoi semblait-elle dormir les yeux ouverts ? Ah ! ces petits détails du rêve auxquels il faut prendre grande attention ! Traduit, cela signifie : Lise n'est pas réellement elle-même (elle dort), même si elle en a l'air (elle a les yeux ouverts) !

Mais *qui* pouvait bien représenter cette Lise ? Impossible de le savoir à ce stade de l'analyse. Je suis donc allée voir ailleurs, dans l'autre chambre, celle de la femme âgée, et j'ai eu la nette impression que cette femme était... la *grand-mère* (tricote, plus ou moins invalide, ne sort pas). Or le rêve précise qu'elle est la mère du jeune homme et que c'est en tant que telle qu'elle exerce un grand pouvoir sur la maison entière... De là à identifier la signification de Lise et du mystérieux jeune homme responsable de la maison, il n'y avait qu'un pas, assez vite franchi. Essayez votre perspicacité d'analyste en herbe :

LA FEMME ÂGÉE = la mère du jeune homme, la grand-mère.

LE JEUNE HOMME = ...

LISE = ...

Vous avez identifié le jeune homme comme étant mon père ? Alors bravo ! Quant à Lise, l'auriez-vous, par hasard, identifié comme étant... ma mère ? Si oui, ça vaut la peine de préciser à partir de quoi vous avez fait cette déduction :

Lise est la mère de la rêveuse parce que ....

....

....

Ah ! Ce que j'aimerais être à vos côtés pour lire votre réponse ! Quant à moi, l'auteure de ce rêve, je me suis d'abord dit que si la femme âgée était la grand-mère et la mère du jeune homme, alors celui-ci était mon père.

2. Bien entendu, je ne m'étais jamais vraiment rendu compte de cette perception subconsciente ; il m'a fallu ce rêve pour en prendre réellement conscience.

(Avouons qu'il n'y a là rien de sorcier...) Et il se *pouvait* (mais je n'en étais pas sûre, puisqu'il n'y a aucun lien dans le rêve entre Lise et ce jeune homme), il se pouvait que Lise soit ma mère, me suis-je dit. Mais comment en être sûre ?

Je suis revenue à la femme âgée et j'ai examiné comment je percevais ma grand-mère paternelle : or cette dernière me semblait avoir exercé un grand pouvoir, émotivement, sur son fils, pouvoir qui a eu certaines répercussions sur ma mère ainsi que sur moi et mon frère aîné... Cette « maison des jeunes » était bel et bien celle de ma famille, ce qui était confirmé par le fait suivant : la maison de mon enfance venait des parents de mon père qui, dans les premières années de son mariage, n'en était pas encore le propriétaire, la maison appartenant à ma grand-mère. Il n'en était effectivement que le « responsable », ainsi que le rêve le précisait ! N'est-ce pas tout simplement extraordinaire ?

Mais Lise, elle ? Était-ce ma mère ? J'en ai vite été convaincue par le détail suivant : le fait qu'il n'y avait pas de lien entre Lise et ce jeune homme, dans le rêve, était loin d'être une raison de douter qu'elle soit un substitut de ma mère, bien au contraire. Car, me suis-je dit, ce pouvait être là une image de l'énorme distance, voire même de l'indifférence, qui existait entre mon père et ma mère, lesquels ne s'entendaient pas du tout. Dans le rêve, le seul point commun entre les deux, c'est qu'ils vivent dans la même maison. Lise est dans une pièce, et le jeune homme, dans une autre ; il semble savoir qu'elle est là, dans cet état, et cela ne le dérange pas ou n'a pas l'air de le déranger. N'était-ce pas ainsi à l'époque de mon enfance ? Oui ! Exactement ! (Du moins est-ce ainsi que j'ai *perçu* la situation !)

Mais il y avait encore plus : j'avais noté que Lise, dans le rêve, était *lointaine*. Or c'est exactement ainsi que ma mère m'apparaissait lorsque j'étais jeune : lointaine, et ayant mal... Incapable d'être vraiment elle-même et de manifester sa vraie nature, tellement elle était préoccupée et stressée par toutes sortes de problèmes qu'elle avait bien de la difficulté à supporter.

Vous pouvez donc voir, par cet exemple, combien chaque détail du rêve, et même chaque impression que nous y ressentons, sont importants à étudier et à examiner pour nous en révéler le sens. En ce qui concerne les personnages, pour savoir si nous devons les prendre pour eux-mêmes ou pour quelqu'un d'autre, nous avons vu qu'il fallait travailler sur le contexte du rêve, de même que sur leurs caractéristiques.

3. Un substitut d'une réalité quelconque

Comme nous l'avons vu à l'aide de l'exemple précédent, il arrive parfois que nous ayons affaire à des personnes que nous ne connaissons pas: une femme, un homme, un enfant, un commerçant, un prêtre, un avocat, un professeur, un roi, un général en chef, un dictateur, sans plus de précision. S'il s'agit d'un métier ou d'une profession, alors travaillez sur le statut social du personnage en question: c'est ce statut qui importe. Demandez-vous ce qu'il peut représenter en tant que tel et cherchez en quoi vous pouvez être engagé dans ce domaine. Pensons à quelques possibilités. Si j'ai affaire à un notaire, le rêve parle donc de papiers à signer, à légaliser, de contrat. Si j'ai affaire à un gérant de banque, il est question de l'aspect financier. Si j'ai affaire à un religieux, à un prêtre, à un curé, à un évêque ou au pape en personne, il est bien évident qu'il s'agit de l'autorité religieuse. Un médecin incarne le pouvoir de soigner et de guérir. Et ainsi de suite.

Notons que plusieurs fonctions sociales incarnent, en fait, *l'autorité* à laquelle nous sommes plus ou moins soumis: c'est le cas du professeur, du médecin, du notaire et de l'avocat, du gérant de banque, du policier, du patron ou du propriétaire, du prêtre, etc. Par conséquent, ces personnes peuvent fort bien être le substitut de cette réalité qui s'appelle l'autorité sous toutes ses formes, que ce soit l'autorité parentale, professorale, politique ou sociale (le Surmoi, la morale collective, le qu'en-dira-t-on). Certaines professions renvoient à une autre réalité; quelle peut être la signification symbolique, par exemple, d'une coiffeuse ou d'une esthéticienne ? Ah! Je sens que votre sens de l'analyse est bien aiguisé maintenant et que vous avez tout de suite pensé à... l'apparence extérieure! «Ah! De quoi ai-je l'air?» Avoir l'air, en effet, relève de la coiffure et de l'esthétique[3]!

Dans la psychologie jungienne, on trouve la notion du SOI, qui désigne notre personnalité totale, profonde et authentique. Or certains personnages peuvent symboliser cette réalité psychique: un vieux sage, un roi, un grand prêtre, un général en chef ou les Parques (femmes tissant le destin d'un être), par exemple[4].

L'Animus et l'Anima

Jung, on le sait peut-être, a fait une très intéressante découverte, maintenant reconnue par toutes les sortes de psychologies: il s'agit des notions de l'Animus et de l'Anima. Certains personnages les incarnent dans les rêves.

En latin, *anima* est un mot féminin qui signifie âme. Jung a récupéré ce mot latin mais, pour les besoins de la cause, il lui a ajouté un complément masculin[5] pour désigner l'image inconsciente que toute personne porte en elle de l'autre sexe. C'est ainsi que l'Anima désigne l'image inconsciente de la femme et des femmes que tout homme porte en lui, et que l'Animus désigne l'image inconsciente de l'homme et des hommes que toute femme porte en elle.

Ces notions sont fondamentales. Nous avons en effet une certaine manière de percevoir ce qu'est un homme ou une femme, mais cette perception est inconsciente, donc à mettre à jour à un moment ou à un autre,

3. Pour la coiffure, lire ce qui concerne la tête et les cheveux dans le chapitre sur le corps; pour l'esthétique, ça dépend de quelle partie du corps il est plus particulièrement question: poils? ongles? cellulite? massage de dos?
4. D'autres fois, les symboles du SOI se présentent sous les traits d'une source, d'une pierre précieuse, d'une fleur d'or, d'une circonférence avec son centre ou d'un serpent.
5. Dans la langue latine, tous les mots masculins se terminent par «us» et tous les mots féminins se terminent par «a».

d'autant plus qu'elle peut jouer dans notre dos, être projetée sur quelqu'un, nous faire tomber dans le piège du coup de foudre sans lendemain, avec toutes les conséquences qui en découlent. Si nous réfléchissons le moindrement sur le type d'hommes et de femmes que nous aimons, admirons, qui nous attirent énormément, qui nous séduisent irrésistiblement ou que nous trouvons tout bonnement fort sympathiques, nous ne serons alors pas loin de cerner la nature de cette image inconsciente qui est en nous. Pour ce faire, il suffit tout simplement de nous demander: « Quel type d'homme m'attire ? Quel type de femme m'attire ? »

L'Animus / Anima désigne aussi le pôle sexuel de l'autre sexe qui se trouve en nous, mais qui a été refoulé par l'éducation. Tout homme a en lui une certaine « féminité », et toute femme a en elle une certaine « virilité » ou « masculinité ». L'Animus, chez la femme, est composé essentiellement de rationalité, d'intellectualité, de créativité, d'indépendance et d'autonomie. L'Anima, chez l'homme, est composée surtout de sensibilité et d'émotivité.

L'Animus / Anima dans les rêves[6]

Les jungiens nous disent que l'Animus non intégré chez la femme (donc négatif) se présente dans les rêves sous la forme de groupes d'hommes menaçants: bandits qui attaquent en groupe, bande de hors-la-loi, hommes qui poursuivent, gitans, groupes de voyageurs menaçants, vampires, tueurs, agresseurs, pirates, corsaires, dictateurs. L'Animus bien intégré (donc positif) se manifeste à travers un personnage masculin comme un aristocrate, un gentleman, un chevalier, un cosmonaute, un chef d'État, un acteur de cinéma intelligent et bon.

Chez l'homme, l'Anima négative se présente sous la forme d'une femme inconnue du rêveur: une prostituée, une ivrognesse, une femme échevelée, une sorcière, une

6. Les données qui suivent viennent essentiellement de Pierre Daco, *L'Interprétation des rêves*, chap. 7 et 8.

gitane, une femme à cape noire, aux cheveux noirs, une chanteuse de cabaret, une strip-teaseuse, une statue (= Anima figée)... L'Anima positive, quant à elle, se présente généralement sous la forme d'une belle jeune femme qui semble avoir des qualités morales remarquables, qui sert souvent de guide ou invite le rêveur à une action quelconque.

L'Animus / Anima nous joue souvent des tours en ce qui concerne les personnes qui nous séduisent, et en ce qui concerne le contrôle ou l'absence de contrôle de la rationalité-émotivité. Ces réalités psychiques doivent donc être connues et intégrées pour atteindre la maîtrise de soi-même.

Une petite mise en garde sur l'Animus/Anima

Il est bien entendu qu'un personnage de rêve peut représenter l'Animus ou l'Anima, mais ce cas est beaucoup moins fréquent que certains psychologues (particulièrement s'ils sont jungiens) nous le laissent croire. Je vous suggère, quant à moi, de les mettre de côté pour le moment et de concentrer votre étude des personnages de vos rêves sur la perception que vous en avez (consciente et subconsciente); c'est déjà beaucoup ! Lorsque vous aurez acquis une certaine expérience de l'analyse de vos rêves et que tout à coup, vous aurez l'impression qu'il s'agit peut-être de votre Animus ou de votre Anima, alors vous pourrez travailler dans ce sens. Sinon, laissez faire ! Vous avez bien d'autres chats à fouetter !

De plus, il faut dire que les groupes d'hommes menaçants, dans les rêves de femmes, ne signifient pas nécessairement l'Animus non intégré. Les rêves de poursuite, par exemple, sont communs aux hommes et aux femmes; bien plus simplement et fréquemment, ils parlent d'une peur ou d'une angoisse qui nous ronge et qui, dans bien des cas, renvoie à un événement antérieur remontant souvent à l'enfance. Pour identifier cette peur, il faut, bien sûr, tenir compte de tous les éléments du rêve. Le lieu, en particulier, est souvent un excellent indice sur lequel travailler.

Toujours dans les rêves de femmes, un personnage masculin, comme un aristocrate, un gentleman, un chevalier, un cosmonaute, un chef d'État ou un acteur de cinéma ne représente pas nécessairement l'Animus positif: il peut être une figure du père admiré, de l'homme rêvé ou d'un aspect de nous-même, soit réel, soit désiré. Dans les rêves d'hommes, il est certainement abusif d'affirmer, comme le font tous les jungiens, que toute femme inconnue représente l'Anima; elle peut être un substitut de la mère (crainte s'il s'agit d'une sorcière, aimée et protectrice s'il s'agit d'une fée), ou d'une femme connue du rêveur.

* * *

Exercices

9. Retournez à votre «journal de rêves» et essayez d'en identifier le sens des personnages. Complétez (ou essayez de compléter!) les analyses que vous avez commencées.

10. Faites un bilan de votre situation d'auto-analyste de vos rêves: les points qui vous sont faciles et ceux sur lesquels vous butez. Essayez de comprendre pourquoi vous éprouvez ces difficultés. Si tout va pour le mieux dans le meilleur des mondes, continuez!

Chapitre 5

La méthode d'analyse des rêves

Rappel de quelques principes

Premier principe

D'abord, répétons encore une fois le principe fondamental de l'analyse des rêves: l'inconscient ne fonctionne pas d'après ce qui existe dans les livres, mais d'après nos propres perceptions, d'après ce que nous pensons plus ou moins consciemment de telle chose ou de telle personne. Ainsi, lorsque nous voulons analyser l'un de nos rêves, il nous faut donc toujours nous demander ce que cette chose ou cette personne représente pour nous.

Deuxième principe

À partir de ce principe fondamental, nous pouvons donc affirmer que la seule personne capable de déchiffrer un rêve est celle qui l'a fait. Notons que c'est là un principe généralement affirmé dans la plupart des « dictionnaires des rêves », mais malheureusement bien vite oublié par leurs auteurs, car ces derniers s'empressent de nous fournir un lexique de mots avec un sens qui, selon eux, est valable pour tout le monde. Il est donc inutile, comme nous l'avons déjà dit, de consulter un dictionnaire quelconque pour trouver la « clé » d'un rêve : celle-ci se trouve en nous et nulle part ailleurs. Si, un jour, vous vous essayez à analyser le rêve de quelqu'un d'autre, vous ne pourrez procéder autrement qu'en questionnant cette personne sur le sens qu'*elle* donne à tel ou tel élément, comme vous le faites pour vos propres rêves, et vous ne devrez jamais projeter vos propres significations. Ce que vous pourrez toujours faire, en cas de blocage de l'analyse, c'est de lui suggérer un sens probable en guise d'hypothèse; la personne vous dira alors si cela correspond ou non à ses propres perceptions.

Troisième principe

Comme nous l'avons vu au chapitre 2, la majorité de nos rêves nous parlent non pas du futur, mais bien plutôt de notre vie présente et de notre passé. Toutes les interprétations, si nombreuses, qui sont faites dans le sens d'une soi-disant prédiction d'avenir, sont donc à éliminer; un rêve n'est pas un jeu de cartes, et l'interprète n'est pas davantage un ou une cartomancienne ! L'analyse des rêves n'a rien à voir avec la divination; elle est affaire de raisonnement et d'analyse. Même si l'intuition, et souvent le hasard, peuvent intervenir – une idée surgit subitement à l'esprit, des impressions se présentent, un lien ou une association se fait tout à coup, semblant surgir de nulle part – le gros de l'ouvrage consiste en une analyse rigoureuse, systématique, du rêve en chacun de ses éléments.

Quatrième principe

J'ai pu remarquer, à l'expérience, que l'inconscient est bien souvent avare et ne donne vraiment que le minimum requis pour comprendre et découvrir ce qui se cache derrière ses images. C'est à nous de faire le reste, c'est au moi conscient de travailler. L'analyse d'un rêve est une véritable opération de détective, à la Hercule Poirot ou à la Sherlock Holmes. Il nous faut prendre au vol et garder précieusement le moindre indice (dans le rêve lui-même ou dans les messages qui se présentent en cours d'analyse), fouiller dans les moindres recoins, chercher à expliquer tous les éléments jusqu'à ce qu'il n'y ait plus de mystère ni de doute. Un rêve est complètement déchiffré lorsque tous ses éléments le sont et que sa traduction forme un tout cohérent.

Cinquième principe

Formuler des associations à partir des images du rêve est la base même de son analyse. L'inconscient, avons-nous dit au premier principe, fonctionne d'après nos propres perceptions et selon le sens que nous donnons à telle chose ou à telle autre. Or ces images du rêve sont des représentations symboliques qui cachent autre chose, un fait ou une perception. C'est en travaillant sur le sens qu'ont pour nous ces images que nous découvrons le sujet, le thème et le message du rêve.

Il y a quelques autres principes, mais nous les mentionnerons à la fin de ce chapitre, sous forme de suggestions, après avoir expliqué et illustré la méthode en son entier. En fait, cette dernière est très simple et peut se résumer en trois étapes, que nous allons maintenant examiner successivement.

Les trois étapes de l'analyse

1. La description
2. L'énumération des éléments à étudier
3. L'étude détaillée de chaque élément

1. La description

– «J'ai rêvé que je me mariais. Qu'est-ce que ça veut dire ?»

– «J'ai rêvé que j'étais dans un champ de blé et que j'accouchais d'un beau garçon aux yeux bleus...»

– «J'ai rêvé que ma mère était morte. Est-ce que ça veut dire qu'elle va mourir ??»

De telles « descriptions » et de telles demandes me font toujours sourire parce que le rêve y est très nettement insuffisamment présenté : on n'y fournit que le sujet global (mariage, accouchement, mort) sans le « décor » et, surtout, sans le scénario et sans tous les éléments qui le composent. Or nous avons eu l'occasion de constater, jusqu'à présent, que c'est dans les détails du rêve que le sens se trouve. Sans eux, pas moyen d'en découvrir la signification !

Alors, si un jour quelqu'un vous « consulte » pour savoir la signification de l'un de ses rêves et qu'il se contente de vous en donner le sujet global, n'hésitez pas: dites-lui, pour commencer, que premièrement vous n'en savez rien ! Ensuite, empressez-vous de lui faire décrire le rêve en son entier, dans tous les détails si possible, sans rien omettre, comme on raconterait une histoire ou le déroulement d'un film.

Peut-être cette personne vous répondra-t-elle : « Ben..., je ne m'en souviens plus beaucoup. » En ce cas, insistez : dites-lui de faire un petit effort de mémoire et de tenter de repérer le tout début du rêve. Faites-lui décrire tous les éléments du rêve qu'elle vous mentionne. Par exemple : « Étais-tu seul ? Non ? Alors avec qui ? Une femme ? De quoi avait-elle l'air ? Ah ! Elle ressemble un peu à ta mère ? Voilà qui est intéressant ! Mais ce n'est pas vraiment elle ? Elle te fait aussi penser à telle autre femme ? Voilà qui devient encore plus intéressant ! Continue ! »...

Et encore : « Où étais-tu ? Dans une maison ? Connais-tu cette maison ? Dans quelle pièce te trouvais-tu ? Dans la cuisine ? Ah ! Voilà un autre point fort intéressant ! » Et ainsi de suite : le rêve finira par être récupéré et décrit dans sa totalité, même si au début on pensait l'avoir oublié ou n'en avoir retenu que quelques bribes.

Mais que sommes-nous donc en train de faire ? Nous parlons maintenant des rêves des autres ? De quoi nous mêlons-nous, que diable ? Nous allons jouer sur le terrain du voisin ? Il n'en est pas question ! Revenons sur le nôtre et occupons-nous de *nos* affaires, de *nos* rêves, de *notre* description !

Ce que nous avons demandé à l'autre, demandons-nous-le, faisons nous-même l'exercice que nous lui avons demandé si, bien entendu, nous éprouvons de la difficulté à reconstruire un rêve. Mais disons tout de suite que, pour je ne sais quelle raison (peut-être tout simplement la peur d'aborder un rêve de plus près et de découvrir ce qu'il cache, comme s'il y avait là quelque chose d'effrayant), beaucoup de gens semblent croire que ce n'est pas facile de décrire un rêve, de le reconstruire intégralement tel qu'il s'est présenté. Ils s'empressent même de dire, et ce avant même d'avoir essayé, qu'ils ont peur d'inventer leur rêve, de l'embellir, d'y ajouter des fioritures qui ne s'y trouvaient pas ou même de le transformer. Certains psychologues, d'ailleurs, sont convaincus que l'on invente ou reconstruit un rêve sans jamais le présenter tel qu'il s'est réellement déroulé.

Quant à moi, je m'inscris en faux contre une telle affirmation. C'est vraiment ne pas faire confiance en l'honnêteté et en la sincérité des gens à l'égard d'eux-mêmes; de plus, avec de telles idées, on bloque le processus d'auto-analyse au lieu de le favoriser, et ces psychologues pessimistes qui nous regardent d'un œil méfiant seraient sûrement bien contents qu'on devienne leur client ou cliente (à vie si possible) et d'être ainsi les garants de notre honnêteté, comme si on avait absolument besoin d'eux pour l'être !

Quand on commence à décrire un rêve, on cherche à le reconstruire intégralement et non à l'inventer. Il suffit de s'essayer pour voir que c'est là une tâche facile, et on est toujours étonné de constater, lorsqu'on l'écrit, combien le rêve nous revient facilement.

Il arrive que la description se fasse sans aucun problème : on en retrouve tous les éléments et même la chronologie, le déroulement exacts. Cependant, ce n'est évidemment pas toujours le cas; parfois, nous faisons face à un « trou » ou à une coupure, sans savoir ce qui a pu se passer entre tel épisode et tel autre. Et puis après ? Y a-t-il de quoi s'énerver ou abandonner la partie ? Pas du tout ! On indique simplement, dans notre description, « (Trou) » ou « (coupure) », et on continue !

Ce «trou», cet espace vide dans un rêve, a lui-même possiblement un sens; aussi étrange que cela puisse paraître, c'est un élément de rêve qui a bien souvent sa signification. Par conséquent, il faut toujours en tenir compte. Un petit exemple: le «trou» en question peut représenter un saut d'une période de temps à une autre: dans l'épisode 2, par exemple, je vis dans le présent, actuellement, et dans le troisième, je vis la même situation, mais lorsque j'avais 8 ou 10 ans... Le thème du rêve demeure le même, mais voici que je suis reportée à deux époques différentes mais liées.

D'un autre côté, cette coupure peut éventuellement symboliser... une absence de mémoire! Non pas tellement le non-souvenir de l'épisode du rêve, mais de quelque chose qui nous est réellement arrivé à un moment ou l'autre: cela aussi, c'est très significatif! Et lorsque nous disons qu'une telle coupure a un sens et n'est pas là pour rien, c'est exactement ce que nous voulons dire.

D'autre part, pourquoi cette coupure ne pourrait-elle pas représenter un saut d'un autre type, par exemple d'un domaine d'activité à un autre? D'abord il est question de ma famille; puis – coupure – me voici plongée dans mon travail ou dans mon loisir préféré... Il y a sûrement un lien entre les deux, qu'il s'agit précisément d'identifier.

Donc, même ce que nous ignorons ou ce que nous ne nous rappelons pas a son importance dans un rêve. Il s'agit tout simplement de le noter ou d'écrire «je ne le sais pas». Il est fort possible, de toutes façons, qu'un élément revienne à la mémoire en cours d'analyse car, comme nous le verrons plus loin lors de l'étude de chacun des éléments du rêve, on commence toujours une analyse en complétant la description de l'élément et en essayant d'en cerner tous les détails.

Bien que la majorité des gens sachent très bien comment faire une description complète et adéquate d'un rêve, voici quelques exemples de bonnes descriptions. Notez comment les éléments imprécis sont gardés intacts grâce à certaines expressions comme «une sorte de », « environ », « à peu près », « il me semble », «probablement», etc. Notez aussi qu'en cours de description, il nous arrive de souligner instinctivement les mots que nous trouvons très importants: ce n'est pas pour rien, et cela est extrêmement utile pour l'analyse qui va suivre. Enfin, dernier détail, on décrit toujours au présent. Il est toujours bon, aussi, de trouver un titre au rêve, et d'en indiquer la date.

Exemples de descriptions de rêves

DOMINIQUE

Il est question d'un cours donné par Dominique, un cours dont je fais partie. Sur quoi porte-t-il ? Je n'en sais rien. Tout le groupe se retrouve dans une sorte d'auditorium. Il me semble qu'il n'y a que des filles dans ce groupe, des filles beaucoup plus jeunes que moi (elles ont environ 12 ans). Nous sommes toutes assises par terre, à l'arrière de la salle. Celle-ci est éclairée, mais là où nous sommes, il fait sombre. Quant à moi, je me trouve au milieu d'un cercle d'élèves, et j'ai quelque chose devant moi: c'est un plat de soupe aux légumes...

Il se passe alors quelque chose, légèrement à ma droite, mais quoi ? Je ne le sais pas. C'est probablement un bruit. Dominique arrive derrière moi, dit quelque chose comme: « C'est toi qui as fait ça », et me donne un coup sur la tête, par derrière, avec un gros livre. Ce coup me surprend, me saisit, *mais ne me fait pas mal. Une fois le coup reçu, je me sens effectivement responsable de ce qui s'est passé, mais je me pose des questions et je me dis: « Oui, je suis responsable, mais tout de même, de là à me donner ainsi un gros coup de livre sur la tête,* et ce, devant tout le monde, *ce n'est pas justifié. »*

J'ai tellement l'impression que ça ne l'est pas que j'en éprouve une grande peine. De plus, je ne comprends pas *pourquoi c'est arrivé.*

Je me retrouve debout. Je me dirige vers Dominique avec l'intention de lui parler de son geste, de lui dire que je le trouve injuste, injustifié et que j'en suis très peinée.

* * *

RECOURS À M. LAMARCHE

La nuit dernière, j'ai rêvé pratiquement toute la nuit il me semble, et toujours le même rêve: j'étais chez les Lamarche et il s'y passait toutes sortes de choses; cependant, il ne m'en reste presque rien. Je me rappelle seulement quelques détails: 1) Je dis à M. Lamarche que je ne retrouve plus mes verres de contact. Il m'en montre une paire, de forme carrée et rectangulaire (c'est inégal comme forme); je lui dis que ce ne sont pas les miens, lesquels sont ronds. *2) Je m'aperçois que mes lunettes sont brisées: une branche est détachée, de même que le côté gauche de la lunette. M. Lamarche les répare facilement et rapidement. 3) La cour me dit vaguement quelque chose; elle me fait peut-être penser à celle d'un appartement que j'ai déjà habité. D'ailleurs, y avoir rêvé dernièrement me dit soudain quelque chose... Oui, je m'en souviens maintenant: je vois la bâtisse de la cour arrière, et je sais que c'est Louisette B., une ancienne amie, qui y demeure. La bâtisse a quelque chose de particulier: elle est dans les tons de beige (coquille d'œuf) et le côté où demeure Louisette semble plus vieux et plus délabré. En le constatant, j'ai l'idée que Louisette n'entretient pas l'extérieur de son habitat; elle le laisse aller à l'abandon. Je m'apprête à monter chez elle. J'ai l'idée de sa petite fille mais, sur ce point, je ne saurais en dire plus.*

* * *

2. L'énumération des éléments à étudier

Ensuite, vous faites l'énumération de tous les éléments qui doivent être déchiffrés. On peut procéder ici de manières différentes, selon notre méthode personnelle. Voici quelques suggestions:

<u>A) Faire une liste de ces éléments</u>

C'est la façon la plus systématique de travailler: on a la liste complète de tous les éléments sous les yeux et, au fur et à mesure qu'on les a expliqués, on les raye ou on met un crochet à côté. Ainsi, nous savons toujours ce qu'il nous reste à travailler. Il arrive aussi qu'en cours de route, nous devions en ajouter, puisqu'en travaillant sur un élément, des nouvelles questions surgissent à l'esprit mais demeurent momentanément sans réponse; on les ajoute alors, pour y revenir plus tard. Rappelez-vous que l'analyse d'un rêve n'est pas terminée tant que tous les éléments n'en sont pas expliqués.

Illustrons cette manière de procéder avec le rêve intitulé « Dominique » :

Ce qu'il faut expliquer :

1 Dominique: pourquoi elle ? Qui est-elle pour moi, et que peut-elle bien représenter ici ? Comment expliquer son attitude à mon égard ?

2 Pourquoi le contexte est-il un cours dont je fais partie et dont Dominique est la titulaire ?

3 Pourquoi le groupe est-il composé uniquement de filles, toutes plus jeunes que moi ? (J'ai 37 ans et elles ont 10-12 ans.)

4 Pourquoi sommes-nous assises par terre, à l'arrière de ce qui me semble être un auditorium éclairé, mais plongé dans l'obscurité là où nous sommes ?

5 Comment expliquer la présence très étrange du plat de soupe aux légumes ? (C'est l'élément qui me semble le plus curieux et le plus difficile à comprendre.)

6 Je reste avec l'impression qu'il y a un lien entre ce qui s'est passé (le bruit) et le bol de soupe: quel peut bien être ce lien ?

7 Il me semble que ce n'est pas moi qui ai fait le bruit et pourtant, lorsque je reçois le coup de livre sur la tête, je me dis que j'en suis effectivement responsable. Pourquoi ? Que signifie cette responsabilité que je me donne ?

8) Le coup de Dominique:

a) Pourquoi est-il donné par derrière ?

b) Pourquoi sur la tête ?

c) Pourquoi « devant tout le monde » ?

d) Pourquoi dit-elle, juste avant de m'assener le coup, « C'est toi qui as fait ça » ? On dirait un avertissement préalable, mais bien court et bien mince...

e) Pourquoi semble-t-elle si sûre que c'est moi la « coupable » ?

9) Même si Dominique est toujours derrière moi, je revois toute la scène comme si j'étais derrière elle: qu'est-ce que cela peut bien signifier? D'ailleurs, c'est pourquoi je connais les trois petits détails suivants, que j'ai oublié de mentionner dans ma description du rêve:

a) Dominique est vêtue d'une chemise blanche;

b) le gros livre est jaune or;

c) derrière moi, il y a comme une allée faite par les élèves; cette allée me donne l'idée d'être là exprès pour laisser passer Dominique...

10) Ma réaction: je suis d'abord surprise, puis très peinée. Même à mon réveil, ce sentiment persistait toujours: ce rêve lui-même m'a fait de la peine... Pourquoi? J'ai l'impression que c'est là un élément très important qui va m'obliger à analyser cette peine plus en détail.

11) Je tiens à parler à Dominique, à lui communiquer mon sentiment, mais le rêve s'arrête avant: pourquoi? Que se serait-il passé si je l'avais abordée, et comment aurait-elle réagi?

12) Pourquoi est-ce que ce qui me dérange le plus, finalement, c'est que Dominique m'ait donné ce coup devant tout le monde? *Je me rappelle que les élèves sont alors elles-mêmes surprises, mais elles ne réagissent pas, elles ne disent ni ne pensent rien, comme si ce qui venait de se produire restait « en suspens ».*

Notez que cette manière de procéder a l'avantage de nous faire déjà commencer l'analyse en nous obligeant, en quelque sorte, à établir des précisions oubliées dans la description.

B) Les souligner dans le texte de la description

C'est le procédé le plus rapide – mais pas nécessairement le plus efficace, car on peut en laisser passer! À la limite, il faudrait presque tout souligner... Mais il ne faut tout de même pas être plus catholique que le pape; repérer les éléments essentiels est déjà quelque chose, et l'on se rend toujours compte, en cours de route, du travail qu'il nous faut faire. De toutes façons, nous ressentons le besoin d'aller relire périodiquement la description du rêve lorsque nous l'analysons. Cette relecture est l'occasion de vérifier s'il n'y a pas des éléments qu'on n'a pas examinés; ce sont peut-être, finalement, les plus importants!

Exemple de ce procédé:

RECOURS À M. LAMARCHE

La nuit dernière, j'ai rêvé pratiquement toute la nuit il me semble, et toujours le même rêve: j'étais chez les Lamarche *et il s'y passait toutes sortes de choses; cependant, il ne m'en reste presque rien. Je me rappelle seulement quelques détails: 1) Je dis* à M. Lamarche *que* je ne retrouve plus *mes* verres de contact. *Il m'en montre une paire,* de forme carrée et rectangulaire *(c'est* inégal *comme forme); je lui dis que ce ne sont pas* les miens, *lesquels* sont RONDS. *2) Je m'aperçois que mes* lunettes *sont* brisées*: une* branche *est* détachée, *de même que* le côté gauche de la lunette. *M. Lamarche* les répare facilement et rapidement. *3)* La cour *me dit vaguement quelque chose; elle me fait peut-être penser à celle d'un* appartement que j'ai déjà habité. *D'ailleurs, y avoir rêvé dernièrement me dit soudain quelque chose... Oui, je m'en souviens maintenant: je vois la bâtisse de* la cour arrière, *et je sais que c'est* Louisette B., *une ancienne amie, qui y demeure. La bâtisse a quelque chose de particulier: elle est dans les tons de* beige (coquille d'œuf) *et le côté où demeure Louisette semble plus vieux et plus délabré. En le constatant, j'ai l'idée que Louisette n'entretient pas* l'extérieur de son habitat; *elle* le laisse aller à l'abandon. *Je m'apprête à monter chez elle. J'ai* l'idée de sa petite fille *mais, sur ce point, je ne saurais en dire plus.*

C) La description en parallèle

Disons tout de suite que c'est le plus paresseux de tous les moyens, et peut-être le plus inefficace, sauf pour ceux qui détestent écrire et qui ont une très grande aptitude à penser et à raisonner mentalement, sans l'aide de la parole ou de l'écriture. Si c'est votre genre (et seulement dans ce cas-là), utilisez-le ou encore, servez-vous de cette méthode lorsque votre analyse est complétée, pour avoir d'un côté le rêve, et de l'autre, sa traduction.

Exemple:

(Vous remarquerez que la description est légèrement différente de la première, donnée plus haut: c'est que l'auteure du rêve l'avait déjà un peu travaillé et était allée plus dans le détail du rêve.

DOMINIQUE

Je suis un cours de Dominique; elle y est prof, mon prof, comme c'est d'ailleurs le cas présentement.

Je suis la seule adulte dans un groupe de filles de 10-12 ans.

Dominique nous a « déménagées » à l'arrière d'un auditorium éclairé et vide, comme si nous ne « méritions » pas de nous y asseoir comme les grand-es.

J'ai devant moi un plat de soupe aux légumes que je n'aurais pas eu le temps de manger lors du dîner.

L'une des petites filles, à ma droite, fait accidentellement un bruit.

Ce n'est pas moi qui ai fait le bruit, mais lorsque je reçois sur la tête le coup de Dominique, je pense que j'en suis effectivement responsable.

Dominique est convaincue d'avance que c'est moi la «coupable», et me le dit avant de m'assener le coup.

Elle arrive derrière moi.
Le groupe d'élèves forme une allée qu'on dirait faite exprès pour laisser passer Dominique.

Elle me frappe sur la tête, sans animosité, sans colère, sans violence, avec un gros livre jaune or.

Elle me frappe devant tout le monde, comme si j'étais moi-même une petite fille de 10-12 ans.

Le coup ne me fait pas mal.
Je suis surprise du geste de Dominique.

Ce qui me dérange le plus dans le geste de Dominique, c'est qu'elle l'ait fait devant tout le monde.

Les élèves ne réagissent pas, elles ne disent ni ne pensent (jugent) rien.

J'en éprouve une grande peine, mais mon désir de parler à Dominique s'avère plus fort.

Même si Dominique est toujours derrière moi, je revois toute la scène comme si j'étais derrière elle.

Notez que l'espace vide, à droite, est réservé à la traduction de chaque élément. Il n'est pas dit que cette traduction soit de la même longueur que celle du texte de la description ! Aussi, je vous conseille de mettre plus d'espace entre chaque élément que je n'en ai mis ici, si vous écrivez à la main. Le travail en parallèle est conseillé si vous avez un ordinateur. Sans cet instrument bien utile, ce procédé n'est pas recommandé.

* * *

3. L'étude détaillée de chaque élément

Vous voici donc en présence de la totalité de votre rêve, décrit de la façon la plus complète possible; vous avez la liste de tous les éléments qu'il vous faut examiner et comprendre un à un. Mais par quoi commencer ?

Normalement, on suit la chronologie même du rêve, ce qui est le plus logique; on commence donc par le premier élément. Cependant, ce n'est pas toujours aussi simple que cela, car tous les éléments du rêve ne sont pas aussi clairs et limpides les uns que les autres: certains nous disent quelque chose et nous sentons tout de suite que nous pouvons les éclaircir assez facilement, alors que d'autres nous semblent tout à fait mystérieux et n'évoquent absolument rien dans notre esprit. C'est un peu normal car, dans un rêve, il y a des aspects relativement conscients, d'autres subconscients, et certains tout à fait inconscients; ces derniers ne nous disent rien, c'est l'évidence même !

En travaillant les éléments conscients, nous n'apprendrons rien de nouveau : nous clarifierons seulement certains aspects du rêve qui nous sont facilement accessibles et qui éclaireront le sens des autres et nous permettront de faire un premier tour du rêve, une première « replongée » dans son ambiance et son contexte.

Le travail sur les éléments subconscients, quant à lui, nous fera préciser des choses que nous pensons ou sentons sans trop nous en rendre compte ou l'avouer; c'est là-dessus que l'inconscient travaille et élabore le contenu de nos rêves. Petit à petit, au fur et à mesure que notre analyse avancera, le sens des éléments inconscients surgira et la clé, le secret du rêve se présentera.

Abordez donc à tour de rôle les éléments sur lesquels vous sentez que vous pouvez travailler. À ce point de vue, on peut affirmer qu'il n'y a pas de règle définie : on peut commencer par la fin et terminer par le commencement; on peut tout aussi bien s'aventurer d'abord au milieu, aller à la fin puis au commencement, et revenir, « voyager » à l'intérieur de son rêve. Cela n'a aucune espèce d'importance; en réalité, le cheminement réel est toujours et invariablement *du plus conscient au plus inconscient.*

Étudiez ces éléments un par un, en formulant tout ce qu'ils peuvent évoquer pour vous; n'ayez pas peur des « digressions», c'est-à-dire de parler des associations qui vous viennent à l'esprit à leur propos. Tout est important dans l'analyse d'un rêve ! Cela est tellement vrai que souvent, c'est par le biais d'une telle association que l'on découvre le sens de l'élément, pourquoi notre inconscient l'a choisi plutôt qu'un autre.

Vous n'arrivez pas à épuiser le sens d'un élément ? Ce n'est pas grave ! Quand on n'a plus rien à en dire (pour le moment !), on passe au suivant. On y reviendra de toutes façons; l'analyse d'un rêve n'est pas terminée tant que tous les éléments n'en sont pas expliqués, et elle peut s'étendre sur plusieurs jours.

Essayez aussi de repérer le plus tôt possible le thème ou le sujet du rêve : « De quoi est-il question ? De quoi parle-t-il ? Quel aspect de moi ou lequel de mes problèmes aborde-t-il ? C'est moi par rapport à quoi ou à qui ? »

Généralement, ce thème nous apparaît clairement environ au quart ou au tiers de l'analyse, par le biais d'un élément précis. Parfois, nous l'identifions presque immédiatement, grâce à notre « flair » ou à notre intuition; nous avons l'impression qu'il parle de ceci ou de cela. Or il faut toujours exploiter ses impressions, sentiments et pressentiments; c'est comme si notre faculté surconsciente nous soutenait en plein travail conscient. Il faut en profiter !

***

Cela dit, nous ne pouvons guère fournir plus de directives en ce qui concerne l'analyse des éléments d'un rêve; le gros du travail est éminemment personnel, puisqu'il s'agit de vos perceptions et de vos symboles, avec le sens qu'ils ont pour vous. C'est l'exercice et l'expérimentation qui vous en apprendront le plus. Cependant, nous pouvons toujours vous donner un nouvel exemple et vous faire quelques suggestions complémentaires. Commençons par l'étude du rêve d'un enfant de 9 ans, Serge. C'est le seul rêve d'enfant présenté dans ce livre; alors, à tout seigneur, tout honneur!

DE CHEZ MON ONCLE CHARLY

Nous sommes chez mon oncle Charly; il y a moi, mon frère Luc, maman, Charly, un de mes amis et tante Mariette. Moi et mon ami, on part pour aller dans une vieille cabane de bois mort et sec, comme une grange avec une partie passée au feu. C'est une maison à deux portes. Deux arbres, au milieu de la grange, sortent en passant à travers le toit. Il y a une cabane dans l'arbre, une cabane en bois super mal faite. (Il y en a une aussi dans l'autre arbre, identique.) Dans le fond de la cabane, il y a des branches de sapin. Sur le toit, il y a des branches d'arbre sèches, mais avec encore des feuilles après (vieilles, vieilles feuilles). Il y a une passerelle pour aller dans l'autre arbre, une planche de bois avec de l'eau dessus.

Dans la première cabane, il y a des squelettes et des toiles d'araignées par terre et sur les murs. Nous traversons dans l'autre (nous avions grimpé dans la première cabane). Je glisse un peu sur la passerelle. La deuxième est identique sauf que dans celle-là, il y a un lit en paille avec de la vitre un peu écaillée dessus. Il y a un esprit qui y est couché. C'est un nain (mais ça serait un lutin: il a la face verte, porte des vêtements tout déchirés et il est nu-pieds). Il était là depuis très longtemps mais il ne voulait pas dire depuis combien de temps. Lui, il fait du mal aux autres mais pas à nous. À gauche du lit, il y a une tête accrochée à une corde.

On sort de la grange en sautant en bas; c'était haut mais

facile (on n'a rien senti). On est sortis: il y a des enfants sur le balcon de la maison-grange. Je voulais entrer à nouveau par la porte de droite pour chercher le lutin, mais mon ami a dit que c'était celle de gauche. On est donc entrés par celle-là, mais c'était la mauvaise porte. Il y a quelqu'un (un homme ressemblant à Antonio), qui sort de la maison. Il sort avec un étui de fusil et dit: «Est-ce que c'est à vous?» Mon ami dit: «Ce n'est pas à nous.» Je vois un fusil avec des balles. Je dis: «C'est à nous.» (J'avais trouvé le fusil par terre, donc il n'était à personne; je voulais aussi avoir l'étui.) On repart chez Charly sans le fusil.

On arrive chez Charly. C'est une maison avec quatre portes l'une à côté de l'autre. Celle de gauche est plus petite que les trois autres. Il y a aussi deux fenêtres à chaque porte. On dit à Charly: «On va revenir vers 9 h.» Charly dit d'abord non, puis finalement il dit oui. On retourne à la maison à deux portes. Les enfants du balcon entrent dans la maison avec des bâtons de fer. Ils brisent toutes les vitres de la maison. Réveil.

<u>Les éléments à expliquer:</u>

– Les personnes présentes au début: pourquoi celles-là, et pourquoi le point de départ du rêve est-il la maison de l'oncle Charly?

– L'ami du rêve.

– Le sens de la grange avec une partie passée au feu.

– La signification des deux arbres *à l'intérieur* de la grange.

– Les branches de sapin dans le fond de la cabane et les branches, avec de très vieilles feuilles, sur le toit.

– La passerelle, une planche de bois avec de l'eau dessus.

– Ce que Serge voit dans chacune des deux cabanes: les squelettes, le lit en paille avec de la vitre écaillée dessus, le lutin et la tête accrochée à une corde.

– Le mal que ce lutin fait aux autres.

– Les enfants sur le balcon, qui brisent toutes les vitres de la maison.

– Antonio et l'épisode du fusil avec l'étui.

– Les quatre portes alignées de la maison de Charly.

– La mauvaise porte de gauche.

– L'enfant se donne une heure de plus pour rentrer à la maison.

Les personnes présentes au début

Il s'agit d'adultes qui sont très gentils à son égard: cet oncle et cette tante sont, en réalité, ceux de sa mère; ils sont en quelque sorte des substituts des grands-parents de l'enfant, des personnes qui le gâtent beaucoup, a-t-il dit. Donc, le point de départ du rêve indique que notre petit ami est bien dans le monde des adultes, il n'a pas de problèmes avec eux.

L'ami du rêve

Il s'agit d'un petit copain, Conrad, que Serge trouve gentil, et qui « collabore avec mes idées », me dit-il. L'autonomie et la prise de décision sont donc en jeu dans ce rêve, puisque ce copain fait ce que Serge propose [1].

La grange avec une partie passée au feu

J'ai demandé à Serge si cette grange lui rappelait un endroit qu'il connaissait; oui, a-t-il répondu. Il existait une grange semblable là où il demeurait il y a plus de deux ans; il allait y jouer avec des petits copains; ils faisaient des cabanes avec le vieux bois qu'il y avait là, et ils jouaient à Tarzan à l'aide d'une corde. Il est donc fort probable que cette grange le ramène à cette époque.

Quant à la partie passée au feu (en réalité, selon le dessin que Serge en a fait, il s'agit d'une « annexe », située à droite de la grange), soulignons qu'un incendie est une catastrophe. Cependant, la grange étant intacte, la « catastrophe » n'est donc pas si grande.

---

1. Quand nous saurons ce qu'il en est exactement de la véritable « autonomie » de Serge, de sa capacité de décider, de dire oui ou non, nous verrons qu'il y avait ici une « résistance » de sa part à admettre la vérité. Quand je lui ai parlé, j'ai même constaté qu'il y avait une confusion dans sa tête pour déterminer qui avait pris la décision.

Les deux arbres *à l'intérieur* de la grange

Ce qui est frappant dans cet élément du rêve, c'est qu'ils ont poussé à l'intérieur et qu'ils ont cherché à sortir. Quand j'ai demandé à Serge comment ils y avaient réussi, il a dit qu'ils avaient dû « *casser* le plafond». Casser est certainement un mot très important, mais pour le moment, nous ne pouvons en dire plus.

Les branches de sapin dans le fond de la cabane et les branches, avec de très vieilles feuilles, sur le toit

En ce qui concerne les branches de sapin, il n'est pas aisé de marcher dessus : c'est certainement inconfortable, piquant et bruyant. Puisqu'il y a des toiles d'araignées dessus, ce n'est sûrement pas très invitant d'y marcher ! Quant aux branches sur le toit, c'est bien mystérieux... Chose certaine, elles ont tombé dessus. (Un peu comme une tuile sur la tête ? Peut-être !)

La passerelle, une planche de bois avec de l'eau dessus

Renseignements pris, il y avait, selon Serge, environ 1 mm d'eau sur la planche. C'est donc dire que les enfants ont dû *se mouiller* les pieds pour passer d'une cabane à l'autre. De plus, Serge a glissé un peu sur cette passerelle : elle représente donc un certain risque ou un certain danger.

Les cabanes « super mal faites »

Dans cette expression, il y a la nette idée de « tout croche » : ces cabanes sont non seulement laides, mais «de travers». Toute la question est d'identifier ce qui peut l'être dans la réalité de notre petit bonhomme.

Les squelettes

Les squelettes sont de vieux morts. D'ailleurs, on aura noté qu'il y a un bon nombre de « vieilles affaires » dans ce rêve; la grange-maison, en particulier, est non seulement vieille, mais à l'abandon depuis longtemps, ce qui nous amène à penser que ce dont parle le rêve est ancien. À propos des squelettes, Serge m'a dit qu'ils étaient debout et attachés par le cou, deux par deux, avec une corde.

Le lit en paille avec de la vitre écaillée dessus

Voilà un élément très intrigant. Chose certaine, à première vue, c'est sûrement un lit très inconfortable ! Quand j'ai demandé à Serge ce qu'il en pensait, il a dit que ça devait faire mal au dos. Quant à moi, sachant que Serge avait un sommeil très agité, qu'il lui arrivait de parler et même de se lever en dormant, j'en ai conclu que ce lutin pouvait peut-être le représenter. Mais ! Nous y reviendrons plus loin.

Le lutin et le mal qu'il fait aux autres

Détail qui ne se trouvait pas dans la description, ce lutin est un vieux lutin, très âgé, chauve et très laid, d'après Serge. Quand je lui ai demandé quel mal il faisait aux autres et qui étaient ces derniers, il m'a dit que, dans le rêve, il voit ce lutin rire d'un homme qui n'a qu'une jambe. Et qu'est-ce qu'il a alors pensé ? « J'ai voulu lui dire d'arrêter, de ne pas rire de lui, mais je ne pouvais pas parler, c'est comme si j'étais sans voix, que les mots restaient pris au fond de ma gorge. » Que voilà un précieux détail ! Serge veut parler, dire qu'il n'est pas d'accord, mais il en est incapable !

La tête accrochée à une corde

La mystérieuse ! Serge a-t-il reconnu cette tête? Dans le rêve, au début, elle est plutôt brumeuse, mais il la regarde attentivement puis c'est celle d'un de ses amis, qu'il dit gentil parce qu'il prête ses jouets. Mais pourquoi la tête d'un gentil garçon se retrouve-t-elle ainsi au bout d'une corde ? Impossible de le savoir pour le moment.

La mauvaise porte, celle de gauche

Serge, ici, n'a pas fait selon ce qu'il pensait, mais selon ce que son ami Conrad voulait faire. Cet élément du rêve s'expliquera bientôt, quand nous connaîtrons le fin fond de l'histoire qui se cache derrière ce rêve.

Antonio et l'épisode du fusil avec l'étui

Antonio est un homme de plus de 80 ans. Des jeunes de 17-18 ans sont allés chez lui pour le voler, et ils l'ont tué à coups de bâton. Dans la maison, ils n'ont trouvé que 10 $. Serge trouve cette mort « dégueulasse », et tout ça « rien que pour un 10 ! »

Quant à l'épisode du fusil, il est question de propriété et du fait de dire ou non la vérité. Nous y reviendrons tout à l'heure, mais notons que Conrad dit que l'étui n'est pas à eux alors que Serge dit que le fusil leur appartient.

Les enfants sur le balcon, qui brisent toutes les vitres de la maison

Ils sont deux (encore !). Serge ne les connaît pas. Tout ce qu'il peut en dire, c'est qu'ils sont laids et ont l'air baveux, brise-fer. Ce qu'ils font lui fait-il penser à quelqu'un qu'il connaît ? « Oui », répond-il simplement. À qui ? « À moi. » Comment ça ? Eh bien, il y a deux ans, Serge était avec deux copains, dont Conrad. Ils se sont retrouvés dans une cour d'hôtel où il y avait une voiture. Ils ont vu des bâtons de fer, par terre, et Conrad a suggéré de les prendre et de casser les vitres de l'auto. L'autre petit copain a dit que ça ne lui faisait rien et qu'il acceptait de le faire. Serge n'a rien dit, mais il a suivi... Ils se sont fait prendre par la police et Serge ne digère toujours pas la « vérité » que le policier lui a assenée sur le coup : « Tu auras un dossier judiciaire qui ne s'effacera pas avant 15 ans ! » Que ça l'ait marqué et qu'il en rêve encore deux ans plus tard n'a rien d'étonnant !

Et voilà que par le dernier élément du rêve, tous les autres s'expliquent: la vieille grange-maison est analogue à la cour de l'hôtel où se trouvait la voiture. La partie passée au feu, qui représente une sorte de catastrophe (un incendie), mais pas grave, puisque la grange existe toujours et qu'elle est intacte, symbolise ce qui est arrivé et qui n'est pas si grave que ça, pas si grave que Serge le pense.

Les deux arbres représentent sans doute Serge et Conrad. L'expression «casser le plafond» conduit à «casser des vitres»: les enfants voulaient se montrer «fins», aussi forts que les adultes. Les cabanes «super mal faites» se traduisent par «tout croches»; dans sa tête, ce qu'ils ont fait, ce jour-là, était aussi «tout croche», et le policier le lui a bien fait comprendre en lui disant qu'il aurait un dossier judiciaire pour 15 ans.

Les branches de sapin par terre, surtout avec les toiles d'araignées dessus, peuvent symboliser l'hésitation de Serge: il ne voulait pas casser les vitres de l'auto, mais il s'est laissé entraîner. Ce n'était pas très invitant comme suggestion, mais il s'est *mouillé* lui aussi, idée qui se retrouve dans la passerelle avec de l'eau dessus.

Les quatre squelettes, attachés deux par deux par le cou, représentent cette vieille complicité, qui date de deux ans, entre les trois enfants: parce qu'ils se sont fait prendre par la police, ils ont, eux aussi, eu la corde au cou! Quant au lit du lutin, avec de la vitre écaillée dessus, il fait référence encore au cassage des vitres de l'auto. Comme c'est le lit du petit esprit-nain-lutin et que ça doit lui faire mal au dos de dormir là-dessus, cela signifie que Serge lui-même en souffre et ce, jusque dans son sommeil. (C'est d'ailleurs la raison pour laquelle il en rêve encore.)

Le lutin, vieux et laid, une sorte de «va-nu-pieds» qui fait du mal aux autres, surtout à ceux qui sont handicapés (c.-à-d. qui ne peuvent pas se défendre), représente la malfaisance. Serge l'a vu faire du mal à un homme qui n'avait qu'une jambe, et quand il a voulu lui dire d'arrêter, il n'a pas pu parce que c'est comme s'il avait perdu l'usage de la voix, qu'il ne pouvait plus parler, que les mots restaient pris dans sa gorge. Quand Conrad a parlé de casser les vitres de l'auto avec les barres de fer, Serge a voulu dire qu'il ne voulait pas, mais il n'en a pas été capable, comme dans le rêve face au vieux lutin. Il n'a pas été capable de s'affirmer et de dire non.

Antonio a lui-même été victime de petits voyous. Il peut fort bien représenter ici la Justice, le policier qui demande: « Qui a fait le coup? Et pourquoi vous avez fait ça ? » À la fin, ils retournent à ce « mauvais coup », le cassage des vitres d'auto, aux enfants « brise-fer ». C'est un indice supplémentaire que tout le rêve parle de cet événement marquant dans la vie de Serge, un événement qui n'est pas si grave qu'il le pense et qu'il doit « digérer »; c'est vrai que c'est arrivé, mais ce n'est pas si grave que ça et ça ne veut pas dire qu'il est un bandit. Il est capable de faire la part des choses entre le bien et le mal, et il sait très bien que si c'est arrivé, c'est parce qu'il ne s'est pas affirmé devant Conrad, qu'il s'est laissé entraîner, comme lorsque Conrad, dans le rêve, l'a entraîné vers « la mauvaise porte », la porte du mal, de ce que Serge n'aime pas.

* * *

Voici un autre exemple d'analyse, intégrale celle-là. Ce rêve est tout particulièrement intéressant parce qu'il cache un événement réel totalement oublié et que l'analyse est faite par la rêveuse elle-même. Tout en lisant, examinez attentivement la manière dont le rêve est décrit et dont la rêveuse fait ses propres associations. Remarquez aussi comment, en cours d'analyse, on complète la description en allant plus dans les détails; enfin, notez ses hésitations et les moments où elle ne peut plus avancer sur tel ou tel élément: elle passe alors à un autre ou attend au lendemain.

TOUT D'UN COUP

Je suis dans une maison. À qui est-elle et où se trouve-t-elle ? Je ne le sais pas mais j'ai comme l'impression que c'est plutôt une maison de campagne, mais pas vraiment. Disons plutôt que ce serait une deuxième résidence, située plutôt à la campagne. Il fait plutôt sombre: il doit être 17 h. Il me semble qu'à un moment donné je vois l'arrière de la maison, dehors, et le paysage est désert: devant moi c'est soit un lac, soit un grand champ enneigé.

Au début du rêve, donc, je suis dans cette maison. Je ne sais pas à qui elle appartient, mais il me semble que j'y demeure. Est-ce en permanence ou si je n'y suis que de passage ? Je ne sais pas. Je me tiens surtout, et presque tout le temps, dans la cuisine ou à l'entrée de la cuisine.

Y a-t-il des gens au début, dans cette maison ? Je ne le sais pas non plus. S'ils y sont, je ne les vois pas et c'est comme si j'étais seule. Lorsque je les verrai, j'aurai l'impression qu'ils étaient déjà là, sauf Sylvie, que je vois arriver de l'extérieur.

Donc, disons qu'au début, je suis seule. Je me vois debout à l'entrée de la cuisine. Tout à coup, Sylvie arrive, à ma grande surprise. Je ne lui parle pas, je n'ai pas vraiment de contact avec elle: je suis simplement surprise et contente de la voir arriver, et elle s'installe tout simplement, comme si elle était chez elle.

Quelques instants plus tard, je remarque, par la fenêtre, qu'il y a quelqu'un sur la galerie, quelqu'un qui accompagne Sylvie mais qui n'est pas entré. Quand je m'aperçois de sa présence, je dis à Sylvie: « Fais-le entrer, invite-le à souper. »

Puis Esther arrive dans le décor: je la vois tout d'un coup, comme surgie de nulle part. Elle est derrière moi, légèrement sur la gauche, et elle est de très bonne humeur, exubérante. Je suis contente qu'elle soit là. (Après, je ne la vois plus.)

Dans cette maison, il y a en fait deux cuisines: la vraie et une autre, juste à côté, mais plus grande, faisant un peu salle de famille, mais pas vraiment. J'y vois Sylvie qui tient un poêlon à steak et qui se prépare à faire des patates rôties. (Sylvie est censée avoir ses propres affaires et sa nourriture.)

Quant à moi, comme menu, j'ai du bœuf en sauce, mais pas suffisamment pour cinq personnes (j'ai fait le décompte et nous sommes cinq). En combinant ce que Sylvie a et ce que j'ai, je me dis que cela devrait faire « un repas qui a de l'allure ! » Il me semble qu'en plus, je fais cuire du spaghetti et des patates...

Puis je vois Georges, mon frère aîné. C'est à ce moment-là que j'ai l'idée (ou l'impression) que la maison lui appartient: ce n'est pas sa maison réelle, mais dans le rêve elle lui appartient comme une deuxième maison. J'ai aussi l'impression que cette maison a quelque chose d'inachevé au niveau de la construction... C'est au même moment que je sais qu'il y a un sous-sol, dans lequel se trouve Éric, le fils de Georges. Il bricole. À la fin du rêve, je le vois: il a six ans, comme maintenant, mais il est plus grand, il me semble; il porte une espèce de salopette orange foncé. Il monte du sous-sol pour venir montrer à son père ce qu'il a fait. Tout en le lui montrant, il me regarde et je remarque, outre son expression, ses yeux qui sont particulièrement brillants et sa chevelure qui n'est pas la sienne: il a les cheveux plus longs et plus épais, très noirs et tout envoyés par en arrière. Je me dis: « Ça lui va bien, c'est un beau petit bonhomme. » Je trouve qu'il ressemble beaucoup à Georges lorsqu'il était jeune.

Puis il se passe quelque chose avec Georges, mais quoi, je ne le sais pas. Georges va ensuite à la toilette. Celle-ci se trouve dans la cuisine, près du poêle, et c'est comme une espèce de débarras. *C'est simplement un W.C. Georges y va et moi, au même moment, j'ai aussi envie d'aller à la toilette. J'attends qu'il ait fini, et quand il sort de cet endroit, je vois la « toilette »: c'est quelque chose de très élémentaire, comme une toilette de camp: un trou avec une boîte par-dessus, blanche, et un siège rouge foncé. Je veux aller à la toilette, mais Georges étant resté trop proche de la porte, je n'y vais pas. J'attends.*

Et je me réveille. (Car la rêveuse doit elle aussi aller à la toilette!)

Analyse (par la rêveuse elle-même, toujours)

<u>Les éléments à expliquer:</u>

1) la maison: de campagne, inachevée à l'intérieur, à Georges;

2) la cuisine (il y en a deux, en fait);

3) les gens semblent déjà là, sauf Sylvie;

4) Sylvie et son mystérieux accompagnateur;

5) Esther;

6) le menu;

7) Éric: il bricole au sous-sol; il est plus grand, a environ 6 ans, il porte une salopette orange, il a les cheveux tout envoyés par en arrière; il montre à son père ce qu'il a fait et il me regarde;

8) une toilette (un W.C.) dans la cuisine, comme une espèce de débarras; une toilette de camp, très rudimentaire; boîte blanche avec siège rouge foncé;

9) j'attends, je ne vais pas à la toilette.

Les lieux

Il me semble que cette maison est importante. Ce que je pense, en gros, c'est qu'elle me ramène à mon enfance: ce n'est pas chez moi mais j'y demeure, comme si. Puis, cette maison est à Georges: ce doit donc être un rêve qui parle de ma relation avec lui. Comme nous étions souvent ensemble quand j'étais petite, le rêve doit donc me ramener à cette époque.

C'est peut-être aussi la maison parentale. Le fait qu'Éric ressemble étrangement à Georges quand il était petit confirmerait qu'il s'agit bien de ma relation avec lui, concernant quelque chose qui serait arrivé vers l'âge de cinq ou six ans.

Pourquoi suis-je toujours dans ou près de la cuisine? Et comment se fait-il que les gens ne mangent pas ou ne travaillent pas dans cette cuisine, mais ailleurs? C'est bien difficile à déchiffrer. À première vue, je ne vois pas...

Peut-être est-ce en rapport avec le fait d'être une fille, et que «pour une fille, la cuisine c'est important». Oui, et le rêve me précise par ce détail que ma relation avec Georges concerne plus précisément le fait que lui, il est un garçon, et moi une fille.

(Notez que par l'étude des éléments «maison» et «cuisine», la rêveuse a réussi, très facilement d'ailleurs, à préciser le thème du rêve (le fait d'être une fille) et l'époque à laquelle il fait allusion. C'est déjà quelque chose!)

Les gens du rêve

Nous sommes cinq. Je ne compte pas Éric. Pourquoi? Peut-être est-ce dû au fait que le vrai Éric souvent ne mange pas, alors on n'a pas besoin de le compter. D'ailleurs, dans le rêve, il bricole au sous-sol et il ne semble pas du tout intéressé à manger.

Il n'y a que Sylvie que je vois entrer; les autres surgissent tout d'un coup ou sont déjà là. Pourquoi? Sylvie est une personne que je perçois comme naturelle et spontanée, ce que moi-même je voudrais être. Comment se fait-il qu'elle soit venue avec quelqu'un, qui lui semble quand même asssez indifférent et qu'elle a laissé sur la galerie, qu'elle ne l'ait pas fait entrer ou, encore, que lui soit resté là? (Je ne m'en souviens pas, mais il me semble que c'est lui qui n'a pas voulu entrer, parce qu'il était trop gêné.) Quand je m'aperçois de sa présence, je dis à Sylvie de le faire entrer et de l'inviter à souper. Qu'est-ce à dire? Qui est ce mystérieux personnage?

Peut-être représente-t-il le passé récent de Sylvie, c.-à-d. son histoire d'amour qu'elle n'a pas encore résolue, qui lui fait encore problème, cet amour malheureux qui la rend triste et un peu trop sérieuse, un peu trop tourmentée. Or une fois qu'il est entré, je ne le vois pas, c'est comme s'il était «là, mais comme pas là» – comme si, justement, il était «intégré» – et Sylvie ne s'en occupe pas non plus.

Pourquoi Esther apparaît-elle ainsi tout d'un coup? Pourquoi est-ce elle et non pas un ou une autre? Mystère. Probablement qu'il me faudra tracer la perception que j'ai d'elle. Elle n'est sûrement pas là pour rien, j'en suis sûre.

Ce que je peux dire pour le moment, c'est qu'elle m'a toujours beaucoup impressionnée, que je l'aime beaucoup mais, pour moi, c'est quelqu'un d'«inaccessible», que j'ai tendance à regarder de loin parce qu'elle est un peu trop «volcanique» à mon goût.

Pourquoi Georges? Il est évident que le gros de l'histoire le concerne: il s'agit de ma relation d'enfance avec lui. D'ailleurs, dans le rêve, Georges est toujours dans «ma» cuisine...

Parlant de cuisine, pourquoi y en a-t-il deux? C'est difficile à dire à première vue. Mais c'est peut-être parce que le problème du rêve est *mon* problème: tout ce monde ne peut m'aider, mais ils sont sûrement en relation avec ce problème (que j'ai plus ou moins identifié à l'heure actuelle).

Sylvie et son accompagnateur sont là tout simplement parce qu'elle symbolise la spontanéité que je souhaite obtenir, une spontanéité que j'apprécie énormément chez elle mais qu'elle me semble avoir perdue à cause de cet amour malheureux. En serait-il de même pour moi? Quant à Esther, je n'en comprends pas trop la signification, mais elle doit représenter quelque chose que peut-être je voudrais être... *Une fille non inhibée!* Oui, c'est exactement ainsi que je la perçois; d'ailleurs, dans le rêve, elle est exubérante, à son meilleur.

Aller à la toilette

Georges n'a pas de problème, lui, il réussit à uriner. Moi, je dois avoir une «inhibition», je suis inhibée face à mon frère, étant donné qu'il est trop proche de la toilette, trop proche émotionnellement. (Quand je vais à la toilette, en général, il faut au moins que le monde ne soit pas trop près de moi; à la vérité, je suis incapable d'uriner lorsqu'il y a quelqu'un d'autre dans la toilette...) Comme Georges ne sort pas de l'environnement immédiat, je n'y vais pas, je me retiens, j'inhibe.

Si je me réveille juste à ce moment-là et qu'ensuite je n'arrive plus à me rendormir malgré mon désir, ce doit être parce que mon inconscient considère qu'il m'en a suffisamment dit et que je dois plus particulièrement prendre conscience que je suis trop fortement inhibée. «Tu as une inhibition, tu es mal à l'aise face à ton frère»: tel serait le message du rêve.

Je vois l'intérieur de la toilette. C'est certainement là une image importante. Si un précédent rêve m'a appris que maman avait laissé en moi une marque, une empreinte sur quelque chose qui concerne non seulement l'esprit, mais aussi le corps, je pense que de voir cette toilette me fait prendre conscience qu'avec mon frère, j'ai une marque analogue: je souffrirais d'une inhibition de mes sensations sur le plan physique.

Bien sûr, un ou une freudienne verrait dans cette image un symbole sexuel: une boîte blanche et un siège rouge foncé, oh! là là! Quant à moi, je vois cela d'une façon plus large, dans le sens que c'est physiquement, dans tout mon corps, qu'il y a une inhibition fondamentale concernant une difficulté chez moi à aller jusqu'au bout de mes sensations, à donner libre cours à des besoins tout à fait naturels. J'ai certainement un blocage de ce côté-là, j'ai l'occasion de m'en apercevoir assez fréquemment. Or il semble, d'après ce rêve, que Georges soit l'une de mes premières sources de blocage à ce point de vue.

Éric-Georges

Quand je vois Éric, qui ressemble tellement à Georges lorsqu'il était petit, je trouve que c'est « un beau petit bonhomme ». J'aimais sûrement beaucoup Georges quand j'étais petite, en ce sens que j'avais vraiment l'impression que lui et moi, nous allions ensemble, on ne pouvait pas voir l'un sans l'autre: j'étais *sa* sœur, il était *mon* frère, exactement comme si nous formions un tout indissociable. (D'ailleurs, nous faisions beaucoup de choses ensemble: nous baigner, nous bercer, écouter des disques, prendre notre bain, etc.)

Le fait que tout se passe dans « ma » cuisine renvoie, comme je l'ai déjà mentionné, au fait que moi je suis une fille et que lui, c'est un garçon. Je suis une fille, et je n'ai pas les mêmes droits qu'un garçon. À l'époque de mon enfance, c'était la mentalité ancienne disant qu'une fille, c'était fait pour se marier et avoir des enfants, et non pas pour faire carrière. Ou alors, si elle travaillait, c'était en attendant de se marier. Et qu'est-ce qui s'offrait comme professions ? Infirmière, secrétaire, hôtesse de l'air...

La maison appartient à Georges
Elle est inachevée de l'intérieur

Ce détail est symbolique. C'est lorsque je me suis rendu compte, dans le rêve, que la toilette était une toilette de camp que j'ai vu que l'intérieur de la maison était inachevé, particulièrement les murs: celui de la deuxième cuisine et ceux du salon qui est « là mais comme pas là », lui aussi; il est sombre et personne n'y va. La maison est finie à l'extérieur (Georges a un emploi, etc.), mais non à l'intérieur (Georges a encore des choses à résoudre). C'est donc le monde de Georges, son monde qu'il faut que j'aille explorer en ce qui ME concerne, en ce que j'ai vécu avec lui. Tout comme moi, Georges a en lui quelque chose d'inachevé.

Éric face à Georges, son père

Pourquoi Éric est-il vêtu d'une salopette qui me semble importante ? Je ne sais pas. Mais si, dans le rêve, Éric c'est Georges quand il était petit, alors Georges devient le père (j'ai dit « son père » et non pas « Georges »). Peut-être est-ce relié à quelque chose que j'ai vécu lorsque j'étais petite : ce doit être une image qu'utilise mon inconscient pour me rappeler que j'ai vécu quelque chose d'important relié à Georges *et* à papa. Mais qu'est cet événement, je ne le sais évidemment pas.

La toilette de camp

D'après moi, cette toilette n'est pas un symbole sexuel, mais une représentation du corps à un état très élémentaire. C'est simplement un W.C. et non pas une salle de bain. Or la toilette, le W.C., c'est uniquement pour aller à la toilette, c'est une libération sur le plan physique, tout à fait naturelle, et mon inhibition consiste précisément à retenir cette envie parce qu'il y a quelqu'un ou des gens. C'est donc en lien avec ma peur d'être jugée et ridiculisée dont il fut déjà question dans un précédent rêve, avec mon insécurité face à autrui.

* * *

Le lendemain

La toilette, « une espèce de débarras »

Le débarras en question symbolise peut-être l'inconscient au sens freudien : une poubelle qui ramasse tout ce qui est oublié et refoulé. Or, justement, s'il s'est passé quelque chose avec Georges, comme dans le rêve, je ne m'en souviens pas; je n'arrive pas à voir présentement ce que cela peut être. Mais justement, c'est quelque chose que j'ai oublié et dont je dois me souvenir.

J'ai écrit « une espèce de débarras », et non un débarras tout court. Voilà qui me semble significatif ! Une « espèce de », pour moi, cela veut toujours dire : « Oui, c'est cela, mais pas vraiment; cela y ressemble, mais ce n'est pas tout à fait cela. » Que se cache-t-il donc derrière cette *espèce de* débarras ? Je ne le sais pas pour le moment.

Éric porte une « espèce de » salopette

La façon dont Éric est habillé m'a vraiment frappée dans le rêve et me frappe toujours. Qu'est-ce à dire ? Quelle est la signification de cette salopette, de cette « espèce de » salopette ?

Éric bricole. C'est peut-être un peu normal qu'il ait alors une salopette ! Mais mon inconscient insiste : elle est orange foncé, et cela me frappe, cela me frappe toujours... Je ne vois pas pourquoi. Ou ce que je vois, c'est qu'Éric (Georges) est un *garçon*, alors c'est normal qu'il bricole...

Peut-être que ce qu'il y a derrière ce détail en apparence si insignifiant mais qui me semble si important, c'est que l'inhibition que j'ai face à Georges serait reliée au fait qu'il est un garçon (avec tous les beaux privilèges qui sont rattachés à cet état), alors que moi je ne suis, soi-disant, qu'une fille; et une fille, c'est « la cuisine »... Ce serait bien possible ! Il me semble entendre : « Une fille, ça ne porte pas de salopettes »... Et pourtant, peut-être bien que j'aurais aimé en avoir une, moi aussi ! Encore une question de droits ! « Mais une fille, ça s'habille en robe »...

Éric me regarde

Ce regard est frappant... Non pas tellement le regard lui-même, mais la façon dont il me regarde... Comme si j'avais déjà vu cette façon-là... Est-ce le regard du vrai

Éric lui-même, ou si Georges ne m'aurait pas déjà regardée de cette manière-là ? Voyons cela de plus près:

J'ai noté: « Il me regarde de son air habituel. » Oui, il me semble qu'effectivement, Éric me regarde parfois de cette manière, en particulier lorsque je lui dis quelque chose qui le surprend: il me regarde d'une façon étonnée, en ayant l'air de dire: « Voyons donc ! Qu'est-ce que tu racontes là ? » Puis il continue à jouer.

Lorsque j'ai fait la description du rêve sur le magnétophone, j'ai dit: « Il me regarde non pas d'une manière indifférente, mais gentiment. » Gentiment me semblait bien correspondre à ce que je ressentais dans le rêve et immédiatement après. Présentement, je ne sais plus trop, mais je sais que cette façon de me regarder est très importante quant au sens du rêve. Mais pour le moment, je ne peux rien en dire de plus.

* * *

Quelques heures plus tard

Vraiment, on dirait qu'il y a dans ce rêve quelque chose que je suis capable de trouver par moi-même, mais rien à faire, je ne vois pas. J'ai beau chercher, essayer de voir, rien à faire. J'en suis rendue à 16 pages de notes et que me reste-t-il ? Approfondir Esther, peut-être, et...

<u>Pourquoi la toilette de camp se trouve-t-elle dans « ma » cuisine ?</u>

Ce détail concerne encore ma perception de moi-même en tant que fille, et on dirait que Georges vient « attaquer » cette perception... Mais en quoi cela aurait-il bien pu m'inhiber ? JE NE VOIS PAS. Mystère...

<u>Il est question de nourriture</u>

C'est un détail que je n'ai pas encore relevé mais il doit avoir son importance: il est question de *souper* – donc de manger. J'ai ma nourriture et Sylvie a la sienne, nous sommes chacune dans « notre » cuisine et j'ai noté, en décrivant le rêve, que nous ne mangions pas. Ce n'est donc pas le fait de manger qui est important, mais le souper.

(Remarquez comment notre rêveuse identifie progressivement non seulement le problème dont parle le rêve, mais aussi le moment exact où s'est passé l'événement dont elle cherche à se souvenir: le petit détail de l'heure du rêve (en fin d'après-midi, avant le souper, mais on ne mange pas) semblait très secondaire, mais ô combien utile! Tout est important, dans un rêve! Il ne faut rien laisser au hasard.)

Aussi, en réécoutant ce que j'ai dit sur le magnétophone, j'ai noté sur un petit papier, à propos d'Éric: « C'est un garçon qui bricole; il n'est pas intéressé à manger, – *et encore moins intéressé à la cuisine* »...

Ça alors! Voilà encore une autre image pour me dire: « Rends-toi compte, bien compte, qu'il s'agit d'une inhibition concernant ta perception de toi-même en tant que fille »... Que mon inconscient se fait insistant! Comme s'il avait prévu que je ne trouverais pas si facilement!

* * *

Le lendemain

Récapitulons:

Sujet du rêve: ma relation avec Georges. Problème soulevé: j'ai une inhibition concernant ma perception d'être une fille, qui vient de quelque chose que j'ai vécu ou perçu avec Georges ou par rapport à lui quand j'avais 5 ou 6 ans. La conséquence en est que je ne peux aller au bout de mes sensations. Il y a aussi l'idée que papa semble concerné. Bien sûr, il manque le plan de l'argumentation!

Une question se pose: en quoi ou comment Georges serait-il venu « attaquer » ma nature, mon état de fille? J'ai probablement dû éprouver une « frustration » sur ce plan, à un moment donné, qui a créé l'inhibition des sensations. Mais quel est ce moment? Vraiment, je ne me rappelle pas. C'est vraiment inconscient! Peut-être qu'en travaillant sur l'image d'Éric-Georges, je découvrirais quelque chose... De ce côté-là, il y a bien des aspects qui restent inexpliqués:

Il a les cheveux « tout envoyés par en arrière »

C'était frappant. Qu'est-ce que cela signifie? Je crois que c'est tout bonnement pour attirer mon attention et m'amener à ne pas le prendre pour le vrai Éric, mais bien pour Georges quand il était petit. Encore que cette explication ne me satisfait guère; Georges n'avait tout de même pas les cheveux coiffés de cette manière! Est-ce à dire qu'il ne faut pas prendre Georges pour lui-même, mais... pour qui?

(Encore un autre pas de fait vers le souvenir, grâce à ce petit, tout petit détail de la manière dont l'enfant est peigné. Il ne faut vraiment rien laisser échapper et examiner chaque détail du rêve: tout y est important, rien, aucune image n'est donnée en vain, c'est certain. Plus: bien souvent, le sens du rêve se révèle à travers un petit détail en apparence anodin et insignifiant comme celui-là.)

La façon dont il me regarde

Non seulement elle est importante, mais je suis sûre que la clé du rêve est là, dans cette façon de me regarder. Alignons sous nos yeux tout ce qui gravite autour:

– Ça lui va bien, c'est un beau petit bonhomme.

– Non pas d'une manière indifférente, mais gentiment.

– Mais ce n'est pas moi qui suis l'objet de son contentement et de sa fierté, c'est son père.

– Georges et moi, nous sommes indissociables.

– Je sens qu'en tant que fille, je n'ai pas les mêmes droits qu'un garçon...

– C'est relié à quelque chose que j'ai vécu avec Georges, mais en rapport avec papa.

– Éric est un garçon, c'est normal qu'il bricole.

– ... alors que moi je ne suis, soi-disant, qu'une fille...

– C'est en lien avec ma peur d'être jugée et ridiculisée.

– Comme lorsque je dis quelque chose qui le surprend: il me regarde d'une façon étonnée, en ayant l'air de dire: « Voyons donc ! Qu'est-ce que tu racontes là ? » (ou: « qu'est-ce qu'elle raconte, celle-là ? »). Puis il continue à jouer.

– On dirait que Georges vient « attaquer » ma perception de moi-même en tant que fille.

Non: même avec tous ces éléments sous les yeux, je ne vois pas plus et je ne me souviens pas.

* * *

Le lendemain

Vraiment, je suis incapable de voir plus et il me semble que je suis prête pour le prochain rêve. Mais non! Il semble bien que je suis censée voir plus que ce que j'ai vu et identifié, car la nuit dernière, pas de rêve! Mon inconscient reste silencieux.

Silencieux ? À vrai dire, pas tout à fait, car en me levant ce matin, il m'a semblé que j'avais eu une image... Oui: une image concernant mes dents: je les regarde et les examine dans le miroir.

Qu'est-ce que cela veut dire ? Évidemment, c'est directement lié au fait que présentement j'ai affaire au dentiste. Mais il y a plus, je le sais et je le vois très bien. Attention, docteur Freud, vous risquez de vous retourner dans votre tombe, vous qui prétendez que les dents sont toujours reliées à la sexualité...

Je me rappelle avoir déjà fait des « rêves de dents »; dans ces rêves-là, j'avais une dent ou un morceau de dent qui tombait subitement et je devais aller chez un dentiste pour la faire réparer. Ce genre de rêve est venu après qu'un jour j'ai effectivement eu une dent qui s'est cassée subitement alors que je mangeais des ailes de poulet à la « spare-ribs »... Catastrophe ! Horreur ! J'ai couru chez le dentiste – une palette, en plus, en plein devant ! – pour qu'il m'arrange cela au plus vite, je ne pouvais plus le supporter !

Que représente une dent, ou les dents, pour moi? Certainement *l'apparence extérieure*, à n'en pas douter. Or je demande à mon inconscient un rêve ou un indice, et voilà qu'il me dit: «Eh! que tu es occupée par l'apparence extérieure!» Ce qui, traduit, signifie: «Dans ton analyse de ce rêve, tu butes sur une *apparence* qui t'empêche de voir plus et plus loin»... Mais quelle est cette apparence? Il ne me le dit pas, le coquin! En tout cas, j'ai l'impression, très nette d'ailleurs, que cela concerne l'apparence Éric-Georges, cette façon si frappante et si étonnante qu'il a de me regarder. Il faut que je défonce cette apparence.

Je crois aussi que je dois approfondir l'élément «débarras» car hier soir, en travaillant avec le magnétophone, j'ai prononcé ce mot et il m'a fait rire. C'est donc un mot important qui cache certainement quelque chose. Quand j'utilise le mot «remise», cela ne me fait pas rire. Mais le mot «débarras», lui, est extrêmement drôle... Pourquoi? Je ne le sais pas trop encore, mais je sens qu'il y a un lien entre débarras et débarrasser... Avec un aspect de ridicule... Dans le style: «Débarrasse le plancher!» – parce que tu es une fille...

Voilà qui est bien beau, mais pour le moment je ne suis guère plus avancée...

* * *

Deux heures plus tard

J'ai tout relu tranquillement et lentement depuis le début et... je crois avoir trouvé!

Il s'agit d'un événement dont je dois me souvenir, et que je suis capable de me rappeler...

«Une *espèce de* débarras»... quelque chose qui y ressemble mais... Et c'est en lisant cette expression, «une *espèce de* débarras», que je me suis souvenu d'un épisode de ma vie d'enfant: cette fin d'après-midi où j'ai «vicié» – ainsi disait-on alors – avec un petit voisin dans le *hangar*... Oui! Un hangar, c'est une espèce de débarras, effectivement!

L'apparence à défoncer, c'était justement Éric-

Georges: ce n'est pas avec mon frère, c'est avec Albert, son copain d'enfance, que cela s'est passé! Voyons ce qui est arrivé ce jour-là. C'est en fin d'après-midi; Albert, désœuvré, m'offre d'aller «vicier», d'aller nous montrer nos fesses dans le hangar. J'hésite, n'y voyant aucun intérêt, mais finalement j'accepte. Nous nous sommes donc montré nos fesses, et je me souviens en particulier qu'Albert a pissé. Je le vois encore, à quatre pattes, pissant et trouvant ça drôle. Mais voilà, le «montrage» de fesses ayant duré trop longtemps (c'était le temps du souper et, comme par hasard, il fallait que j'aille aider ma mère!), nous nous sommes fait «prendre sur le fait» ou à peu près: il a fallu sortir du hangar et répondre à la fatidique question: «Qu'est-ce que vous faisiez là?»

Je me suis mise à pleurer en disant que c'était Albert qui m'y avait entraînée (je crois que celui-ci s'est sauvé). Or montrer ses fesses, c'était «vicier», et vicier, c'était un péché mortel... Le soir même, papa m'amenait chez le curé pour effacer au plus tôt ce péché mortel... En effet, c'est en rapport avec papa!

Maintenant, quel rapport avec cela et le fait que fille, je n'ai pas les mêmes droits qu'un garçon, et qu'un garçon, cela a des «privilèges»? Je crois que je peux aussi l'expliquer: mon père a appelé les parents d'Albert. C'est sa mère qui a répondu et elle a dit que c'était de ma faute, que je n'avais qu'à ne pas dire oui et, même, que je mentais: c'est moi qui avais dû l'inciter à... Je me fais «corrompre», et c'est moi que l'on accuse, parce que je suis une fille! Oui, j'ai été jugée! Par mes parents, par ceux d'Albert, par le curé et par Dieu lui-même! Je me rappelle maintenant que ce fut un moment terrible et terrifiant à passer, particulièrement en ce qui concerne la colère de mes parents, et de Dieu lui-même en personne, alors que je n'avais rien fait d'autre que de montrer mes fesses! Que cela m'ait inhibée, je n'en suis pas surprise!

Peur en plus d'être ridiculisée? Oui, aussi, sans doute, car s'il n'y avait eu que Dieu et les parents! Mais il y avait tout le voisinage en plus – c'est-à-dire le monde entier! Oui: horreur et catastrophe! Je suis perdue! Et tout cela parce que je ne suis qu'une fille...

Voilà l'événement à la base de ce rêve. Mais quel détour mon inconscient a pris pour m'en faire souvenir! C'est ce qui s'appelle être plus que délicat et plus que subtil!

* * *

OUF! N'est-ce pas! Voilà un rêve expliqué complètement dans tous ses éléments, et ce, sur une période de quatre jours. En travaillant patiemment, consciencieusement et systématiquement, on finit par y arriver. Mais disons tout de suite que tous nos rêves ne s'expliquent pas ainsi en totalité, et ce n'est d'ailleurs pas nécessaire. Généralement, on sent si tel rêve est important ou non, et s'il vaut la peine d'y investir beaucoup d'énergies. Certains rêves, expérience faite, ne semblent être donnés que comme une préparation psychologique graduelle à un autre rêve, central et crucial celui-là. Si vous butez sur une incompréhension, laissez faire, quitte à revenir au rêve plus tard. Mais quand même, essayez toujours de le travailler dans tous ses détails, et ne l'abandonnez que si vous n'avez vraiment pas d'idées, et attendez le suivant, qui vous donnera peut-être plus de prise.

Maintenant, à votre tour de travailler! Voici toutefois quelques conseils à suivre en cours d'analyse:

Quelques suggestions

Écrivez (ou parlez, si vous utilisez un magnétophone) instinctivement, en utilisant les premiers mots qui vous viennent à l'esprit: tel mot a son sens, et ce n'est pas pour rien que vous l'avez utilisé. Rappelez-vous comment, dans le rêve «Tout d'un coup», la rêveuse en a découvert le secret à partir de l'expression «une espèce de débarras»: ce mot la faisait rire et elle sentait très bien qu'il y avait quelque chose sous cette drôlerie; le mot «remise», par contre, la laissait tout à fait indifférente – mais elle ne l'avait justement pas utilisé!

Les lapsus, ces erreurs d'écriture ou de langage que nous faisons inconsciemment, sont aussi à surveiller de près; ils constituent toujours un message important, un indice dont il faut savoir profiter. En voici un exemple: une femme portait, dans l'un de ses rêves, un pantalon rose stretché, mais chaque fois qu'elle voulait écrire « stretché », elle faisait toujours une erreur: « strechté » ou « chretché », écrivait-elle toujours, même en y allant lentement et en faisant très attention. Pourquoi cette erreur persistante ? Elle a bien senti qu'il devait y avoir quelque chose de problématique sous ce mot en apparence si anodin. Or c'est précisément le tissu stretché, c.-à-d. serré et moulant, qui lui faisait problème ! Elle préférait de loin les tissus et vêtements amples, qui mettaient moins en évidence les formes de son corps dont elle n'était pas très fière. Voilà que ce petit lapsus lui a fait prendre bien conscience qu'elle ne s'acceptait pas tellement, physiquement... Intéressant, n'est-ce pas ?

N'ayez jamais l'impression de perdre votre temps en faisant des détours, ou d'être « hors-sujet » en faisant telle ou telle association; ces détours sont au contraire très éclairants, jamais inutiles (même s'ils ne servent pas immédiatement), et c'est souvent lors d'un tel détour que l'on trouve le secret du rêve.

En cas de difficulté au cours de l'analyse (« Ah ! Je m'embrouille, je ne vois plus rien ! »), prenez une pause, arrêtez et laissez « mijoter ».

Travaillez avec un magnétophone; parfois, parler est plus productif qu'écrire. Relisez-vous et réécoutez-vous plusieurs fois.

Formulez des hypothèses: en général, la première est la bonne, particulièrement si vous vous êtes empressé de la chasser de votre esprit parce qu'elle semblait incroyable et invraisemblable. Cependant, il arrive souvent que toutes les hypothèses soient valables, représentant des aspects différents d'un même problème ou d'une même question.

Si vous passez par des moments moralement difficiles (disons que vous êtes en train de faire des découvertes un peu « pénibles » ou attristantes), arrêtez-vous, laissez mijoter, respirez, allez-y doucement: rien ne presse, il faut prendre ça « cool ». Parlez-en, même, à quelqu'un qui vous connaît et en qui vous avez confiance : ça fait du bien et ça éclaire, comme ça peut aussi éclaircir les idées et les sentiments. Une fois que c'est dit (même un petit peu ou seulement à moitié), cela devient plus facile et moins « tragique » ou énorme. Si, au contraire, vous vous amusez royalement, il n'y a rien là ! Ou plutôt si ! Plus un élément ou un mot vous fait rire, plus il est important ! Il cache quelque chose, comme le débarras du rêve « Tout d'un coup ».

Souvenez-vous que l'inconscient est bien souvent avare et ne donne vraiment que le minimum requis pour que nous comprenions et découvrions ce qui se cache derrière ses images. Cette « économie » se manifeste, en particulier, par la présentation d'un seul élément comprenant plus d'une signification. Il est donc possible que vous vous retrouviez, pour un même élément, avec deux ou trois hypothèses d'explication. Or chacune d'entre elles ne s'est pas présentée pour rien et vous devez les examiner attentivement à tour de rôle. Jouez alors à l'expert détective, prenez au vol et gardez précieusement le moindre indice (dans le rêve lui-même ou dans les messages qui se présentent en cours d'analyse), fouillez dans les moindres recoins, cherchez à expliquer tous les éléments jusqu'à ce qu'il n'y ait plus de mystère ni de doute.

De la grosse besogne, direz-vous ? Oui ! Ce n'est pas toujours simple, mais, comme on dit : « On n'a rien pour rien. » Et pourquoi le travail et l'effort nous feraient-ils peur ? Lorsque vient le moment de la découverte et de la réussite, la fierté et la satisfaction sont d'autant plus grandes !

Deuxième partie

Les symboles (ou éléments de rêve) les plus fréquents

Introduction

Au verso du livre (par ailleurs très nuancé et fort intéressant dans l'ensemble) d'Ernest Aeppli, on a écrit, sous le titre, « avec 500 symboles de rêves et leur explication »[1]. À mon sens, on a sûrement mis ce petit bout de phrase comme appât pour attirer la clientèle : d'abord, le chiffre 500 est nettement abusif. On a inséré un index, à la fin, indiquant à quelle page il était question de tel mot, mais la consultation s'avère bien souvent décevante; le mot s'y trouve effectivement, mais dans bien des cas, l'auteur ne fait que le mentionner sans fournir d'explication. Ensuite, Aeppli ne prétend aucunement *expliquer* les thèmes qu'il aborde. Son « catalogue de symboles », comme il l'appelle, qui forme la troisième et dernière partie du livre, n'est pas construit comme un dictionnaire; c'est un ensemble de textes relativement courts parlant de thèmes comme les animaux, les personnages, les parties d'une maison ou du corps humain, etc. Il a procédé ainsi pour éviter que son « catalogue » ne soit utilisé comme une « clé des songes » : on va voir à tel mot, on lit la supposée signification (un sens unique et orienté vers une prédiction d'avenir, la plupart du temps, sans aucune dimension psychologique, ou presque). Bien malin qui pourra affirmer qu'il a pu, un jour, éclairer ainsi le sens de son rêve !

1. Nous parlons ici de la réédition québécoise de cet ouvrage, en 1986, par la maison du Roseau. Le livre a d'abord été publié en Europe dans les années 1960.

Comme je l'ai déjà fait à plusieurs reprises, Aeppli nous avertit que nous devrons d'abord nous poser la question : « Que signifie pour moi ce symbole ? Quel en est le sens en rapport avec ma situation individuelle du moment ? »[2] Il a parfaitement raison car, dans l'analyse d'un rêve, c'est l'autonomie qui doit avoir la priorité. Il ne faut recourir à un « dictionnaire » que lorsque les idées ou l'inspiration nous manquent, et ce, avec une extrême prudence : tout ne nous convient pas dans ce qu'on y lit ; il faut opérer un tri, une sélection, tâter des hypothèses jusqu'à ce que l'une d'elles se montre la bonne.

En réalité, un symbole ne *s'explique* pas, de par sa nature même : il est plurivalent, multiple, nuancé, subtil. Il est une image et, en tant que tel, il est « soumis » à la subjectivité de la perception de chaque individu ou de telle ou telle collectivité. De plus, la rédaction de ce livre et toutes les recherches que j'ai dû effectuer pour le mener à terme m'ont amenée à la conclusion suivante : finalement, la symbolique onirique est, dans presque tous les cas, bien différente de la symbolique traditionnelle et ésotérique que l'on retrouve dans la plupart des cultures et des livres qui traitent de ce sujet. À titre d'exemple, mentionnons le *Dictionnaire des symboles* de Chevalier et Gheerbrant, que j'ai abondamment utilisé ; si vous voulez savoir ce que tel animal ou tel objet représente dans la tradition chinoise, japonaise, judaïque, islamique, africaine, nord-américaine et autres, vous serez bien servis en le consultant. Cependant, pour ce qui est de l'application de ces sens à vos rêves, vous risquez fort d'être déçus puisque votre surconscient ne fonctionne pas d'après ces sens millénaires, surtout si vous ne les connaissez pas et que vous n'en avez jamais entendu parler, mais d'après vos propres perceptions, que celles-ci soient purement subjectives ou propres à votre culture.

Dites-vous donc qu'il n'y a pas de *clés* dans l'analyse : il n'y a que des règles fondamentales à respecter, règles qui ont été exposées dans la première partie. Si clés il y a, elles sont personnelles et se découvrent petit à petit, au fur et à mesure qu'avance notre auto-analyse. J'ai,

---

2. E. Aeppli, *Les Rêves et leur interprétation*, p. 143.

bien entendu, mes propres « clés » pour interpréter mes rêves. Mais ces clés personnelles, qui m'indiquent le sens qu'ont pour moi certains éléments (certaines personnes, certaines races de chiens ou tel endroit précis, par exemple), je ne peux pas les appliquer aux rêves de quelqu'un d'autre, sauf pour certains symboles, en nombre tout compte fait très limité.

Cependant, il existe bel et bien des symboles collectifs et universels. On ne peut nier que certains éléments fassent référence à des expériences soit collectives (c.-à-d. partagées par tous les membres d'un même groupe), soit universelles, c.-à-d. vécues par tous les êtres humains, indépendamment de leur époque, de leur âge, de leur sexe et de leur culture, voire même du degré de leur évolution tant technique que mentale, morale et psychologique. Ces éléments, comme l'a montré Jung, correspondent à des expériences archaïques, faisant partie du destin de l'humanité et revécues, reprises par chaque individu de toutes les époques et de toutes les générations. Mais l'apparition et l'application de cette symbolique collective et universelle, dans les rêves, est relativement exceptionnelle. Par contre, cas beaucoup plus fréquent, certains éléments de notre univers quotidien et culturel, comme l'automobile, par exemple, sont devenus pour tous et toutes, sans exception, des symboles représentant la même chose. Nous les traiterons au fur et à mesure que nous en parlerons, en mentionnant leur cas en temps et lieu.

Quand nous disons que la signification d'un symbole ou mieux, d'un élément de rêve, dépend de la façon de voir et de la perception de chacun et chacune, cela ne signifie pas que ce sens soit unique et propre à tel individu. La relativité n'est jamais absolue, elle est elle-même relative. Ce que nous voulons dire, c'est, en fait, que l'univocité n'est pas de mise lorsqu'on parle de perceptions. Il y a plusieurs sens possibles, plusieurs perceptions, plusieurs significations, mais *en nombre toujours limité.*

Dans cette deuxième partie, nous avons tenté de faire le tour de tous les sens possibles d'un élément, en tenant compte de tous ceux qui ont pu, déjà, lui être attribués et de tous ceux qui peuvent, logiquement, lui être donnés. Si nous en avons oublié, à chacune et chacun de nos lecteurs de compléter la liste des sens en découvrant le sien propre, s'il diffère de ce que nous avons mentionné. Nos principales sources de référence sont le *Dictionnaire des symboles* de Chevalier et Gheerbrant, de même que quelques autres ouvrages que l'on trouvera dans la bibliographie (particulièrement ceux de Pierre Daco et d'Ernest Aeppli). Nous ne nous interdirons pas quelques critiques à l'occasion. Cependant, n'oubliez jamais que l'idéal est, une fois qu'on a compris la méthode d'analyse, de ne plus avoir besoin de consulter cette partie, ni quelque autre «dictionnaire» que ce soit sur les rêves ou les symboles!

Pour faire mieux comprendre encore la méthode d'analyse et l'application, pour tel rêve, de tel sens à tel ou tel élément, nous présenterons, à l'occasion, des exemples concrets d'étude et de développement d'une perception. Ces exemples sont strictement personnels (ils relèvent du ou de la rêveuse) et ne prétendent aucunement, qu'on ne l'oublie pas, exprimer la vérité, le sens, mais bien une perception spécifique de l'élément. Le tout ne vise qu'un seul objectif: vous orienter sur votre propre description et vos propres significations. Vous y puiserez et vous y choisirez donc ce qui vous convient, en les consultant seulement, si possible, après avoir tenté votre propre explication. Si aucun des sens mentionnés ne convient, alors vous vous poserez la question suivante: « Si ce n'est rien de tout cela, alors qu'est-ce que c'est pour moi? » Bien souvent, c'est en prenant le contre-pied d'une idée qu'on arrive à formuler la sienne.

Comme le surconscient travaille à partir de notre propre expérience personnelle, que celle-ci soit un événement antérieur, remontant souvent à notre enfance, ou le fruit d'une lecture, il faudra donc toujours rechercher la source concrète à l'origine du sens que nous accordons à un élément ou à un fait, à une personne (ou à un type de personne), etc. Tout s'explique, jusqu'à nos goûts et dégoûts, nos préférences, nos humeurs, etc.

Les animaux

La manière de les étudier

Dans tous les livres de symboles, particulièrement oniriques, on nous dit invariablement que les animaux de nos rêves représentent des instincts en nous, la partie animale de notre être. C'est parfois vrai, mais ce n'est pas toujours le cas, loin de là; comme toujours, c'est d'abord et avant tout notre perception d'un animal qui importe, car c'est sur elle que joue notre surconscient. En ce sens, les caractéristiques physiques et psychologiques que nous attribuons à tel animal sont essentielles et c'est sur elles qu'il nous faut travailler pour découvrir le sens de l'animal de notre rêve. Cela fait, il est fort probable que nous découvrirons qu'il symbolise une partie de nous-même (un trait de caractère, par exemple), ou quelqu'un qui a les mêmes caractéristiques.

Donnons quelques exemples. Le corbeau passe pour être un oiseau de malheur; son cri (car on ne peut pas parler de chant dans son cas) est très laid. Le coq est fanfaron. L'oie est stupide. L'ours est effrayant et dangereux. Le rat est porteur de microbes. L'anguille est dégueulasse. Le loup est un animal sauvage, indépendant, cruel et indomptable, non domesticable. Le porc porte bien son nom: il est « cochon ». La vache est l'animal nourricier par excellence, un animal très paisible. Le taureau, par contre, est beaucoup plus agressif que sa femelle ! Les insectes sont des êtres nuisibles et emmerdants. L'aigle est un oiseau de proie, solitaire et majestueux, représentant le pouvoir royal. Le hibou est un oiseau de nuit qui symbolise la sagesse, etc.[1]

Donc, lorsque nous avons affaire à un animal, il faut toujours commencer par nous poser la question suivante:

A) Qu'est-ce que cet animal représente pour moi ?

Comme pour tout autre symbole ou élément de rêve, la première chose à faire, lorsque nous rêvons d'un animal quelconque, est de nous demander ce que cet animal précis représente pour nous. Donc, on considère à part cet animal (un chat, un chien, un loup, etc.) et on essaie de formuler tout ce qu'on en pense. Cela ne représente pas un gros travail et le résultat n'est pas forcément long. Voici un exemple détaillé où je formule ma perception du chat:

<u>Exemple: qu'est-ce qu'un chat pour moi ?</u>

C'est un animal que j'aime beaucoup et j'en ai eu pendant très longtemps. Maintenant, je n'y suis plus guère intéressée parce que tous mes chats sont morts soit accidentellement, frappés par une voiture, ou à la suite d'une maladie. Je m'attache tellement à un animal et ça me fait tellement de peine de le perdre que je préfère désormais m'en passer. En plus, un chat, c'est parfois bien dérangeant dans une maison : ça aiguise ses griffes sur les meubles ou les fauteuils, et ça laisse son poil un peu partout... C'est bien de l'ouvrage !

J'ai toujours préféré les chats aux chiens. Pourquoi ? Je n'en sais trop rien, mais je sens que je vais le savoir bientôt, si j'y réfléchis le moindrement ! C'est probablement parce qu'un chat est beaucoup plus maniable et moins bruyant qu'un chien; plus petit aussi.

Selon moi, les caractéristiques d'un chat sont les suivantes: il passe pour être hypocrite. Est-ce vrai? En réalité, personnellement, je n'ai jamais remarqué d'hypocrisie chez un chat, à

---

1. Notez que tout ceci n'est pas donné comme étant *le* sens de ces animaux; il s'agit simplement de réflexions personnelles, de *ma* perception première, que je ne fais que donner en exemple; chacun et chacune d'entre nous doit faire de même de son côté.

moins qu'on entende par là qu'il a parfois des revirements subits: il est gentil et doux et tout à coup, vlan, c'est le coup de griffe! Il est justement doux, et sournois. Voilà ce qui correspond le mieux à ma perception du chat.

C'est aussi un animal très indépendant, particulièrement la chatte; le mâle, surtout lorsqu'il a été opéré, est beaucoup plus dépendant (donc affectueux).

Tous les chats que j'ai eus n'ont pas été suffisamment affectueux à mon goût. À quoi est-ce dû ? Probablement à mon propre comportement ou à mon attitude générale à leur égard.

Voilà tout ce que je peux dire de ma perception des chats. Dans tout ce que j'ai mentionné, il y a des éléments qui sont beaucoup plus importants que d'autres et qui doivent expliquer la présence d'un chat dans mon rêve. Lesquels ?

– *Je l'aime; c'est même mon animal préféré;*
– *je m'y attache énormément, trop même;*
– *c'est de l'ouvrage dans une maison;*
– *c'est petit, maniable et non bruyant;*
– *il a parfois des revirements subits;*
– *il est doux et sournois;*
– *il est très indépendant (particulièrement la chatte).*

Il est bien clair que si le rêve précise que le chat est une chatte, je saurai déjà à quoi m'en tenir: c'est son indépendance qui importe alors. Si je suis sûre que c'est un chat que j'ai vu, alors ce qui compte, c'est sa plus grande affection et sa plus grande dépendance. Si le sexe n'est pas précisé, si je n'ai vu qu'« *un* chat », alors ce sont les caractéristiques générales sur lesquelles il me faut travailler, c.-à-d. toutes celles que j'ai énumérées au début.

Ce premier travail de déblayage effectué, il faut ensuite examiner l'animal du rêve: son apparence, son comportement, la situation globale du rêve.

B) Quelles sont les caractéristiques de l'animal de mon rêve ?

Ressemble-t-il à un animal que je connais, par exemple le mien ou celui de X ? De quelle couleur est-il ? Qu'est-ce qu'un animal de cette couleur évoque pour moi ? La veille ou dernièrement, ai-je vu cet animal (ou un semblable, c.-à-d. *un* chat, *un* chien...) ? Si oui, où et à quelle occasion ? (Parfois, c'est à la télévision ou dans un livre.) Qu'ai-je alors subconsciemment ressenti ou pensé? Voilà où le travail commence à être intéressant ! Car, ne l'oublions pas, l'inconscient travaille toujours à partir de nos perceptions subconscientes.

Cette deuxième étape terminée, il se peut que le sens de l'animal ne nous soit pas encore clair. Dans ce cas, il nous faut nous demander :

C) Représenterait-il autre chose que lui-même ?

Jusqu'à maintenant, nous avons travaillé uniquement sur le plan *objectif* de l'interprétation, c.-à-d. en prenant l'animal pour lui-même, en tant que tel. Or il y a aussi le plan *subjectif*, plan sur lequel l'inconscient se sert de substituts (ici, de l'animal en question) pour parler d'autre chose, d'une autre réalité.

Quelle peut bien être cette autre réalité ? Il y a, en fait, deux possibilités :

1) Cet animal représente quelqu'un ayant, selon nous, les caractéristiques que nous lui attribuons. Mais qui ? Voilà la question ! Réfléchissons un peu et, s'il le faut, aidons-nous du contexte du rêve dans lequel l'animal évolue. De toutes façons, de deux choses l'une ici : ou bien c'est quelqu'un que nous connaissons, avec qui nous avons été ou sommes en rapport, ou bien c'est... nous-même, un aspect de notre caractère ou de notre personnalité. Par exemple, pour reprendre ma perception du chat, mon rêve pourrait parler de ma propre indépendance, ou de mon manque d'affection envers X, ou du fait que je m'attache trop à certaine personne, de mes revirements subits, ou du fait que je me montre parfois, moi aussi, sournoise. S'il s'agit de quelqu'un d'autre, alors qui, dans mon entourage, fait preuve, ou a fait preuve dans le passé, de telles caractéristiques ?

2) Cet animal représente, comme on nous le dit dans pratiquement tous les livres de symboles, un instinct, une partie de notre vie instinctive (qu'on qualifie aussi, non pas par hasard, de vie *animale*). En ce cas, de

quel instinct s'agit-il, ou de quel aspect de notre vie instinctive ? Ici, cela dépend de l'animal en question. En ce qui concerne les instincts, le *cheval* en est probablement le symbole le plus fréquent et ce, à cause de l'image du cavalier (la raison) qui domine et dirige l'animal (les instincts). La *vache*, quant à elle, est souvent interprétée comme étant un symbole maternel à cause de son aspect nourricier et paisible. Notons, cependant, que si un producteur laitier rêve d'une vache (et pas n'importe laquelle: l'une des siennes ou l'une de son voisin), c'est la vache elle-même qui devra alors être prise en considération, et non son soi-disant symbolisme maternel !

Pour illustrer ces deux aspects, nous allons examiner deux rêves d'animaux; l'un parle d'un animal domestique, le chien, et l'autre d'un animal sauvage, le sanglier. Voici le premier, très bref, que me raconta un jour une jeune femme: *C'est la nuit; je contemple la voûte céleste, remplie d'étoiles. Tout à coup, dans ce beau ciel, je vois passer un chien blanc, de gauche à droite. Fin.*

Lorsqu'il s'agit de chats et de chiens, il faut toujours examiner à qui l'animal ressemble et, aussi, à quelle sorte de chat ou de chien on a affaire. Je lui ai donc demandé de quelle sorte de chien il s'agissait. Elle m'a d'abord regardée avec étonnement, comme si je lui posais une bien curieuse question, puis elle a dit: « En fait, c'est un chien qui ressemble à un chien que j'ai vu dans l'un des cahiers à colorier de mes enfants. » Quel bel indice, avouons-le ! Je lui ai alors dit qu'elle devait essayer de se rappeler ce qu'elle avait pensé, sans trop s'en rendre compte, en voyant le dessin de ce chien. Peut-être même devrait-elle retrouver ce cahier à colorier et revoir ce chien. « Ce n'est pas nécessaire, m'a-t-elle répondu; je m'en souviens très bien. » Et qu'est-ce que ce chien a évoqué pour elle ? « Les jeux et les joies de l'enfance. » Voilà ce qui passait ainsi dans le beau ciel étoilé de sa nuit !

Le second rêve est un peu plus complexe. Je l'ai trouvé dans le livre de Pierre Fluchaire, *La Révolution du rêve*. C'est celui d'une femme alors en prison, en détention préventive, accusée d'un assassinat « qu'elle n'avait peut-être pas commis», précise Fluchaire. Il le présente en respectant l'orthographe exacte: *J'étais chez moi et je voyais un sanglier dans le parc du voisin et il était sorti pour se sauver. Alors dans mon rêve j'ai ramasser une taule en fer et je frappais pour qu'il face marche arrière et qu'il retourne dans son parc. J'y suis arrivée avec beaucoup de lutte et avec la taule j'ai fermer le trou pour plus que le sanglier se sauve.*[2]

Voici l'interprétation de Fluchaire: «Tout prisonnier rêve souvent de sa liberté ("elle était chez elle"); le sanglier est un animal sauvage qui symbolise donc la liberté et ce d'autant plus qu'il s'était évadé du parc du voisin. Tout animal (ou être vivant) vu dans le rêve représente le rêveur lui-même; la lutte avec cet animal pour lui faire réintégrer son parc symbolise la lutte qui se déroulait dans son propre inconscient entre son désir de liberté et la peur de cette même liberté (ce qu'elle nous a confirmé par la suite: sa peur de se retrouver en face de ses accusateurs). Elle a pris une tôle en fer pour lutter contre l'animal et le faire rentrer dans le parc. Tôle (phonétiquement) signifie prison; d'ailleurs elle l'a écrit taule»[3].

Cette interprétation semble simple, claire et définitive (la rêveuse a d'ailleurs **confirmé**, nous dit Fluchaire, mais cette confirmation n'a peut-être rien à voir avec l'interprétation donnée...)

Pourquoi Fluchaire a-t-il précisé: «(qu'elle n'avait peut-être pas commis)»? Ce détail m'a frappée à la lecture, car la culpabilité ou l'innocence de la rêveuse peut fort bien être déterminante pour le sens exact du rêve, et particulièrement pour celui du sanglier. Dans le même ordre d'idées, connaître la nature exacte du meurtre (s'agirait-il d'un crime passionnel, ou du meurtre de son ami, ou d'un parent très proche, par exemple?) pourrait nous éclairer sur le sens de l'animal. Ce dernier, un sanglier, est un animal sauvage, mais pas de n'importe quelle nature: il s'agit d'un *porc* ou d'un

2. Pierre Fluchaire, *La Révolution du rêve*, p. 260-261.
3. *Ibid.*

cochon sauvage... De plus, c'est un animal dangereux qui fonce tête baissée et qui passe pour impétueux. Ce n'est sûrement pas pour rien qu'il s'agit d'un sanglier dans ce rêve. Pour en connaître le sens réel, il faut tenir compte de la situation de la rêveuse, de l'assassinat lui-même et de tous les détails du rêve. Reprenons-les:

Le sanglier vient du voisin, voisin sur lequel Fluchaire ne dit mot. Or qui est ce voisin pour la rêveuse ? Il aurait été très important de le savoir; c'est là un de ces petits détails de rêve en apparence insignifiants (au point que Fluchaire n'en a pas tenu compte) mais qui donnent bien souvent l'orientation du rêve. Nous aurions pu alors savoir si son interprétation allait ou non dans le bon sens (par exemple, si ce voisin pouvait effectivement représenter pour elle ses « accusateurs »).

Pourquoi le sanglier vient-il du *parc* du voisin ? C'est là un autre petit détail qui n'est peut-être pas sans importance: il aurait pu sortir de la cave, de la cuisine, de la chambre à coucher ou du salon, pourquoi pas ? Ces divers lieux, comme nous l'avons expliqué dans notre chapitre sur la maison, ont chacun une signification différente.

Par rapport aux deux remarques précédentes, notons combien il aurait été important d'avoir des précisions sur ce mystérieux voisin: a-t-il bel et bien un parc ? Y a-t-il des animaux ? Que représente ce parc pour la rêveuse, ainsi que le voisin lui-même ? Lui a-t-il déjà « fait problème » ? Les réponses à ces questions pourraient être très éclairantes !

Comment sait-elle que le sanglier « était sorti *pour se sauver* » ? Pourquoi tient-elle tant à ce qu'il « retourne dans son parc » ? (Tiens, ici ce n'est plus le parc du voisin mais celui du sanglier... Très significatif, à mon sens !)

Elle a écrit: « qu'il face marche arrière ». Comme Fluchaire l'a fait pour le mot « taule », faut-il prendre, ici aussi, la faute d'orthographe pour un *lapsus scriptae* (une faute involontaire et tout à fait inconsciente sur le plan de l'écriture) et travailler sur le possible sens du mot « face » au sens de « figure » ? À mon sens non, car on voit bien que la rêveuse n'est pas une championne de l'écriture. Cependant, l'expression « marche arrière » a sûrement, elle, un sens. Marche arrière... Alors qu'on est en prison, en détention préventive pour meurtre... (Meurtre, soit dit en passant, dont il pourrait être fort utile de connaître la nature et les circonstances, car ce rêve lui est certainement relié.)

Quel est le sens de l'instrument servant à « faire retourner » le sanglier dans son parc ? Il s'agit d'une « taule en fer ». Qu'est-ce que cette tôle évoque chez la rêveuse ? Quant à moi, cet objet n'évoque absolument rien – mais je ne suis pas la rêveuse et j'aurais besoin de son aide !

Elle a fermé le trou (par lequel le sanglier s'était enfui, j'imagine) à l'aide de cette tôle : voilà qui est très intéressant ! Et cela explique peut-être pourquoi c'est cet objet qui s'est présenté sur son chemin plutôt que tout autre !

Personnellement, face à un tel rêve qui me vient de l'extérieur (notons que ce même rêve a été adressé – sans doute par la poste – à Fluchaire), je reste avec une série de questions et non avec de belles réponses toutes prêtes d'avance. N'étant pas la rêveuse, je ne peux pas y trouver une explication qui vienne de l'extérieur (en l'occurrence moi, ici). Fluchaire, lui, le peut – ou prétend le pouvoir. Or que trouve-t-il comme explication et, surtout, que vaut-elle ?

Tout prisonnier rêve souvent de sa liberté, dit-il. Nous ne le chicanerons pas là-dessus, mais nous dirons cependant que cette « vérité » ne veut pas dire que c'est là le sujet de *ce* rêve. (Notons que la rêveuse est en prison, mais « en attendant ».)

« Le sanglier est un animal sauvage qui symbolise *donc* la liberté et ce d'autant plus qu'il s'est évadé du parc du voisin. » Animal sauvage, oui, et ce détail est important. (Il faut savoir ici ce que cet animal représente *pour la rêveuse*, et non pour l'interprète !)

Ce sanglier symbolise la liberté ? D'où vient le lien fait si facilement et si gratuitement par Fluchaire entre « sauvage » et « libre » ? Parce qu'un animal sauvage fait peur ? (Il prétend que la rêveuse a peur de sa liberté mais, en fait, ce qui l'angoisse, c'est d'affronter ses juges, et non sa liberté !) Parce qu'elle-même est en prison ? (Pourtant, « chez elle » est censé représenter sa liberté, a-t-il affirmé...) Parce que le sanglier s'est *évadé* du parc ? Ici, j'ai bien peur que notre interprète n'opère un petit glissement de sens par rapport à ce qu'a dit la rêveuse : « Il était sorti pour *se sauver* ». S'évader et se sauver ont-ils exactement le même sens ? La rêveuse a-t-elle l'impression que le sanglier était *prisonnier* comme elle ? Ce n'est pas sûr, même si Fluchaire en semble tout à fait certain. Ce que je vois, quant à moi, c'est que la rêveuse souhaite vivement que cet animal « prenne son trou » !

« Tout animal (ou être vivant) vu dans le rêve représente le rêveur lui-même. » C'est là une affirmation hâtive et purement gratuite, purement automatique. Ce n'est là qu'une possibilité parmi d'autres. Pour savoir si elle est exacte, il nous faudrait être en présence de la rêveuse et bien connaître sa situation, particulièrement les circonstances du crime dont elle est accusée. Si elle est coupable, alors il est possible que le sanglier la représente, représente une pulsion « sauvage » qui est à l'origine du crime. Si elle est innocente, le même sanglier représente alors autre chose, possiblement une personne, mais rien n'est sûr pour nous, puisque nous n'avons pas les données suffisantes pour affirmer quoi que ce soit.

* * *

Cela dit, nous allons maintenant consacrer quelques pages aux oiseaux et aux poissons, qui semblent apparaître assez fréquemment dans les rêves, de même qu'au serpent et à ses pendants « féminins », la vipère et la couleuvre.

Les oiseaux

En ce qui concerne les *oiseaux*, certains, comme Daco, disent qu'ils sont souvent le symbole de la vie spirituelle, particulièrement les oiseaux chanteurs et colorés; un oiseau bleu serait symbole d'espérance et de renouveau alors qu'un oiseau blanc serait annonciateur de simplification et d'harmonie intérieure[4]. Là-dessus, je dirai qu'il est peut-être possible, parfois, de faire une interprétation en ce sens, mais le mieux, c'est encore de déterminer soi-même ce que l'animal représente pour nous: on risque moins, alors, de se tromper ou de divaguer!

Les poissons

Sur le sens des poissons, la plupart des «interprètes» sont unanimes; l'eau étant considérée comme un symbole privilégié de l'inconscient, les poissons, dont c'est l'élément vital, y ont donc eux aussi rapport. Ils symbolisent des contenus de l'inconscient, soit positifs, soit négatifs: des trésors à cueillir, d'une part, des problèmes ou des dangers qui menacent la conscience, d'autre part. Pour savoir ce qu'il en est exactement, il faut examiner le contexte du rêve et la nature du poisson lui-même: il est bien évident qu'un petit éperlan bien tranquille n'aura pas le même sens qu'une gigantesque baleine ou un requin aux dents acérées!

Ernest Aeppli et Pierre Daco s'entendent pour dire que pêcher un poisson (ou encore, sortir autre chose de l'eau...), c'est tenter de ramener à la surface de la conscience des contenus de notre psychisme. Pour Daco, c'est «ce qu'il faut pêcher en soi afin de l'amener à la lumière de la conscience», alors qu'Aeppli précise que chacun d'eux renseigne sur un aspect de l'âme. Ne pas détacher le poisson de la ligne signifierait, selon lui, ne pas profiter de son activité.

Chevalier et Gheerbrant, pour leur part, nous donnent d'autres indications supplémentaires qui peuvent avoir leur intérêt: dans la philosophie et la religion hindoues, le poisson est associé à la naissance ou à la restauration cyclique. On rencontre d'ailleurs cette même idée dans la pensée chrétienne: le Christ et ses disciples sont des «pêcheurs d'hommes», et les chrétiens sont, analogiquement, les poissons. L'eau du baptême est leur élément naturel et l'instrument de leur régénérescence.

---

4. Pierre Daco, *L'Interprétation des rêves*, p. 225.

D'un autre point de vue, les poissons sont un symbole de vie et de fécondité, à cause du nombre infini de leurs œufs. Représentés par couple, ils seraient un symbole d'union. Pour l'Islam, le poisson est lié à la prospérité, de sorte que rêver que l'on mange un poisson serait, dans ce contexte, d'heureux augure. En Chine, le poisson est considéré comme un signe de chance.

Enfin, pour certains, le poisson, par sa forme longiligne, est un symbole du phallus: dans les religions syriennes, il est un attribut des déesses de l'amour; chez les Bozos, le couteau de la circoncision est appelé « le couteau coupant le poisson ».

* * *

Le serpent

Par sa forme même, le serpent est automatiquement considéré comme un symbole phallique, une image très nette et précise de l'organe sexuel mâle, comme si c'était là un symbole des plus évidents et des plus manifestes, n'ayant même pas besoin d'une « analyse » pour qu'on en découvre le sens. Toutes les psychologies s'entendent là-dessus et rendent le même son de cloche à propos du symbolisme de cet animal. C'est le sens le plus courant et le plus « automatique » qui lui est donné.

Ernest Aeppli affirme que le serpent, surtout dans les rêves des adolescents, est le symbole de leur propre organe; il précise que sa signification n'est pas tout à fait la même chez les adolescentes mais, malheureusement, il ne nous dit rien là-dessus... Rêver d'un serpent qui nous mord à la cheville ou au talon signifierait que « l'homme (*sic*!) est "mordu" et empoisonné par un contenu *érotique* à l'endroit le moins remarqué »[5]. Dans les rêves de femmes, dit-il, lorsqu'un serpent apparaît et crée de l'angoisse chez la rêveuse, cela signifie la peur de rencontrer la sexualité masculine; un serpent rouge ou marron (couleur de la terre) représenterait les instincts sexuels.

5. Ernest Aeppli, *Les Rêves et leur interprétation*, p. 168.

Quant à Étienne Perrot[6], il interprète pratiquement toujours le serpent comme un symbole phallique – ce qui est pour le moins étonnant de la part d'un jungien. De plus, il ne fait aucune distinction entre un serpent, une vipère et une couleuvre : les trois dans le même sac ! Or une vipère n'a sûrement pas le même sens que le serpent, comme nous le verrons plus loin.

Pierre Daco, de son côté, se montre assez nuancé sur le sens de cet animal et y voit deux aspects en apparence contradictoires, mais en réalité complémentaires. D'une part, plutôt négativement ou problématiquement, il représenterait soit la sexualité, soit une menace au niveau de l'inconscient, soit nos parties dites « rampantes » et cachées, qui se terrent dans des trous et des crevasses comme peut le faire cet animal; d'autre part, positivement, il serait une incarnation de la sagesse, de la connaissance, du guide intérieur – selon, bien sûr, qu'il est déifié ou maudit. Ajoutons à cela que dans la tradition judéo-chrétienne, le serpent est essentiellement le symbole de la tentation et du Mal bien plus que d'un guide ou d'un sage; cependant, ce dernier aspect se retrouve dans d'autres cultures que la nôtre.

Pour Aeppli, de même que pour Perrot, le serpent serait aussi une image exprimant des forces très primitives en nous, qu'elles soient sexuelles ou, plus globalement, vitales. Dans la pensée hindoue, il est utilisé tout particulièrement pour représenter cette énergie qui circule dans la colonne vertébrale et qui est appelée la *kundalini*. Voir en rêve plusieurs serpents pourrait signifier l'existence en nous de forces qui ne sont pas encore unifiées ou une confusion de tendances assez primitives. Un serpent à plusieurs têtes symboliserait un problème comprenant plusieurs aspects.

Chose curieuse, dans plusieurs rêves de serpent que nous avons lus, il arrive très fréquemment que le serpent soit d'une couleur bien déterminée : vert, bleu, rose, or, blanc, marron, rouge. Dans le livre d'Étienne Perrot, il est question de deux femmes qui ont fait de tels rêves et,

6. Étienne Perrot, *Les Rêves et la vie*, chap. IV et VIII.

dans les deux cas, il s'agissait d'un serpent *rose*: cette couleur a sûrement une signification particulière [7].

Sur le sens possible d'un serpent coloré, voici quelques indications d'Aeppli : comme nous l'avons mentionné tout à l'heure, un serpent rouge ou marron représenterait les instincts sexuels. Un serpent rouge et noir, ou jaune et noir, devrait inquiéter, dit-il, parce que ces couleurs seraient associées au « royaume de Satan »... Un serpent vert serait plus inoffensif et symboliserait la vie végétative élémentaire. Un serpent noir représenterait des aspects de nous restés dans l'ombre, c.-à-d. inconscients. Un serpent bleu, bleu acier, tout particulièrement, symboliserait des énergies spirituelles. (Le bleu serait la couleur de l'esprit, peut-on lire dans plusieurs ouvrages sur les symboles.) Si un serpent nous précède dans le rêve, il est alors un guide, dit Aeppli; en cela, il rejoint Daco. S'il est question de sa mue, c'est le signe qu'une transformation psychique importante se prépare en nous.

Critique et variantes

Comme vous l'aurez constaté, il y a, dans tous ces dires, des données intéressantes qui peuvent nous être utiles en temps et lieu, s'il nous arrive de rêver d'un serpent. Cependant, sur le sens soi-disant invariablement « phallique » de ce genre d'animal, je dirai que l'inconscient se montre souvent beaucoup plus subtil que certains de nos grands maîtres interprètes ! Faisons donc les nuances qui s'imposent :

Le serpent, symbole phallique ?

Il se peut, certes, qu'un serpent représente tout bonnement le sexe masculin ou la sexualité « agressive » mâle. Plus généralement et globalement, un serpent qui agresse peut représenter la peur de la sexualité ou

7. Voir le chapitre sur les couleurs, dans lequel nous abordons l'étude de l'un de ces rêves.

quelque chose de problématique de ce côté et ce, chez les deux sexes. C'est particulièrement le cas si nous avons affaire au genre de rêve suivant, fait, la plupart du temps, par des femmes ou des jeunes filles: *Je me vois isolée et couchée par terre dans une espèce de chambre et il y a plein de serpents qui s'approchent de moi et s'accrochent à moi. J'essaye de m'en débarrasser et je m'en échappe en me recroquevillant sur moi-même.*

Ce rêve m'a été fourni par une jeune fille de 18 ans; c'était un rêve récurrent qu'elle faisait depuis son enfance. À première vue, et parce que ce rêve se présentait depuis si longtemps, j'ai pensé que les serpents, ici, représentaient bel et bien la sexualité mâle (peut-être celle du père) dont elle avait peur, peut-être parce qu'elle avait subi une agression ou qu'elle sentait un fort danger de ce côté. Notre rêveuse s'en sortait toujours *en se recroquevillant sur elle-même,* c.-à-d., en fait, en se repliant sur elle-même, en se coupant de l'extérieur.

Bien entendu, en soupçonnant, sous ce rêve, un cas d'inceste (la jeune fille m'avait fourni, en même temps que celui-ci, deux autres rêves dans lesquels son père était impliqué), il me fallait être prudente et ne pas brusquer la prise de conscience; de toutes façons, ce que je soupçonnais était-il vrai? J'ai donc suggéré à cette jeune fille de réfléchir sur sa perception de son père et d'essayer de se rappeler comment elle le voyait lorsqu'elle était petite: était-ce un homme violent? Qu'est-ce qui pouvait lui faire peur en lui?

Elle ne m'a jamais dit ce qu'il en était exactement; mais elle a parlé à sa mère, ce qui lui a été très profitable, et m'a simplement donné, comme feed-back, qu'elle avait compris ce qui pouvait faire problème avec son père. Quoi qu'il en soit de la véritable explication que cette jeune fille a voulu garder pour elle, nous pouvons voir que le ou les serpents peuvent représenter la sexualité mâle mais, aussi, plus subtilement, *l'homme* ou *le père.* Encore plus subtilement et globalement, un serpent peut symboliser la *masculinité* au sens général (les traits masculins, propres à l'homme, ou qui lui sont culturellement attribués), que ce soit celle des hommes, ou celle que toute femme porte en elle[8]. Voici un exemple de rêve où le serpent devait être logiquement interprété en ce dernier sens:

D'UN SERPENT À UNE PISCINE

À la suite d'un événement X, je me rendais chez moi à pied avec ma sœur jumelle Carole. Nous avons rencontré un bébé serpent. Il essayait d'effrayer ma sœur et je l'ai pris, puis étranglé. Quelques pas plus loin, nous avons rencontré un énorme serpent sur un banc de neige. Il ne bougeait pas. Nous continuâmes notre marche; Carole s'est tournée et cet énorme serpent nous – me – poursuivait à vive allure. Je me mets donc à courir de toutes mes forces et quelques minutes plus tard, Carole me dit qu'il avait cessé de me poursuivre. Je n'ai même pas arrêté car j'avais peur qu'il me bouffe, me détruise. Lorsque j'ai passé le pont, j'ai regardé en arrière de moi et Michael Landon (acteur dans La Petite Maison dans la prairie) *était en train de l'étrangler. Il l'a jeté par-dessus le pont de la rue Mercier. J'étais soulagée. Lorsque je suis arrivée chez moi, le serpent y était, dans la cour. (Il s'est passé des événements dont je ne me souviens pas exactement.) Je me souviens qu'à toutes les fois que j'essayais de l'évincer et que je croyais qu'il était mort, il revenait toujours me hanter!*

J'ai décidé de le mettre dans le congélateur mais avec sa force, il réussissait même à l'ouvrir! (Il faut croire que le temps passe vite car l'été était arrivé.) Quand il se congela, ma mère, ma sœur Carole et moi partîmes nous baigner chez une des amies de ma mère. Lorsqu'on s'apprêtait pour partir, ma petite sœur a pris le serpent du congélateur et est venue nous le montrer. Ce serpent avait l'air si docile et on aurait dit qu'il voulait me parler.

Ma petite sœur partit avec ce serpent (où ?). Je peux dire que j'ai revu le serpent coupé en deux parties. À la suite de ces événements, nous sommes parties nous baigner avec nos valises (?). La piscine était coupée en deux et il y en avait une autre, de forme cylindrique.

8. Voir le chapitre « Les personnages », à propos de l'Animus / Anima.

Qui est la rêveuse ?

La rêveuse, Catherine, est une jeune fille de 19 ans, très sportive et se jugeant « pas très féminine » (il y en a, en tout cas, qui le sont plus qu'elle, dont, en particulier, sa sœur jumelle Carole, me dit-elle).

Catherine a une sœur jumelle. C'aurait pu être un jumeau, un frère, ce qui aurait peut-être été fort différent pour elle. Cette question de la gémellité est un peu spéciale et est en lien direct avec l'identité personnelle, d'autant plus que les parents, comme c'est le cas de ceux de la rêveuse, ont souvent tendance à accentuer la ressemblance de ces enfants plutôt qu'à l'atténuer. Les jumeaux sont donc pris avec un problème supplémentaire, celui d'affirmer et de faire reconnaître leur différence et leur originalité.

Autre point concernant la rêveuse, c'est qu'elle n'a que des sœurs : il y a uniquement des filles dans la famille et un seul homme, le père.

Le cœur de l'explication

Tout repose sur la signification du serpent. C'est, comme nous l'avons vu, un symbole phallique, pour parler comme les freudiens. Si j'en étais une, j'aurais immédiatement conclu ceci : la rêveuse est prise, comme toutes les femmes, avec « l'envie du pénis », une envie que Freud qualifie d'inassouvissable. Le serpent est un symbole évident et des plus manifestes de l'organe sexuel mâle dont elle est privée. En plus, imaginez-vous sa situation ! Sœur jumelle d'une fille, et aucun garçon dans la famille : notre rêveuse a sûrement le désir inconscient de jouer ce rôle du fils, probablement auprès de son père. Et voilà, il n'y a là rien de sorcier, le rêve est facilement expliqué.

Mais, malheureusement, ce n'est pas aussi simple ni même aussi manifeste que cela en a l'air; il nous faut, pour bien comprendre, nous attarder à tous les détails du rêve ainsi qu'aux points de référence de la personne qui l'a fait. Ce rêve, en particulier, est une véritable histoire, comme vous l'aurez constaté, avec beaucoup d'éléments qui n'y sont pas pour rien et qu'il faut examiner un à un.

Le symbole « serpent »

Le serpent *peut*, dans certains cas, être un symbole manifeste du sexe masculin, de « l'organe viril », comme on l'appelle; mais ce n'est qu'*une* possibilité parmi d'autres. Compte tenu des nuances que nous avons apportées, il peut être, plus globalement, pris et étudié comme un symbole de la *masculinité*, celle qui se trouve en chaque être, homme ou femme.

Quand Catherine m'a fourni ce rêve pour que je la lance sur la bonne piste, a-t-elle précisé (piste qui tournait justement autour de la signification du serpent), c'est tout de suite l'idée qui m'est venue à l'esprit et ce, d'autant plus que nous avions passé toute la semaine, à l'intérieur d'un cours, à travailler un texte de Freud concernant le complexe d'Œdipe et celui de castration, et que nous avions eu une conversation, deux jours avant qu'elle ne fasse ce rêve de serpent, sur le thème de la masculinité-féminité qu'il y a en chaque être, sujet qui avait aussi été discuté en classe. Tous les éléments étaient donc mis en place, pour son inconscient: il fallait que Catherine approfondisse cette question de sa masculinité, de sa « composante masculine », pour utiliser une expression de Freud, puisqu'elle lui faisait problème.

Donc, le cœur de l'explication, par le biais du serpent, c'est cette masculinité, une masculinité que la rêveuse se reconnaît d'ailleurs et qui la différencie nettement de sa sœur jumelle, à ce que j'ai pu comprendre. Lorsque j'ai échangé avec Catherine, elle a dit: « Ma sœur Carole, elle, est très féminine alors que moi je ne le suis pas beaucoup, je suis un peu " masculine ", enfin, comme on dit... »

Carole, présente dans le rêve, est concernée de près par cette question: ce sont deux sœurs jumelles, longtemps « confondues » parce que jumelles. Par conséquent, la question de l'identité propre à chacune a sans doute joué, et il est fort probable que chacune d'elles ait adopté un genre et un style différents, et ce volontairement, pour bien se distinguer de l'autre.

Un bébé serpent, puis un énorme serpent

Le bébé serpent essaie d'effrayer Carole, mais Catherine lui règle son compte de façon rapide et, ici, définitive; étranglé, le bébé serpent, aussi bien dire au berceau, ou presque! Carole n'aura donc plus ce problème de masculinité-féminité, mais Catherine, elle, oui...

Puis il s'agit d'un énorme serpent, et non plus d'un bébé serpent. Le danger qu'il représente semble intermittent: il est d'abord immobile, puis il poursuit Catherine et cesse au bout de quelques minutes, minutes qui pourraient tout aussi bien se traduire par des années; après, ce n'est plus une poursuite, c'est une *hantise.* Le problème de la masculinité devient donc purement mental, purement dans la tête de Catherine. La question disparaît, puis revient plus tard, probablement à l'adolescence; la «congélation», c.-à-d. la mise en suspens de cette vivante et embarrassante masculinité, ne réussit pas du tout à venir à bout de la vitalité de cette composante. Le serpent est si fort qu'il réussit à ouvrir la porte du congélateur, à réapparaître. Le «truc» utilisé (le refoulement, en fait) ne donne pas les résultats escomptés et la question revient tôt ou tard à la surface.

Catherine a peur d'être *bouffée* et détruite par ce serpent, c.-à-d. bouffée par sa masculinité; elle a peur d'une destruction de la femme qu'elle est. Mais, fait à noter, cela ne se produit pas; ce n'est qu'une peur. Notre jeune rêveuse est certaine d'être une femme, malgré toutes les étiquettes de «garçon manqué» ou de «Tom Boy» qu'elle a pu entendre, comme bien d'autres petites filles.

Ensuite, elle franchit un pont bien identifié qui se trouve dans une ville où elle a vécu à partir de l'âge de 6 ans. Sous ce pont, il y a une rivière, donc de l'eau, un symbole essentiellement féminin, selon tous les experts en symboles[9]. Si tel est bien le cas (et je le pense moi

9. Voir le chapitre sur les quatre éléments, à propos de l'eau.

aussi), alors Catherine a « passé le cap » de la féminité, probablement celui de la puberté : les premières règles, preuve concrète et tangible qu'elle est femme.

Et voici que lors de ce passage apparaît, semble-t-il, la figure du père : l'acteur Michael Landon, alias le Charles Ingalls de *La Petite Maison dans la prairie.* Celui-ci semble avoir réglé le problème et ce, comme Catherine, en procédant par *étranglement.* Pourquoi pas par dépeçage, découpage en petits morceaux ou décapitage ? Étrangler, c'est *étouffer.* Or, au sens psychologique du terme, étouffer signifie refouler et tout ce qui est refoulé finit, un jour ou l'autre, par remonter à la surface de la conscience, comme c'est le cas ici. D'autre part, Catherine a pensé, de son côté, que Michael Landon pouvait représenter non pas son père, mais un ami qu'elle a fréquenté pendant deux ans et qui était passablement plus âgé qu'elle : voilà, en effet, qui est plausible car, d'abord, elle a bien précisé, dans sa description, qu'il s'agissait de *l'acteur* et non du *rôle* qu'il incarnait et, ensuite, parce que cette première relation de couple a sûrement contribué à confirmer Catherine dans sa féminité. Malheureusement, montre le rêve, le problème n'est toujours pas résolu.

Le gros serpent (pourtant éliminé très « virilement », selon toutes les apparences!) se retrouve dans la cour. Qu'est-ce à dire ? Une cour : les jeux d'enfants, « t'es rien qu'une fille », « les gars sont plus forts et meilleurs que les filles », « les filles, des guenilles, les gars, des soldats ! » Encore la même question des stéréotypes qui se présente !

Catherine met le serpent au congélateur pour le neutraliser; autrement dit, elle met en suspens, au froid, « sur la glace », sa masculinité bien vivante et bien réelle. Mais le serpent résiste, il est plus fort. Si c'est alors l'été (le banc de neige évoquait l'hiver, c.-à-d. un stade inconscient[10]), c'est que toute cette question est, en fait, bien consciente chez notre rêveuse.

---

10. Voir le chapitre sur les saisons.

Lors de la congélation, la mère et les deux sœurs jumelles vont se baigner chez une amie de la mère

« Lors de la congélation du serpent » se traduit par : lors de la mise en suspens, par Catherine elle-même, de son énergie vitale masculine, c.-à-d. de tout ce qui s'appelle, comme Jung l'a bien montré, autonomie, indépendance, activité, rationalité, intellectualité, créativité, force et, même, sportivité, dans ce cas-ci. C'est tout cela qui, chez Catherine, « dégèle » et reprend vie.

Allons plus loin : lors de la mise en suspens de sa composante masculine, il est question d'aller relaxer avec sa mère et sa sœur jumelle. Cela signifie que les deux sont concernées, mais nous n'avons toujours pas pu déterminer en quoi pour le moment. Il s'agit de relaxer dans une piscine (dans de l'eau, un élément associé à la femme), laquelle évoque, ici, tout ce qui est relatif à la féminité, au fait d'être femme.

Dans le premier rêve qu'elle a étudié, Catherine parlait, près d'une piscine, avec l'homme de ses rêves actuel (c'est le cas de le dire !). La présence de cette piscine était restée inexpliquée. Moi-même j'avais de la difficulté à en comprendre le sens. Mes indices étaient que pour Catherine, une piscine évoquait les idées de rafraîchissement, de repos, de calme, de détente, de nage, de bronzage et, enfin, de bain de minuit.

Se baigner signifie essentiellement, ici, nager, se rafraîchir et se détendre. Mais voilà que lors du départ, sa petite sœur va chercher le serpent *pour le montrer*. À ce moment-là, elle ne le perçoit plus de la même manière ; il n'est plus dangereux et agressif, mais « si docile », et il lui semble qu'il souhaite lui parler. Quel est le rôle réel de la petite sœur dans cette question de la masculinité de Catherine ? Nous ne le savons toujours pas mais, chose certaine, l'air du serpent, s'il représente bel et bien sa masculinité, signifie que celle-ci veut être acceptée, reconnue comme amie, se rapprocher d'elle, se faire apprivoiser, voire adopter. Ce rêve indique que Catherine doit intégrer parfaitement cette dimension jusqu'alors refusée.

Il reste maintenant à expliquer comment il se fait que sa petite sœur (la mystérieuse !) part avec le serpent, avec la masculinité de sa grande sœur Catherine, et que cette dernière le retrouve coupé en deux parties. La piscine est elle aussi coupée en deux, et il s'en ajoute une autre, de forme cylindrique, celle-là.

Nous n'avons pas réussi, Catherine et moi, à expliquer le rôle de la petite sœur dans cette histoire. (On ne réussit pas toujours à tout expliquer !) Cependant, le serpent qui se retrouve coupé en deux signifie que la masculinité de Catherine se trouve elle-même coupée en deux, dissociée, divisée. Ce qui concerne la femme (la piscine) est aussi coupé en deux : il y a donc un sérieux travail d'intégration à faire ! En plus, voilà une autre piscine, cylindrique celle-là; un cylindre est un ovale plein, l'équivalent du cube pour le carré. L'ovale est un rond déformé, si l'on peut dire, et le rond est associé à la femme [11]... Mais c'est aussi un autre symbole masculin...

En tant que piscine, la cylindrique est sûrement plus étroite et moins confortable que l'autre. Comment y *nager*, surtout lorsqu'on est si sportive? Ça manque de place! On ne peut donc que s'y *rafraîchir.*

Et voilà le rêve expliqué dans ses grandes lignes. Bien sûr, il y a des «trous» dans l'explication, mais le «remplissage» sera réservé à des rêves subséquents! L'important, ici, était de faire voir le sens du serpent dans toutes ses nuances possibles, particulièrement en tant que symbole de la masculinité présente en chaque être, et non comme symbole du phallus, de «l'organe viril» comme tel. Notre but est atteint.

* * *

La vipère et la couleuvre

Il me semble évident que le sens de ces deux types de reptile (deux mots féminins, remarquons-le, alors

11. Pour plus de précisions, voir le chapitre sur les formes.

que serpent est du genre masculin) est à différencier de celui du serpent tel que nous venons de l'expliquer.

Sur les vipères

Les vipères sont venimeuses et leur morsure peut être, dans bien des cas, mortelle. Elles ont une langue fourchue et des mâchoires qui s'ouvrent démesurément. Généralement, elles n'attaquent pas l'être humain, sauf si elles sont elles-mêmes agressées ou se croient en danger. Leur attaque est ultra-rapide et extrêmement difficile à parer, quand elle ne survient pas tout simplement à l'improviste ou à notre insu.

« Langue de vipère »: une langue fourchue, venimeuse, médisante et calomnieuse, une langue de commère ! N'allez pas confier un secret à une telle personne; tôt ou tard, vous vous en mordrez les doigts – ou la langue ! Avis, ici, aux savants interprètes: cette expression populaire, que tout le monde connaît, est bien plus susceptible de nous faire découvrir le sens onirique de cet animal que toutes les symboliques traditionnelles réunies !

Voici un rêve de vipères, qui se trouve dans le livre d'Étienne Perrot. Ce dernier a participé à une série d'émissions radiophoniques sur France-Inter où il interprétait des rêves que les auditeurs et auditrices lui envoyaient:

Notre pré avait été fauché. Je m'y promenais quand, arrivée à un angle, je me trouve devant un entassement de vipères énormes, toutes mortes, écrasées par la faucheuse et entassées ici, sauf une que je n'avais pas remarquée. Je lui monte dessus, elle se rebiffe et j'ai cru qu'elle m'avait piquée. J'ai compris que, par mon attitude, je pouvais neutraliser le poison. Je lui ai envoyé des pensées d'amour, elle les a reçues. Je l'ai alors prise dans mes bras. Elle est devenue large, rose, et deux petits tentacules lui ont poussé près de la tête, qu'elle a portées à sa bouche. Je la tenais comme on tient dans ses bras un petit enfant qui aurait envie de pleurer et qui mettrait ses mains sur sa bouche pour s'en empêcher. Par ce geste, elle domptait l'instinct de sa race. Je me suis réveillée ce matin du

25 décembre, sans aucune peur, consciente d'avoir vécu un beau conte... de Noël, pourquoi pas ?[12]

Dans son interprétation, Étienne Perrot agit comme si les vipères étaient des serpents, sans faire de distinction entre les deux. Il dit que le serpent (alors que dans ce rêve, il y a plusieurs vipères, et non une seule) représente « la force vitale élémentaire », une force qui aurait été écrasée, chez la rêveuse, par « les principes conventionnels » incarnés par la faucheuse. Une partie de cette énergie vitale serait restée intacte (la vipère qui a échappé au « massacre ») et la rêveuse va lui redonner vie en l'affrontant et en l'apprivoisant. Les deux petits tentacules, équivalant aux bras, correspondraient aux deux pôles contraires de toute réalité, une dualité qui va neutraliser le pouvoir malfaisant du serpent; une force brute, inconsciente et dangereuse, est ainsi apprivoisée et s'humanise, conclut Perrot.

À première vue, on pourrait se contenter d'une telle interprétation, mais avouons qu'elle reste bien générale et, tout compte fait, peu satisfaisante. Dans une note en bas de page, Étienne Perrot précise que « la rêveuse nous a confié par la suite que la scène se passait à l'endroit précis où, tout enfant, elle avait subi un choc moral qui l'avait longtemps marquée[13] ». Quelle est la nature de ce choc moral ? Il est essentiel de le savoir pour déchiffrer le sens exact de ce rêve. S'agirait-il d'une agression sexuelle ou de la vision d'un accouplement ? Peut-être ; ce serait sans doute facilement déductible s'il était question de *serpents* ! Mais non, il s'agit, plus subtilement, de *vipères*, de *mauvaises langues*, calomnieuses ou médisantes. Les vipères impliquent donc ici, bien plus que la sexualité (qui n'est cependant pas exclue pour autant), le fait de *parler*, de raconter ce qui est arrivé, et peut-être aussi le « qu'en-dira-t-on ».

Notons que nous ne pouvons pratiquement rien dire de ce rêve sans les données de la rêveuse elle-même; ce qui semble certain, cependant, c'est que ce rêve la ramène

---

12. Étienne Perrot, *Les Rêves et la vie*, p. 119.
13. *Ibid.*

à un événement antérieur qui s'est passé lorsqu'elle était petite et dont les séquelles se font toujours sentir. La présence de vipères et non de serpents nous conduit à penser que ce qu'on a pu en dire (ou ce qu'elle-même a pu en dire, qui sait) forme l'essentiel des séquelles en question. Pour aller plus loin et cerner le sens du symbole «vipères» (il est extrêmement rare que l'on puisse établir ce sens indépendamment du contexte), il faudrait travailler certains éléments sûrement très significatifs et indicateurs de sens, que, pour la plupart, Perrot n'a malheureusement pas examinés:

– Le pré vient d'être fauché. À mon sens, c'est précisément là un bel indice pour se situer dans le temps; de plus, si l'on peut se cacher dans les herbes hautes, il n'en est pas de même dans un pré fraîchement fauché!

– La rêveuse s'y *promène.*

– Les vipères sont *énormes.*

– Elles sont entassées: parce qu'écrasées toutes en même temps ou placées là, en tas, par après? Ce petit détail est sûrement significatif.

– Il y en a une qu'*elle n'avait pas remarquée.* Cette précision est extrêmement importante, à mon avis: cette vipère a échappé à la vigilance de la rêveuse…

– C'est *elle* qui attaque la vipère. Celle-ci n'a rien fait; sa seule faute est d'être là, encore vivante. Si cette vipère représente, comme le soutient Perrot, le peu de force vitale qu'il lui reste, alors cette attaque ne s'explique pas, ou bien mal…

– Elle *lui monte dessus*: voilà une expression capitale, mais quel en est le sens exact? (Se rebiffer est aussi une expression à examiner de près.)

– Elle a cru qu'elle avait été piquée; elle n'en était donc pas certaine. Cependant, par la suite, elle agit comme si c'était le cas.

– La vipère devient *large* et *rose*[14].

– La rêveuse compare la vipère à un petit enfant qui

14. Cet élément s'explique sans doute par un rêve que Perrot a interprété à une émission précédente que cette femme a écoutée: il s'agit du rêve du serpent rose, que nous présentons dans le chapitre sur les couleurs. L'image du rêve, ici, vient de cette émission et de ce rêve.

aurait envie de pleurer mais s'en empêche : pourquoi voudrait-il pleurer et qu'est-ce qui l'oblige à se retenir ? Notre rêveuse, ici, doit absolument réfléchir là-dessus.

– De ce fait et par ce geste, la vipère *dompte l'instinct de sa race.* Quel est cet instinct de vipère ? Et quel lien y a-t-il entre se retenir de pleurer et dompter cet instinct ?

– L'impression finale est d'avoir vécu *un beau conte*: quel lien, diable, peut-il y avoir entre un choc moral marquant pendant de longues années et cet agréable sentiment ?

Sur les couleuvres

Quant aux couleuvres, contrairement aux vipères, elles ne sont pas venimeuses et sont beaucoup plus petites, moins longues et plus minces. Elles sont très vives, extrêmement rapides et très agiles, au point qu'il est très difficile de les capturer. Elles sont, paraît-il, très voraces. Beaucoup de femmes en ont peur, particulièrement à cause de leur apparence.

Cela dit, qu'est-ce qu'elles peuvent représenter de particulier sur le plan symbolique ? Pour le savoir ou l'entrevoir, nous ne bénéficions d'aucune aide puisque nous ne la trouvons dans aucun livre ou dictionnaire de symboles. Il nous faut donc recourir, ici, à notre propre jugement. Ce n'est peut-être pas un animal qui apparaît fréquemment dans les rêves; aussi, si cela vous arrive, mieux vaut vous demander ce que la couleuvre évoque pour vous. D'ailleurs, je suis pratiquement sûre qu'on n'y rêvera que si on les connaît ou qu'on y a déjà eu affaire. À mon sens, sa petitesse, sa vitesse et sa grande agilité sont à examiner, de même que le fait qu'elle ne se déplace pas en ligne droite, mais « en louvoyant ». Elle pourrait donc symboliser la ruse et la vivacité.

Une expression populaire dit : « avaler des couleuvres », c.-à-d. des affronts, sans protester. Le sens de ce genre de serpent peut donc aussi se trouver de ce côté-là.

Chiffres et nombres

Généralités

S'il est un domaine où l'on peut magnifiquement comprendre en quoi consiste la pensée symbolique, c'est bien celui des nombres. Pythagore fut un célèbre mathématicien qui fit du nombre toute une philosophie ésotérique; Platon, l'un des plus grands philosophes de tous les temps, disait que l'interprétation des nombres formait le degré le plus élevé de la connaissance, celle qui nous révèle l'essence même de toute réalité. Sur le fronton de son école, il était écrit: « Nul n'entre ici, s'il n'est d'abord mathématicien. »

Pour ces penseurs, les nombres expriment non seulement des *quantités*, mais aussi et surtout des *qualités*, des *idées* et des *forces*, et chacun d'eux exprime un certain ensemble de relations. En vous présentant le sens attribué aux dix premiers et à quelques-uns de leurs multiples, ce sont ces qualités, idées et forces des nombres que nous vous ferons connaître. Auparavant, puisque nous ne quittons pas le domaine des rêves, nous ferons le tour de ce que nos principales sources de référence disent sur les nombres ou les chiffres.

Pierre Daco affirme que les nombres apparaissent rarement tels quels, mais plus souvent sous une forme déguisée. Par exemple, le chiffre *un* apparaîtra à travers une colonne solitaire ou une tour unique, on verra deux mêmes objets ou personnes, on rêvera d'un carrefour à trois ou quatre directions, ou bien il s'agira de compléter une figure à laquelle il manque un côté, et ainsi de suite.

Sur ce point, Daco devrait vraiment nuancer son affirmation, car il arrive tout de même plus souvent qu'il ne le pense que l'on retienne un chiffre ou un nombre précis: on a acheté telle voiture (pourtant neuve!) qu'on a payée 2596 $ (aussi bien dire qu'elle est donnée, à ce prix-là!), taxes incluses ou non, on est allé dans une maison qui portait le numéro 266B, on faisait partie d'un groupe de 5 ou 6 personnes, etc. Ces chiffres clairs signifient sûrement quelque chose. Nous y jetterons un coup d'œil dans quelques instants.

Sur le plan symbolique, Daco croit, lui aussi, que les nombres évoquent des idées et même des sensations; en ce qui concerne les forces, il s'agirait, selon lui, des «lignes de forces» de la personnalité. Nous y reviendrons un peu plus loin.

Aeppli, quant à lui, a des remarques fort intéressantes sur l'apparition des nombres dans les rêves. Il en donne quelques exemples, dont les suivants:

22735

Ce chiffre est apparu dans un rêve, relativement long, d'un homme de... 35 ans, dont la fiancée était âgée de... 22 ans! Le rêveur a donc commencé par interpréter ce nombre en fonction de l'âge, croyant que le 7 (chiffre indiquant l'équilibre dans une relation) symboliserait le côté grave et sacré de leur amour. Mais, par ailleurs, 7 était le numéro d'une maison qu'il avait habitée avant de vivre cette relation amoureuse, une maison représentant pour lui un passé non résolu: ce serait donc ce passé qui serait placé entre lui et sa fiancée... D'autre part, le 73 lui rappelait un vieux parent, de même que le 27... La somme du chiffre, 19, était l'âge où il avait quitté la maison parentale: signifiait-il donc qu'il était sur le point de vivre seul, ou de fonder sa propre famille?

Remarquons, ici, que le sens du nombre est étudié en fonction de ses parties. D'abord les deux premiers et les deux derniers, avec le chiffre central qui les réunit; puis les deuxième et troisième, ensuite le troisième et le quatrième et, enfin, la somme des cinq chiffres. Cette addition s'avère souvent très révélatrice et il n'est jamais inutile de la faire.

934

Un homme fit un rêve présentant le chiffre 934. À première vue, ce nombre ne lui disait absolument rien; mais, en faisant soudainement un lien avec un indicateur de chemins de fer, il s'est rappelé avoir pris, il y a trois semaines, un train partant à... 9 h 34! Il allait dans la ville « B » passer une entrevue pour un nouvel emploi – donc un événement extrêmement important pour lui.

Telle note à tel examen

Il arrive que dans un « rêve d'examen », on sache notre note. En voici un exemple: *Un homme approchant de ses 48 ans rêve qu'il est reçu au baccalauréat avec 42,5 ou 43,5 points.* À l'analyse, il s'est dit que cette note devait représenter son âge: 42 + 5 = 47 ou 43 + 5 = 48. D'autre part, il s'est souvenu qu'entre 42 et 43 ans, il s'était passé un événement très important dans sa vie: c'était peut-être à celui-ci que ce chiffre se référait!

Dans la suite du même rêve, *on votait, dans un petit village, sur la note exacte; or, on a décidé que c'était... 45,2!* Était-ce une confirmation qu'il s'agissait bien de son âge actuel (45 + 2) ? De toutes façons, pour le savoir, il faudrait connaître le rêve au complet et les associations du rêveur mais, malheureusement, la présentation d'Aeppli s'arrête là. Cependant, l'exemple demeure intéressant et, fait à ne pas oublier et dont Aeppli ne parle pas, c'est qu'il s'agit d'une note, donc de quelque chose qui a rapport à un test, à une réussite ou à un échec. Autre point non sans importance, il faut savoir sur quel total la note est calculée; dans ce cas-ci, c'est sans doute sur 50, puisque le rêveur est *reçu* au baccalauréat. C'est donc un succès et la note s'élève à 85 ou

87 %. Le vote des gens du village lui accorde encore plus, c.-à-d. 90,4 %, ce qui est plus qu'encourageant!

Quant à moi, je donnerai l'exemple suivant: j'ai déjà rêvé que j'avais échoué à un examen de français ou de mathématiques avec la mirobolante note de 54 %. Évidemment, je me suis demandé pourquoi ce chiffre-là plutôt qu'un autre. Or, la plupart du temps, lorsque j'ai affaire à des chiffres dans mes rêves, la première chose que j'examine, c'est à quel rêve ce chiffre correspond, puisque je numérote tous mes rêves. Je savais très bien quel était mon 54ᵉ rêve, un rêve extrêmement important parlant d'un très grave problème que je n'avais pas réussi à résoudre. Le rêve de cet examen m'y ramenait grâce à cet indice. Il me disait: «Tu as échoué dans ta première tentative de résolution; alors, il te faut reprendre.» Ce que j'ai d'ailleurs fait!

Ces exemples nous montrent que lorsque nous avons affaire à des chiffres, il faut toujours examiner le nombre tel quel et chercher, dans un premier temps, à quoi il peut faire référence dans notre vie; ensuite, nous pouvons faire des combinaisons qui peuvent s'avérer fort instructives, comme à propos du chiffre 22735. Comme nous avons pu le remarquer avec cet exemple, plusieurs explications se sont présentées quasi simultanément. C'est là un phénomène qui se produit souvent, mais qui est loin d'être alarmant; chacune des hypothèses formulées nous amène à découvrir ou à mettre à jour quelque chose de spécial, un fait particulier, et cette mise à jour est toujours très utile. J'ai souvent remarqué que l'inconscient était très économe et se servait d'une même image pour passer en même temps plus d'un message; ce devait être le cas de cet homme qui avait rêvé au chiffre 22735.

Mentionnons que si nous pouvons additionner les chiffres d'un même nombre pour en découvrir le total, nous pouvons aussi faire des multiplications intéressantes, particulièrement si nous avons affaire à deux chiffres. Nous y reviendrons plus loin.

Les petits nombres

Selon Aeppli, lorsque nous avons affaire à des petits nombres, nous avons toujours intérêt à nous demander ce qui a pu se passer à cet âge; d'après lui, il arrive souvent que nous y trouvions un fait important. À mon avis, cet exercice en vaut sans doute la peine (aucune voie d'exploration n'est à exclure), mais il ne faut pas oublier non plus d'examiner le sens exprimé par le nombre lui-même et ce, d'autant plus qu'il est petit (disons entre 0 et 10). Je donne l'exemple suivant, qui éclairera l'idée d'Aeppli :

J'étais chez moi avec mes parents, frères et sœurs. Tout allait bien. On se retrouve soudainement le soir. J'étais allée chez une amie et je reviens à pied. Il y a un très beau ciel étoilé. Tout à coup, le chiffre 10 apparaît dans le ciel. Il est très brillant et très gros. Puis les chiffres changent en diminuant comme un compte à rebours. Je sais qu'à 0 ce sera la fin du monde. Je cours, j'ai très peur, je veux absolument aller rejoindre ma famille pour être avec eux lorsque ce sera la fin, mais je suis si loin de chez moi. Les chiffres ne cessent de diminuer, j'ai très peu de temps devant moi et la route est si longue. [...] Je regarde le ciel et c'est le chiffre 2 qui s'y trouve; la fin est proche et je ne réussirai pas à arriver chez moi. Finalement, le 0 apparaît. Réveil.

C'est une femme dans la trentaine, mariée et mère de deux enfants, qui m'a proposé ce rêve pour examen. Elle m'en avait soumis deux du coup, dans lesquels il était question d'une catastrophe épouvantable. De quoi s'agissait-il ? Probablement d'un événement ou d'une situation passée, à identifier. Dans le premier, elle cherchait à sauver ses enfants alors qu'ici, ils sont remarquablement absents. J'ai cru que cette absence signifiait que le deuxième rêve parlait de quelque chose qui se serait passé avant sa première maternité, lorsqu'elle était fille et sœur, et pas encore mère. Or elle m'a dit que c'était un rêve qu'elle avait fait lorsqu'elle avait environ 10 ans... Ce rêve si impressionnant a été fait par une petite fille !

En ce qui concerne les chiffres, on voit, ici, qu'il est question d'un lent décompte de 10 à 0, avec un « arrêt » au chiffre 2. Qu'est-ce à dire ? Je lui ai demandé, dans l'optique où le 10 représenterait son âge à cette époque, à quoi le 2 pouvait lui faire penser; or elle m'a dit que c'est lorsqu'elle avait deux ans qu'est né le deuxième enfant de la famille dont elle est l'aînée... Ce rêve renvoyait donc bel et bien à un épisode marquant de son enfance.

Cela dit, examinons maintenant le sens des dix premiers nombres:

0

Selon Chevalier et Gheerbrant, ce signe numérique est sans valeur par lui-même, mais il tient la place des valeurs absentes dans les nombres. Il symbolise la personne qui n'a de valeur que par délégation.

Dans la mythologie du Popol-Vuh, le zéro correspond au moment du sacrifice: «Dans le processus de germination du maïs, ce moment est celui de la désintégration de la semence dans la terre, avant que la vie se manifeste à nouveau, en faisant apparaître la petite tige du maïs naissant.»[1] Dans la tradition de l'occultisme européen, c'est «l'instant du renversement de polarisation qui sépare la fin du demi-cercle involutif et le début du demi-cercle évolutif dans le cycle zodiacal.» C'est l'intervalle de la génération; à ce titre, le zéro symbolise toutes les potentialités.

Si le 0 n'a pas de valeur en soi, il en a une, cependant, en fonction de sa position, par laquelle il confère une valeur à d'autres nombres; entre autres, il multiplie par dix les nombres placés à sa gauche. De plus, il peut les valoriser ou les annuler suivant sa position ou le signe + ou -, X ou : qui le précède. Ainsi, un 0 placé à la droite d'un 5 donne 50 ou 5 X 10 ou 10 X 5; si, par contre, j'ai ,05, la valeur du 5 est singulièrement diminuée et prend un tout autre sens! Je n'ai plus qu'une fraction de cinq centièmes.

---

1. Chevalier et Gheerbrant, *Dictionnaire des symboles*, à «Zéro». Toutes nos citations tirées de cet ouvrage sont extraites de l'article traitant du symbole dont nous sommes en train de parler à ce moment-là. Nous ne donnons donc pas la référence chaque fois.

Généralement, lorsqu'en rêve nous avons affaire au 0, c'est souvent à l'intérieur d'un nombre à plusieurs chiffres. Il faut alors examiner sa position et effectuer soit une addition, soit une multiplication. Si c'est le chiffre tel quel qui apparaît, comme dans l'exemple cité précédemment, il faut l'étudier en fonction du sens que donnent Chevalier et Gheerbrant ou nous demander ce qu'il représente pour nous. Dans un compte à rebours, il signifie le déclenchement ou le point de départ de quelque chose, « l'heure H », comme on dit.

1

Le chiffre 1 représente d'abord l'unité. Daco en fait un symbole d'unification et de consolidation de la personnalité alors que pour Aeppli, c'est l'unité primordiale et indivisible, ce qui est simple et solide et, aussi, ce qui se trouve placé seul au sommet d'une hiérarchie ou d'une pyramide. Pour ces deux psychologues, le 1 peut représenter, en outre, un point de départ, un fondement, une base, le début, la situation originaire. Daco précise que c'est le signe d'un commencement, d'une spiritualité agissante et positive, d'un élément essentiel en soi, et d'une promesse de continuité.

Selon Chevalier et Gheerbrant, le nombre 1 est le symbole de l'homme debout (la verticalité est la marque de l'humanité), de l'homme actif associé à l'œuvre de la création, le Principe actif et créateur, la source et la fin de toutes choses, un centre cosmique et ontologique. En ce sens, ces auteurs rejoignent ici la signification de la première carte du jeu de Tarot, le Bateleur: ce dernier, selon Oswald Wirth [2], représente l'unité ou la cause première, le Moi appelé à créer sa personnalité, le foyer de l'initiative individuelle, le centre de la perception, de la conscience et de la volonté, le principe d'autocréation. Rêver du chiffre 1, c'est donc en quelque sorte rêver à... soi-même! Soi-même en tant que centre conscient unifié et capable d'initiative et d'autonomie.

2. Oswald Wirth, *Le Tarot des imagiers du Moyen Âge*, éd. Tchou, 1966.

Le Bateleur, c'est l'individu qui a acquis un grand nombre de connaissances et qui est maintenant prêt à suivre la voie spirituelle initiatique. Il peut, cependant, mal se servir de ces connaissances et devenir un charlatan plutôt qu'un sage: il représente aussi, nous dit Wirth, le grand prestidigitateur qui éblouit par ses tours, le tourbillonnement qui empêche de percevoir la réalité ainsi que le fait d'être le jouet de certaines apparences produites par le jeu de forces qui nous sont inconnues.

Un jour où j'analysais sans succès un rêve important et où je me disais que je ne pouvais continuer sans avoir un indice, un autre rêve ou un message quelconque pour m'orienter, je fis le petit rêve suivant: *J'ai sous les yeux soit un rêve, soit l'ensemble de mes rêves, et c'est en même temps un jeu de Tarot. Face à ce jeu, j'ai l'impression que mon inconscient me dit: « Tu n'as pas besoin d'autres indices, tu n'as qu'à approfondir (soit* un *rêve, soit* un *détail ou* un *élément de rêve). » Je me dis d'accord et convaincue. Il est spécialement question d'*une *carte de Tarot: le Bateleur, la carte # 1.*

Le rêve que j'étais en train d'étudier était le neuvième; c'était donc le dixième (10, 1 X 10 ou 1 + 0) et, comme par hasard, il y était question du chiffre 1... Bien entendu, puisqu'il y était tout spécialement fait mention de la carte # 1 du jeu de Tarot (dont j'avais déjà étudié de près le sens des vingt-deux arcanes principales), je suis retournée au livre d'Oswald Wirth pour réétudier le sens du Bateleur. Je n'ai alors pas été longue à comprendre le sens de ce rêve: le Bateleur, c'était moi. Mon inconscient me ramenait à moi-même et me disait que c'était à moi seule à prendre l'initiative. Il me disait aussi que je n'étais pas allée au fond des choses dans mon analyse; j'étais peut-être trop « éblouie » par mes tours de force auto-analytiques. Tant de découvertes, en effet, « tourbillonnaient » autour de moi que, finalement, je n'avais pas perçu la réalité, toute la réalité. Cela m'en empêchait, même; j'étais le jouet de certaines *apparences*...

Comme l'intuition joue beaucoup dans l'analyse, j'ai vite saisi, tout de même, quel pouvait être le détail ou l'élément du rêve que je devais tout spécialement travailler. C'est ce que j'ai fait, et mon analyse a débloqué !

Ce petit exemple montre de quelle manière un nombre peut apparaître non pas tel quel, mais sous une forme « déguisée », ainsi que le dit Daco. Ici, c'était à travers une carte. D'autres fois, le chiffre 1 peut apparaître sous la forme d'une colonne solitaire, d'une tour, d'un bâton vertical, d'un mât... Daco s'empresse d'affirmer que le 1 est un symbole « phallique » représentant la puissance... Ce serait le signe du principe masculin, le symbole du principe chinois Yang et du père. On comprend le genre masculin et le caractère « viril » du 1, puisque l'activité et la créativité, comme d'ailleurs la puissance et l'intellectualité, sont considérées comme des traits proprement masculins par la tradition; d'autre part, le 1, par sa forme même, est bien droit, « en érection » comme le phallus, pourrait-on facilement dire. En quoi peut-il être aussi un symbole du père ? Probablement à cause du lien étroit qui existe entre l'homme, le père et la masculinité; de plus, le père, c'est aussi l'origine.

2

Si le 1 représente l'unité, le 2 incarne la dualité, l'opposition, le conflit, la rivalité, la division, voire même la dissociation : il y a le Moi et le « Non-Moi », **l'autre**, c.-à-d. le monde extérieur, le positif et le négatif, le Bien et le Mal, Dieu et le Diable, Bob Morane et l'Ombre jaune, la lumière et les ténèbres, le jour et la nuit, le masculin et le féminin, l'amour et la haine, le chaud et le froid, le statique et le dynamique, la vie et la mort, l'évolution et l'involution, le haut et le bas, le supérieur et l'inférieur, la gauche et la droite, la thèse et l'antithèse, la conscience et l'inconscient, etc. Compte tenu de ces oppositions fondamentales « dictées par l'expérience », comme le souligne Aeppli, le nombre 2 est dit être, selon l'expression de Chevalier et Gheerbrant, « la première et la plus radicale des divisions ».

Dans un sens plus positif, le chiffre 2 représente la réciprocité et l'association et est considéré comme le moteur du développement et du progrès. La thèse et l'antithèse mènent à la synthèse; pour avancer, il faut une prise sur laquelle travailler, un « obstacle » quelconque. Bien souvent, on s'affirme d'abord en s'opposant.

Sur le plan moral, le 2 symbolise l'hétéronomie et l'altérité; étant divisée ou tiraillée entre deux tendances, je ne puis vraiment être moi-même. C'est ce qui fait dire à Étienne Perrot que le 2 symbolise le fait d'être encore divisé, d'être non in-dividué. Dans la préface du livre de Marie-Louise von Franz, *La Voie de l'individuation dans les contes de fées*, il écrit: « En livrant passage en moi aux invites de l'âme profonde correctement interprétées, j'abandonne les autorités extérieures, les opinions toutes faites pour devenir fidèle à mon être authentique, à mon essence véritable. Je cesse d'être une particule dans une masse, une bête de troupeau, pour me changer en un *individu* digne de ce nom parce que responsable de son destin. [...] il a cessé d'être divisé: il est in-dividué ! »

Notre âme profonde, notre être authentique, notre essence véritable, l'in-dividu (littéralement: celui qui n'est pas divisé), voilà en nous ce qui serait parfaitement symbolisé par le chiffre 1. Le Moi dominé par les autorités extérieures et les opinions toutes faites (le Surmoi au sens freudien), quant à lui, est très bien symbolisé par le chiffre 2: moi et..., moi dominée par..., moi, incapable d'être vraiment autonome, c.-à-d. moi-même ! Donc 2, en fait, c'est l'hétéronomie, c'est le fait d'être autre chose que soi-même, c'est être dissocié en deux personnalités (*Persona*, d'une part, et moi profond, d'autre part, pour parler comme Jung). On peut être presque sûr, alors, que les rêves incluant le chiffre 2 parlent de l'hétéronomie et d'une personnalité artificielle en nous (opposée à l'authentique), fabriquée de toutes pièces, qui nous empêche d'être vraiment nous-même.

Ajoutons que si le 1 représente un Moi, une personne, alors on peut aussi dire que le 2 représente deux Moi, en contact mais séparés (c'est le 3 qui va les réunir, qui va symboliser le type de relation qui existe entre les deux). Prenons comme exemple l'équation: 1 + 1 = 2 + 1 = 3, qui se traduit par: une personne plus une autre personne = deux personnes. Rien ne les unit pour le moment: elles sont l'une en face ou à côté de l'autre (le chiffre 11 peut aussi représenter cette même situation). Le «+ 1 = 3» signifie: ces deux personnes + ce qui les réunit = la relation qui existe entre elles, relation symbolisée par le chiffre 3.

Enfin, le 1 étant traditionnellement considéré comme un symbole masculin, le 2, quant à lui, désignerait le principe féminin.

Lorsqu'il s'agit de deux éléments

Dans les rêves, le chiffre 2 se présente bien souvent sous la forme de deux réalités que nous voyons: deux frères ou deux sœurs, deux personnes, deux maisons, deux plats, etc. Marie-Louise von Franz, dans son étude sur *L'Ombre et le mal dans les contes de fées*, affirme que les images oniriques doubles signifient que le contenu présenté par l'inconscient est en train de se rapprocher du seuil de la conscience: plus cette réalité deviendra consciente, plus le deuxième élément formera alors une ombre ou un opposé. D'autre part, les images doubles peuvent aussi signifier un renforcement du sens de l'image, une insistance sur son importance. En voici un exemple: ... *Nous voici maintenant dans la salle à dîner, où a lieu un repas familial. Je me rappelle que sur la table, qui est grande, il y a deux immenses plats de marinades et, tout particulièrement, de cornichons. Pour accompagner ceux-ci, il y a une sorte d'assaisonnement, une sorte de sauce qui les rend plus surs, mais je n'y touche pas. Je mange deux ou trois cornichons.*

Dans ce rêve, le symbolisme du chiffre 2 est dans les plats de marinades (qui, en plus, sont immenses). Ceux-ci, logiquement, représentent donc, en fonction de ce que dit Marie-Louise von Franz, une réalité inconsciente en train de devenir consciente, ou le fait que ces plats de marinades sont très importants. Qu'ils soient immenses devrait nous faire croire qu'il s'agit de cette deuxième possibilité, mais pourquoi ne serait-ce pas les deux en même temps ? Voyons voir.

La première association qui a été faite par la rêveuse est la suivante : *s'il y a deux plats et qu'ils sont immenses, c'est peut-être pour que je m'y attarde et que je les remarque comme il faut. Ou alors, parce que lorsque nous sommes enfants, tout semble immense. Ce qui me rappelle que lorsque j'étais petite, je ne mangeais que des cornichons !* (Première prise de conscience, qui fait surgir l'idée d'enfance.)

Deuxième association : *il y a, en réalité, deux sortes de marinades, les sucrées et les sures. Or je n'aime, et n'ai toujours aimé, que les sucrées, et particulièrement les petits cornichons. J'aime les choux-fleurs, aussi, et je ne dédaigne pas les petits oignons à l'occasion (depuis quelques années seulement). Mais je crois que depuis quelque temps, j'aime moins qu'avant les petits cornichons sucrés : on dirait justement que mon goût pour le sucré s'atténue – bien que je n'aime toujours pas les marinades sures, que je trouve trop amères.* (Deuxième prise de conscience : vers le sens de ce qui est sucré.)

Dans le rêve, curieusement, il y a une sauce d'accompagnement qui rend les marinades plus sures... Qu'est-ce que cela veut dire ? Et je n'y touche pas, je la laisse aux autres. (Le sens du chiffre 2, dans l'image des deux plats de marinades, ne peut se comprendre sans le lien avec cette sauce qui, évidemment, n'est pas là pour rien, vous vous en doutez bien !)

Troisième association : *mon impression, c'est que cela a rapport avec la maturité, en ce sens que dans mon esprit, plus on est jeune, plus on aime le sucré, plus on vieillit, plus on devient adulte, plus on élimine le sucre. C'est ainsi que les goûts changent, et les adultes n'ont pas les mêmes goûts que les enfants. Or, je suis toujours immature, me révèle cet épisode, car je mange les cornichons sucrés sans toucher à cette sauce qui est là, qui représente le goût adulte que je ne partage pas... !*

Ici, les deux hypothèses de Marie-Louise von Franz se sont avérées exactes. Le contenu présenté par l'inconscient à travers ces deux plats était effectivement en train de se rapprocher du seuil de la conscience : la rêveuse se doutait bien qu'elle manquait de maturité, qu'elle n'était pas encore une véritable adulte dans le sens fort du mot, mais jamais elle n'en avait pris conscience à ce point-là. D'autre part, le fait d'avoir vu deux plats, et non un seul, indiquait bien à quel point le sens caché dans ces plats était important !

En passant, vous aurez noté comment les associations ont été faites à partir de ce que pensait la rêveuse, et non à partir de sens tout faits d'avance, tels qu'on en trouve dans certains « dictionnaires de rêves »; les cornichons étant traditionnellement considérés comme une image du « membre viril » (on se doute bien pourquoi !), la rêveuse n'aurait jamais mis à jour son immaturité si elle s'était arrêtée à ce sens pré-défini. De plus, il est impensable d'étudier un élément de rêve en le sortant de son contexte et en le prenant isolément; ici, le sens du symbole « cornichon » était à étudier en relation avec la sauce d'accompagnement.

Enfin, pour en terminer avec le chiffre 2, parlons d'un « couple » relié de près à ce nombre :

Les jumeaux

Voici un exemple intéressant fourni par Daco : *Un homme (40 ans) rêve qu'il se promène avec son frère; ce dernier lui ressemble physiquement de façon parfaite. Le rêveur est à la fois radieux et fort angoissé. Il dit à son frère : « Je suis né en 1922. » Or cet homme n'a pas de frère... Il dit être né en 1922 alors qu'il est né en 1927...* Le chiffre 2 apparaît donc doublement (sinon triplement, si l'on tient compte du 22, c.-à-d. deux fois le chiffre 2) dans ce rêve. Daco en donne l'explication suivante, qui me semble excellente :

Dans ce rêve, il y a donc, soit division de lui-même en deux parties, soit dualité entre lui et son « double », soit unification entre ces deux parties se trouvant en lui. Mais le rêveur est radieux et angoissé en même temps. Cette dualité semble montrer que le « frère » représente l'Ombre du rêveur; ce qui tendrait à prouver que cet homme est « divisé », et séparé de lui-même. Quant à l'année de naissance, 1922, elle était en réalité 1927. Alors pourquoi 22 ? Sans doute pour marquer davantage le nombre 2, répété deux fois dans cette date. C'est comme si le rêveur renforçait, face à lui-même, la conscience de sa propre dualité et de sa scission intérieure. Et sa sensation d'être radieux montre que le rêveur sait que sa paix intérieure dépend de l'unification de cette dualité se trouvant en lui. [3]

Cette interprétation va tout à fait dans le sens de tout ce qu'on peut lire dans différents ouvrages sur le symbolisme du chiffre 2 ainsi que sur les jumeaux. Chevalier et Gheerbrant, d'ailleurs, ne disent pas autre chose: s'ils sont absolument semblables, précisent-ils, les jumeaux expriment l'unité d'une dualité équilibrée et surmontée. La plupart du temps, cependant, il existe entre eux une certaine opposition dont les contes, en particulier, font largement usage: l'un est bon et l'autre mauvais ou, encore, tente d'imiter le premier avec maladresse, l'un est «obscur» et l'autre «lumineux», l'un est tendu vers le bien et l'autre, vers le mal, l'un est blanc et l'autre noir. Dans tous ces cas, les jumeaux figurent la dualité de tout être ou celle de ses tendances, les oppositions internes et le combat que chacun et chacune doit mener pour les surmonter. Souvent, ils symbolisent l'ambivalence: ils se querellent ou s'entraident, figurant la situation de chaque être divisé en lui-même.

Dans l'optique jungienne, les jumeaux incarnent les deux aspects (extraverti et introverti) de la personnalité. Ils représentent «la poussée vers l'individuation», c.-à-d. le fait de devenir vraiment soi-même en conciliant les opposés qui sont en nous, en développant l'adaptation au monde et aux autres (l'extraversion), et en creusant les contenus de notre monde intérieur (l'introversion). Marie-Louise von Franz donne l'exemple de deux contes de Grimm: «Les deux frères» et «Les enfants d'or». L'un des frères s'en va dans une dangereuse forêt où il est changé en pierre par une vieille sorcière; c'est son frère (type introverti) qui vient combattre la sorcière et redonner vie à son jumeau. De tels contes exprimeraient la réalité psychologique suivante: celui qui se lance dans la vie extérieure finit par être «pétrifié» au niveau le plus profond de son être lorsqu'il n'est pas secondé par une vie intérieure intense et riche.

Bettelheim, freudien, en fait une interprétation similaire, mais dans des termes différents; selon lui, l'un

3. Pierre Daco, *op. cit.*, p. 233.

des jumeaux est prudent et raisonnable alors que l'autre s'expose à de terribles dangers. L'un incarne la tendance à l'indépendance et à l'affirmation de soi, l'autre, celle de rester à la maison en toute sécurité, attaché à ses parents. Il ajoute que pour réussir sa vie, il faut intégrer ces deux tendances et « rompre le nœud œdipien ».

3

3, c'est 2 + 1 ou 1 + 2. Union du binaire et de l'unité, il est aussi considéré comme le symbole de ce qui est achevé, de ce qui a abouti, dit Pierre Daco. Pourquoi ? Sans doute parce que le 3 équivaut à la rivalité surmontée. La thèse et l'antithèse se résolvent et s'unissent dans la synthèse; c'est un signe d'union, de réunion, de résolution. Dans la pensée chinoise, c'est le nombre parfait, l'expression de la totalité et de l'achèvement; rien ne peut y être ajouté. C'est l'achèvement de ce qui est manifesté, probablement parce qu'il existe de nombreux ternaires, particulièrement dans la vie terrestre: créateur, création et créature, cause, action et effet, esprit, âme et corps, apparition, évolution et destruction (ou transformation), naissance, croissance et mort, évolution, culmination et involution, père, mère et enfant. « Tout procède nécessairement par trois qui ne font qu'un », dit la Kabbale. C'est le nombre de l'union et de l'harmonie.

Comme premier impair, c'est le nombre du Ciel, alors que le 2 est celui de la Terre. Étant le nombre du ciel, il est alors logique qu'il exprime un ordre intellectuel et spirituel, soit en Dieu, soit en l'être humain, soit dans le cosmos. Dans plusieurs religions, on retrouve des Trinités: Brahman, Vishnou et Çiva dans l'hindouisme, le Père, le Fils et le Saint-Esprit dans le christianisme. Sur le plan magique, dans les contes, mythes et légendes, c'est le chiffre qui marque la limite entre le favorable et le défavorable. Selon Granet et Allendy, c'est le nombre de l'organisation, de l'activité et de la création [4].

1. Voir Chevalier et Gheerbrant, *Dictionnaire des symboles*, à « Trois ».

Si l'on rêve non pas du chiffre lui-même, mais de trois choses ou de trois personnes, d'objets en trois parties ou disposés en triangle, ou d'une action qui se déroule en trois étapes (ce peut être le rêve lui-même), « la troisième partie marque alors l'accomplissement de l'action », dit Daco.

Pour Aeppli, le nombre 3 est synonyme de solution et de vie nouvelle. « Le trois a quelque chose de combatif qui est d'essence masculine », dit-il[5]. Il serait relié à des changements importants. Il existe plusieurs triades: les trois rois mages, les trois Parques, la résurrection du Christ le troisième jour, la Trinité (aussi bien dans le christianisme que dans la religion hindoue), les trois périodes du temps (le passé, le présent et l'avenir). En complément, Chevalier et Gheerbrant nous apprennent qu'en Inde, les qualités cosmiques sont au nombre de trois – la matérialité, l'énergie et l'essentialité –, qu'il y a trois mondes – la terre, l'espace (ou l'atmosphère) et le ciel – et trois lettres qui composent le mot-clé universel AUM. Pour le Moyen Âge chrétien, l'être humain est composé de l'esprit, de l'âme et du corps – spiritus, anima, corpus – auxquels correspondent trois niveaux de vie: matériel, rationnel ou intellectuel, et spirituel ou divin.

Rêver du chiffre 3 signifierait, toujours pour Aeppli, que la vie prend une direction. Ce serait un nombre agissant, sacré et aussi dangereux, car il signifie devenir, dans lc bon ou lc mauvais sens.

Dans l'optique freudienne, le chiffre 3 représente soit les trois instances psychiques (Ça, Moi et Surmoi), soit un symbole de la sexualité et du triangle père-mère-enfant (la situation œdipienne). Selon Bettelheim, dans beaucoup de contes, le héros est le troisième frère, auquel l'enfant s'identifie; les deux frères aînés sont alors des substituts des parents. Bettelheim affirme même, le plus sérieusement du monde, que le chiffre 3 est le symbole du sexe pour la simple raison que chacun des sexes a trois caractéristiques visibles: le pénis et les testicules, la vulve et les deux seins…[6]

5. Ernest Aeppli, *op. cit.*, p. 198.
6. Bruno Bettelhein, *Psychanalyse des contes de fées*, p. 365.

4

Il y a 4 saisons, 4 éléments, 4 points cardinaux, 4 vents, 4 membres corporels, 4 évangélistes, 4 piliers de l'Univers, 4 phases de la lune, 4 parties dans la plante (la graine, la tige, la fleur et le fruit), et 4 périodes de la vie (l'enfance, la jeunesse, la maturité et la vieillesse); dans la Bible, il est question des 4 fleuves du paradis.

Aeppli n'en dit guère sur ce chiffre, sauf que, d'après son expérience, en rêve il aurait presque toujours une signification positive ou représenterait un aspect important et positif. Il indique une unité, non pas originelle comme celle figurée par le chiffre 1, mais qui s'est formée graduellement.

Selon Daco, le 4 symbolise la plénitude, la solidité, la totalité et l'universalité. En affirmant cela, il se base sur la symbolique traditionnelle telle qu'on peut la saisir dans le *Dictionnaire des symboles* de Chevalier et Gheerbrant. Ce sont surtout les figures du carré, de la croix et du carrefour qui, selon lui, impliquent le chiffre 4 dans les rêves.

Jacques Languirand, notre «philosophe» national québécois et adepte de la pensée symbolique et ésotérique sous toutes ses formes (pensée qu'il tend à rendre «exotérique» en la vulgarisant), a déjà dit, à son émission radiophonique *Par quatre chemins* (quel hasard!), que le 4 était le nombre de la matérialité, de la terre. Selon Chevalier et Gheerbrant, le 4 symbolise effectivement le terrestre, la totalité du créé et du révélé; c'est le chiffre qui caractérise l'univers dans sa totalité (la plupart du temps le monde matériel, sensible, avec ses 4 vents, ses 4 directions et ses 4 fleuves). Les disciples de Pythagore faisaient de la tétrade la clé d'un symbolisme qui pouvait donner un cadre à l'ordre du monde. Le 4 est si fréquent, dans bon nombre de cosmogonies, qu'il est pratiquement assuré que la valeur du 4 est de définir la matérialité. Ce serait, cependant, une valeur potentielle, parce que la Terre ne crée pas, mais contient tout ce qui se crée à partir d'elle; la manifestation et la réalisation concrètes viendraient avec le 5.

Pour Jung, la quaternité revêt une importance fondamentale puisque, selon lui, elle symbolise la totalité de la psyché et de ses processus aussi bien conscients qu'inconscients. Ainsi, dans les rêves, lorsqu'il s'agit de compléter une triade par un quatrième élément, cela signifie toujours que nous devons poser un acte quelconque pour arriver à une perfection.

En résumé, donc, le nombre 4 représente la matière, le monde sensible et concret. On peut aussi, en lui donnant une certaine extension, le considérer comme un symbole du monde des sensations.

5

Nos amis Pierre Daco et Ernest Aeppli ne sont guère loquaces sur ce nombre. Pour le premier, il serait un symbole de la volonté active, de la personnalité profonde et créatrice alors que pour le second, ce serait le nombre de la vie et de la nature. Il signifierait aussi, lorsqu'il apparaît en rêve, que l'âme se tourne vers un aspect calme, solide et clair de la vie [7].

À lire ce que disent Chevalier et Gheerbrant sur le chiffre 5, on pourrait croire que Daco et Aeppli s'en sont inspirés pour établir ces données – données qui restent toujours mystérieuses quant à leur raison d'être. Donnons quelques explications tirées du *Dictionnaire des symboles.* Grosso modo, le nombre 5 représente l'univers manifesté, comme le 4, mais avec une légère nuance; il représente aussi le *centre*, l'être humain conscient et la perfection morale.

Comme symbole du Centre

D'abord, le 5 se situe au milieu des 9 premiers nombres; il est donc un symbole d'harmonie et d'équilibre. Il est aussi au centre des quatre directions comme des quatre éléments (eau, feu, terre et air). Par rapport au 6, disent Chevalier et Gheerbrant, le 5 représente le

---

7. Ernest Aeppli, *op. cit.*, p. 199.

microcosme et l'individu, alors que le 6 incarne le macrocosme et l'être humain universel.

Comme symbole de l'être humain

Plusieurs dessins représentent l'être humain tracé à l'intérieur d'un cercle, jambes écartées et bras étendus, formant cinq extrémités: celles des deux jambes, des deux bras et de la tête. Le centre est le buste ou le sexe, selon les traditions.

Comme symbole de l'univers manifesté, de la totalité

Comme le 4, le 5 est considéré comme le symbole de l'univers et de la totalité du monde sensible, le nombre de la vie matérielle et objective, de la vie manifestée, de la créature et de l'individualité; mais, ici, il s'agit d'une totalité *obtenue par un centre* qui rassemble et qui intègre 4, un centre dont participent les quatre éléments matériels.

Comme symbole de la sagesse

Sur le plan moral, le chiffre 5 est le symbole de l'ordre et de la perfection, de la volonté divine qui ne peut que désirer voir se réaliser ces deux valeurs. Dans le bouddhisme japonais et pour les Mayas, c'est le nombre de la perfection intégrée. C'est le temps de la conscience, celle du monde et de soi. Chevalier et Gheerbrant disent que le nombre 5 est le symbole de la manifestation de l'être humain au terme d'une évolution biologique et spirituelle.

Dans le jeu de Tarot, la 5e carte est celle du Pape. Ce dernier est l'incarnation de la sagesse morale, atteinte à l'âge où « les passions apaisées laissent à l'intelligence toute sa lucidité pour lui permettre de résoudre sans hésitation des problèmes complexes et embrouillés »[8]. C'est aussi celui qui formule l'enseignement suprême, lequel porte sur la réalité vraie qui se cache derrière les

8. Oswald Wirth, *Le Tarot des imagiers du Moyen Âge*, p. 138.

apparences sensibles. C'est également l'exercice de l'action exclusivement spirituelle. Le Pape est celui qui tient en éveil la conscience afin de faire régner sur terre l'ordre, la justice, l'affabilité, la bienveillance et la bonté[9].

Avec ces données qui se rejoignent toutes, nous pouvons donc considérer que le chiffre 5 est pratiquement synonyme de perfection tant spirituelle et morale que matérielle, tant sur le plan de la pensée que sur celui de l'action: la matière unifiée et réalisée par un centre, la perception et la pensée régies par un Moi conscient, le contrôle de la raison sur les passions et, finalement, une vie sur terre qui soit juste et bonne.

6

D'après Aeppli, le nombre 6 exprime une certaine totalité, celle du possible. Il comprend les 4 directions avec, en plus, les dimensions de haut et de bas. Selon Daco, le 6 renferme l'idée de situations contradictoires, de difficultés, de lutte et d'épreuve. C'est la difficulté du choix ou, encore, l'oppression, voire l'angoisse.

Selon Chevalier et Gheerbrant, le 6 représente une perfection en puissance qui peut aller dans le sens du bien ou du mal. Il est donc le chiffre de l'épreuve entre le bien et le mal, un symbole fort bien incarné par la sixième carte du Tarot, l'Amoureux, l'être qui est à un tournant de son existence et qui doit choisir. Dans l'Apocalypse, c'est le chiffre du péché, de l'épreuve qui a mal tourné; le chiffre de la Bête est 666, symbole du pouvoir ou de l'État divinisé.

Étant la combinaison de deux ternaires (3 + 3 ou 2 X 3), je crois qu'il doit être étudié en fonction de ce nombre. Il est probable, aussi, que l'on puisse l'étudier en fonction du 2, puisque 6, c'est aussi 3 X 2, 2 + 2 + 2; inutile de dire que dans ce dernier cas, il représente quelque chose de problématique, une triple dualité ou une triple dissociation qu'il s'agit de comprendre et d'intégrer.

---

9. Oswald Wirth, *op. cit.*, p. 138 à 143.

7

Résumons en quelques mots le sens de ce chiffre: équilibre, perfection, achèvement, réalisation et totalité. C'est l'un des chiffres les plus positifs, avec le 10, au point que Daco et Aeppli affirment qu'il s'agit d'un nombre sacré, voire même magique. On le trouve fréquemment dans les textes sacrés ou dans la réalité. Dans la mythologie grecque, il y a sept dieux principaux; dans l'alchimie, il y a sept métaux; dans la Bible, on trouve sept anges et sept communautés, sept péchés capitaux et sept vertus, sept années de vaches grasses et sept années de vaches maigres, sept piliers de la sagesse et le septième jour, Dieu se reposa. L'arbre cosmique et le chandelier hébraïque ont sept branches; il y a sept jours dans une semaine, sept pétales de rose, sept degrés de perfection, sept degrés célestes, sept couleurs de l'arc-en-ciel et sept notes dans la gamme.

Daco, Aeppli et Chevalier et Gheerbrant s'entendent pour dire que le 7 marque un aboutissement, une perfection, une totalité et une unification. Pour Daco, qui accorde aux nombres des idées et des forces *psychologiques*, le 7 est un symbole de dynamisme et incarne le travail organisé qui doit aboutir à la perfection; c'est aussi, selon lui, un symbole d'initiation à la vie profonde. Selon Chevalier et Gheerbrant, il désigne la totalité de l'ordre moral et des énergies, particulièrement dans le domaine spirituel; il symbolise un cycle complet, une perfection en mouvement, quand ce n'est pas la divinité elle-même. De plus, le 7 étant la somme du 3 et du 4, il représente la totalité de l'espace et du temps, le 3 correspondant au ciel et le 4, à la terre; d'un autre côté, le 3 représentant la masculinité et le 4 la féminité, 7 est aussi considéré comme le symbole de la perfection humaine réunissant ces deux aspects présents en tout être.

Dans certaines cultures, le 7 est le symbole de l'équilibre parfait des forces, l'union des contraires et la résolution du dualisme qui régit tout ce qui est. En particulier, si nous appliquons ce sens aux rêves, le 7 peut parfaitement bien symboliser l'égalité totale dans une relation entre deux personnes, ou entre quelqu'un et une réalité quelconque telle l'autorité, la vie sociale, le travail, etc. D'autre part, il peut symboliser un équilibre des forces à l'intérieur de la personne elle-même, c.-à-d. l'être parfaitement réalisé. Dans le jeu de Tarot, cet équilibre et cette maîtrise parfaite sont illustrés par le Chariot ou le Triomphateur, l'être qui maîtrise et tient en équilibre les forces, attractions et principes divers, celui qui poursuit un idéal de perfectionnement moral, spirituel et matériel et qui symbolise l'intelligence directrice.

Si le 7 représente un achèvement, celui-ci n'est cependant pas définitif: il aura une suite ou un recommencement qu'annonce en même temps ce nombre. Il indique donc un changement qui suit l'accomplissement, un renouveau positif. Cependant, il peut inclure, pour cette raison même, une certaine anxiété devant l'inconnu, comme le souligne Daco, puisque l'inconnu fait peur; il s'agirait alors, pour ce psychologue, du renouveau d'un cycle affectif.

Enfin, signalons deux petits faits à propos du nombre 7, qui peuvent jouer dans l'esprit de certaines personnes et intervenir dans leurs rêves. Le septième jour est celui du repos, de la cessation du travail; il peut donc signifier loisir et vacances. Il y a sept notes dans la gamme; dans certaines traditions primitives, nous apprennent Chevalier et Gheerbrant, on considère le 7 comme « un régulateur de vibrations », vibrations qui seraient l'essence même de la matière; avis aux musiciens et musiciennes !

8

Tout comme son prédécesseur, le 7, le nombre 8 représente un équilibre mais, cette fois-ci, perçu à partir de son centre (7 + 1). Daco en fait le symbole de la sagesse, de l'équilibre affectif et de la lucidité sur soi-même. Chevalier et Gheerbrant ajoutent à cette première signification celle de la création et de l'ensemble des forces fécondantes (l'eau et le sperme, entre autres).

Par son graphisme même, le 8 est une figure équilibrée et c'est sans doute la raison pour laquelle, comme le mentionne Daco, on lui attribue les notions de justice, d'équité, de tolérance et de loyauté. D'ailleurs, ce n'est sûrement pas un hasard si la huitième carte du Tarot est précisément la Justice.

9

Il semble, d'après nos lectures, que le sens du 9 se rapproche beaucoup de celui du 7, puisqu'il symboliserait un accomplissement, un achèvement suivi d'un renouveau. C'est ce qu'affirme Daco: le 9 étant le dernier de la série des chiffres, il est donc à la fois une fin et une promesse de continuité ou de renouveau. Dans les rêves, il révélerait qu'un cycle intérieur se termine et qu'il nous faut aller plus loin. Chevalier et Gheerbrant abondent dans ce sens en y voyant le fruit de recherches fructueuses, le couronnement des efforts et l'achèvement d'une création. Dans le taoïsme, le 9 est le nombre du Yang et de la plénitude. Les gens qui ont déjà fait des *neuvaines* doivent savoir que dans la liturgie, ce mot signifie achèvement et temps complet.

Selon René Allendy, auteur d'un ouvrage sur le symbolisme des nombres que citent Chevalier et Gheerbrant, le 9 est le chiffre complet de l'analyse totale, le symbole de la multiplicité qui retourne à l'unité. N'oublions pas que les Muses sont au nombre de neuf et représentent ainsi la somme des connaissances humaines.

Cela dit, j'ajouterais qu'il faudrait peut-être nuancer l'idée d'achèvement que l'on attribue sans doute un peu trop rapidement au 9, idée qui devrait plutôt être réservée au 7 pour que soit bien distingué le sens propre de ces deux nombres. Dans le 9, en effet, il y a, en même temps que l'idée de réalisation achevée, l'idée de gestation et de préparation de l'avenir. À mon sens, c'est la caractéristique essentielle du 9, surtout par rapport au 7 et même au 10, comme nous le verrons tout à l'heure. La neuvième carte du jeu de Tarot est l'Ermite, l'être qui s'inspire du passé pour préparer l'avenir; Wirth utilise, pour en faire comprendre le sens, la belle expression d'« antre obscur des gestations » et précise que cette carte renferme l'idée d'énergies créatrices *virtuelles*, donc en puissance et non en acte. C'est aussi « la synthèse des virtualités réalisatrices »[10]. Ainsi, chaque fois qu'il m'arrive personnellement de rêver du chiffre 9, je me dis, sans me tromper, que quelque chose de bien se prépare; mais sa réalisation est en cours et il me reste des synthèses à faire, du chemin à parcourir pour arriver à la perfection qui, elle, est incarnée par le nombre 10 (9 + 1).

10

Chiffre parfait par excellence, le 10 symbolise la totalité de l'achèvement, un retour à l'unité après un développement complet. Il symbolise aussi, par rapport au 1 (multiplié par 10), l'être pleinement réalisé.

Ce sont les pythagoriciens qui sont le plus en mesure de nous faire comprendre en quoi consiste la perfection de ce nombre. Pour cette école, le 10 est le symbole de la création universelle et de la totalité en mouvement, de la totalité de l'univers créé et incréé. Cette idée est représentée graphiquement par la pyramide de la *Tétraktys*, la série des quatre premiers nombres dont la somme est égale à 10, nombre parfait qui donne la connaissance de soi et du monde:

O
O O
O O O
O O O O

Seul au sommet, le Feu, l'Esprit créateur, l'Un, le Divin, le Non-manifesté; en dessous, l'air et la matière, le couple à l'origine de la manifestation, les principes masculin et féminin ainsi que toutes les dualités existantes

10. Oswald Wirth, *Le Tarot des imagiers du Moyen Âge* (symbolisme de la carte # 9).

(le jour et la nuit, Dieu et le Diable, le Bien et le Mal, etc.); ensuite, les niveaux infernal, terrestre et céleste du monde, ainsi que les niveaux physique, psychique et spirituel de l'être humain. Tout en bas, la terre, la multiplicité de l'univers matériel: les quatre éléments, les quatre points cardinaux, les quatre saisons, etc.

Dans le Tarot, la carte # 10 est la Roue de fortune ou du devenir, incarnant le cycle perpétuel de la vie et du monde vivant: expansion et compression, croissance et destruction, jeunesse, âge mûr et vieillesse (suivie fatalement de la mort – et d'une renaissance).

Terminons notre étude du 10 par une remarque d'Ernest Aeppli qui signale que quelquefois, à cause de la position du 1 suivi par le 0, ce nombre peut symboliser la solitude: 1 (moi) + 0 (rien ou personne) = solitude. Ce n'est pas bête comme déduction, et on pourrait y ajouter, comme résultat possible du 1 + 0: sans solution, face au vide ou au néant.

Les nombres supérieurs à 10

Évidemment, on ne peut examiner un à un le sens de chaque chiffre! Dans la symbolique des nombres, ce sont les treize premiers qui sont généralement étudiés; pour les autres, on procède par addition ou multiplication.

L'addition

Les nombres à deux chiffres sont tout particulièrement susceptibles d'être étudiés dans une addition. Selon Chevalier et Gheerbrant, c'est toujours le chiffre ajouté (le deuxième, quoi) qui vient s'intégrer au premier, qui l'organise ou qui y apparaît. Prenons l'exemple de deux nombres comportant les deux mêmes chiffres, soit 12 et 21: dans 21, c'est l'unité qui s'organise dans la dualité (1 est à intégrer à 2) ou, encore, c'est le Moi qui doit s'insérer dans une dualité quelconque et la résoudre. Le nombre 21 est un chiffre parfait (3 X 7), on le voit bien ici dans ce petit exercice mathématique tout abstrait: 21, c'est le MOI qui maîtrise une dualité ou une dissociation quelconque.

Dans 12, par contre, c'est la différenciation (2) qui apparaît dans l'unité (1) pour l'organiser – ou lui causer des problèmes! On pourrait dire, aussi, qu'il s'agit de l'individualité (1) qui aboutit à une dualité, à une dissociation (2) ou, encore, une dualité, une dissociation, qui doit être résolue et intégrée pour aboutir à l'équilibre, incarné par le 3 (1 + 2, moi et une dissociation). La stricte logique nous indique donc que le nombre 12 est beaucoup moins parfait et beaucoup plus problématique que le 21 !

Lors de notre étude des 10 premiers chiffres, nous avons vu que le sens de certains d'entre eux se dégageait à partir d'une addition; c'est particulièrement le cas pour le 7, total du 4 et du 3. On peut procéder de la même manière pour tous les chiffres au-delà de 10, ce qui nous ramène toujours au sens d'un chiffre simple.

Les multiples

Selon Chevalier et Gheerbrant, les multiples ont généralement la même signification symbolique que le nombre simple (par exemple, 21 par rapport à 7 ou à 3); cependant, le multiple accentue cette signification ou, au contraire, la nuance d'un sens particulier qui est à rechercher dans chaque cas.

On peut dire qu'un nombre multiple est un chiffre à la puissance «X». Pour en savoir le sens, il faut tenir compte des deux chiffres: le chiffre multiplicateur et le chiffre multiplié. Voici quelques exemples:

6 = 2 X 3, deux fois le chiffre 3, une double relation, une double résolution. Mais c'est aussi 3 X 2, trois fois le chiffre 2: une relation sans doute extrêmement dissociée et problématique.

21 = 3 X 7: l'équilibre triplé. Une relation parfaitement équilibrée entre deux personnes.

12 = 3 X 4 ou 4 X 3: une relation équilibrée et harmonieuse sur le plan physique, matériel, de l'ordre du manifesté. C'est aussi le carré multiplié par le

triangle; en ce sens, disent Chevalier et Gheerbrant, c'est un nombre d'action, comme le 7 (3 + 4).

45 = 4 + 5 = 9. 45 = 5 X 9 ou 9 X 5 ! Le 9 a donc son importance dans un tel chiffre et doit être pris sérieusement en considération.

Pour terminer ce chapitre sur les chiffres et les nombres, disons quelques mots sur les résultats d'examen et sur le sexe ou le genre traditionnellement attribué aux nombres :

Ma note est-elle sur 100 ou sur 10 ?

Lorsqu'il s'agit d'un note accordée à un examen, cette note peut être donnée soit en pourcentage, soit sur 10; parfois, le rêve présente les deux (ça m'est personnellement arrivé deux fois). Y a-t-il une différence ? Oui, celle d'un point ou d'une virgule (9,2 ou 9.2 sur 10, contre 92 %, par exemple). Autre différence, c'est que le % s'applique davantage à une note globale (par exemple la moyenne annuelle), alors qu'une note sur 10 restera toujours une partie ou une fraction de note ou, encore, une petite note qui va s'ajouter à d'autres pour totaliser 100. Dans l'exemple que nous avons donné au tout début de ce chapitre, il semble que la note ait été fixée sur 50 (notre homme était reçu au baccalauréat avec 42,5 ou 43,5 points). Ou bien la note se référait à son âge actuel et le total n'avait alors aucune importance, ou bien il y avait, derrière ce total, l'idée d'une moitié (50) à compléter : peut-être, selon le contexte du rêve, les études et le travail « officiel », d'une part, et l'auto-formation, d'autre part.

Le « sexe » des nombres

Ernest Aeppli affirme tout de go que «les nombres pairs ont toujours été ressentis comme étant d'essence féminine, surtout le nombre 2, à cause de certaines analogies corporelles. Les nombres impairs passent pour être masculins, spécialement le 3, pour les mêmes raisons »[11].

---

1. Ernest Aeppli, *op. cit.*, p. 197-198.

Nous avons vu que dans le *Dictionnaire des symboles* de Chevalier et Gheerbrant, on retrouvait exactement la même idée.

D'abord, il faudrait savoir *par qui* cela a été « ressenti », et pourquoi, exactement. Si les nombres, pairs et impairs, ont effectivement un sexe ou un genre, est-ce le même pour tout le monde? Selon vous, pair et impair correspondent à quel genre? Quant à moi, je dois dire que j'ai été très étonnée de lire que les nombres pairs étaient féminins; aussi loin que je fasse remonter ma mémoire et mon intelligence, il me semble que j'ai, plutôt, toujours associé les chiffres pairs à du masculin, et les chiffres impairs à du féminin. Mais pourquoi? Je n'en sais strictement rien (c'est une association tout à fait inconsciente), mais c'est ainsi. Cependant, à y réfléchir d'un peu plus près, c'est peut-être plus subconscient qu'inconscient... Peut-être, en effet, imaginai-je les chiffres impairs comme étant plus... délicats, plus légers et aériens, alors que les chiffres pairs me semblent plus... lourds... (Ah! ces stéréotypes!)

Quoi qu'il en soit, je me demande vraiment si cette question du sexe des nombres (!) a une quelconque importance: leur signification respective l'est bien davantage! Rappelons-nous qu'il faut toujours examiner nos propres associations et perceptions avant toute chose. Le sens symbolique traditionnel peut nous être utile, mais il n'est pas sûr que ce soit celui qui nous convienne.

Le corps et ses différentes parties

Le symbolisme général du corps

Les parties du corps, comme d'ailleurs le corps lui-même, symbolisent en rêve différents aspects ou différentes réalités du psychisme humain, de notre personnalité, de nos sentiments ou de nos états d'âme.

Comme en ce qui concerne les véhicules, l'établissement de leur sens est essentiellement une question de logique; il suffit d'y penser un peu pour le dégager. (Bien que ce ne soit peut-être pas aussi simple que pour les véhicules.)

La tête

La tête est le lieu de la conscience et de la perception; tout passe par elle ou finit par y aboutir. Tout ce qui se brasse en nous, dans notre psychisme, s'y déroule. Quand on parle de « notre univers intérieur » ou du « monde de la pensée », on voit tout de suite que « c'est dans la tête que ça se passe » .

Songeons aussi que nos organes de perception les plus importants se situent au niveau de la tête: la vue, l'ouïe et l'odorat. La plus grande partie de ce que nous saisissons du monde extérieur – environnement, choses et personnes – est perçu au niveau de la tête. Qu'elle symbolise alors le monde des idées, de ce que nous pensons ou de ce que les autres pensent n'est donc pas étonnant.

D'un autre côté, la tête est la partie du corps qui est la plus « naturellement » exposée au regard d'autrui, la moins « masquée » puisqu'aucun vêtement ne la recouvre. Une bonne partie de nos jugements sur autrui reposent sur « la tête qu'ils font ou qu'ils ont ».

L'air qu'une personne dégage se lit sur les traits de son visage : l'air triste, maussade, de bonne ou de mauvaise humeur, renfrogné, gai, fatigué, heureux ou malheureux, calme, tourmenté, etc. Que la tête symbolise la façon dont nous apparaissons aux autres, l'air que nous avons, est alors tout à fait logique.

La tête représente aussi ce que nous reflétons de nous-mêmes (ou ce que nous voulons refléter, puisque nous pouvons paraître autre chose que ce que nous sommes, nous « donner un air »). Elle est donc essentiellement reliée à la perception que les autres ont de nous et à ce que nous leur permettons de saisir de nous, consciemment ou inconsciemment, volontairement ou non.

En passant, combien de personnes savent se regarder minutieusement dans un miroir, se dévisager attentivement, examiner non seulement la configuration de leurs traits, mais ce qu'ils reflètent, l'air qu'ils ont ? Combien sont capables de se regarder comme s'il s'agissait de quelqu'un d'autre ? Tout le monde se regarde dans le miroir, mais peu de gens le font attentivement pour percevoir ce qu'ils reflètent vraiment; on dirait que cette seule perspective les dérange... Savoir la cause de ce malaise nous apprendrait bien des choses sur nous-mêmes! Ça vaut la peine de tenter l'expérience !

Rêver que l'on se voit ou se regarde dans le miroir peut fort bien signifier, alors, se voir tels que nous paraissons ou nous sentons (un reflet de notre perception de nous-mêmes). Si nous remarquons un détail particulier (par exemple, une rondeur ou une maigreur accentuée, une ou des dents noircies, une coiffure spéciale et inhabituelle, un gonflement ou une enflure des joues qui donne l'impression d'une sorte de paralysie), ce détail est ce qui révèle le sens caché de l'image.

En résumé, on peut donc affirmer que la tête symbolise le monde des idées et des pensées, de même que ce que nous reflétons aux autres, que ce soit volontairement ou non.

Les cheveux

Qui ne connaît pas l'histoire de Samson et de Dalila? La force extraordinaire du héros prenait sa source dans ses longs cheveux. Dalila lui extorqua son secret et les coupa pendant son sommeil; le pauvre Samson, devenu alors « simple humain », fut livré aux Philistins sans pouvoir opposer la moindre résistance.

Depuis cette histoire, les cheveux sont considérés, du moins dans la culture judéo-chrétienne, comme un symbole de ce qu'on appelle communément « la force virile ». C'est ce qu'affirme Pierre Daco: « Les cheveux sont symboliquement synonymes de force virile, de pouvoir actif. En tant qu'attributs sexuels secondaires, ils représentent, chez la femme, un puissant moyen d'attraction. » [1]

Que penser de ces deux sens? Personnellement, je trouve faible, très faible même, le sens de « force virile », à moins que l'on ait affaire à une personne très influencée par la Bible et qui connaît très bien cette association entre force physique (et qui dit muscle, dit virilité!) et cheveux. D'un autre côté, cela dépend de ce qu'on entend exactement par « force virile »; au sens de « pouvoir actif », de puissance d'agir, comme le mentionne Daco, c'est bien possible. D'ailleurs, ce dernier en donne un exemple fort plausible: *Une jeune femme rêve qu'elle se regarde dans un miroir: elle s'aperçoit qu'elle est devenue complètement chauve.* Ce rêve a tellement bouleversé cette femme que dès son réveil, elle a vérifié si c'était réel ou « si ce n'était qu'en rêve »...

Daco donne de ce rêve l'explication suivante: « C'est un rêve classique de castration. Il s'agissait ici d'une jeune femme; on pourrait donc croire à sa peur de perdre sa beauté ou son pouvoir de séduction. Mais le rêve va plus loin. [...] Ce rêve montre à quel point cette

---

1. Pierre Daco, *L'Interprétation des rêves*, p. 53.

jeune femme craint de perdre son pouvoir, sa force créatrice, le dynamisme de sa jeunesse, etc. C'est, de plus, un rêve d'angoisse. »[2]

Un rêve d'angoisse révélant sa peur de ne plus être en mesure d'être acceptable et acceptée socialement, « normale » ? Oui. Les cheveux seraient le symbole de l'activité créatrice et de notre capacité d'agir ? Oui encore. (À noter que la créativité étant traditionnellement considérée comme un trait masculin, c'est pourquoi on parle de force « virile » ! Mais il faudrait parler de force tout court, de puissance d'agir, d'intervenir, de réagir dans et sur le monde.)

On ne sait malheureusement pas qui est cette femme, ni de quel milieu elle vient. Cependant, l'hypothèse de perdre son pouvoir de séduction est fort probable, car les cheveux sont effectivement importants chez une femme. Notons que la calvitie est beaucoup mieux tolérée, culturellement, chez un homme que chez une femme !

Selon Claude B. Tedguy[3], les cheveux sont, dans la majorité des cas, symbole d'ennuis et de préoccupations. Encore là, cela me semble fort plausible, pour autant, cependant, que les cheveux aient vraiment quelque chose de particulier, d'« anormal » ou de singulier. Ce sens vient compléter le précédent.

Dans le *Dictionnaire des symboles* de Chevalier et Gheerbrant, nous trouvons, comme c'est si fréquemment le cas dans cet excellent et très sérieux ouvrage, des données très intéressantes sur les cheveux : dans les rites magiques, ceux-ci sont censés conserver, tout comme les ongles, les propriétés de la personne. C'est cette croyance qui fait que l'on s'en sert pour jeter des mauvais sorts; attaquer et agir sur les ongles et les

2. *Ibid.*
3. Claude B. Tedguy, *Comprendre et utiliser vos rêves*, Montréal, éd. Québécor, 1986. Ce livre comprend une première partie assez intéressante sur les rêves, mais le lexique qui l'accompagne est une pure aberration, comme bien d'autres « clés des songes »: tout y est présenté dans le sens d'une prédiction d'avenir, ce qui est très étonnant de la part d'un psychanalyste...

cheveux, c'est attaquer la personne elle-même. Conserver une mèche de cheveux d'un enfant ou d'une personne aimée repose en fait sur la même vieille croyance; c'est comme si l'on voulait faire survivre l'état de la personne qui portait ces cheveux.

Chez les tribus indigènes d'Amérique du Nord, le scalp correspondait à un véritable dépouillement des vertus, des prérogatives et finalement de la personnalité même de l'ennemi qui en était victime. Il y a de cette même idée dans le rite de la tonte religieuse: en se soumettant à la tonsure, le moine fait preuve d'humilité, de respect, de soumission et d'obéissance. En complément de ce qui précède, Chevalier et Gheerbrant nous apprennent que les cheveux longs étaient un signe de puissance chez les rois et princes de France, à l'époque où l'on commença à se couper les cheveux. Le rasage du crâne des criminels reposait sur le même sens: les cheveux longs sont signe de puissance et de force, les cheveux courts, un signe de dépendance.

Dans plusieurs grandes mythologies, le port des cheveux épars, « à l'air libre », signifiait une renonciation aux limitations et aux conventions de la destinée individuelle, de la vie ordinaire et de l'ordre social. C'est là une vieille idée qu'ont semblé reprendre (consciemment ?) les Beatniks et Hippies des années 60-70 ! Dans les sociétés primitives, épouiller ou peigner les cheveux de quelqu'un est une marque d'attention et d'accueil; se faire peigner est un signe d'amour, de confiance et d'intimité.

En ce qui concerne la chevelure féminine, retenons que les cheveux dénoués d'une femme sont souvent un signe de disponibilité, de don. Marie-Madeleine est toujours représentée les cheveux dénoués: c'est le signe de son ancienne condition mais aussi, disent Chevalier et Gheerbrant, de son abandon à Dieu... Les cheveux de la femme ont été longtemps associés à la provocation sexuelle. C'est cette même « provocation » qui est à l'origine de l'obligation faite aux femmes de porter un chapeau à l'église: leur accorder le droit de n'en pas porter, c'était en même temps leur accorder la liberté de mœurs... (Quoi qu'il en soit, on comprend mieux, alors, en quoi les cheveux peuvent effectivement être un symbole d'attraction sexuelle !)

Enfin, mentionnons que certains auteurs associent les cheveux, tout comme les poils, à la nature animale. C'est le cas d'Aeppli, qui les qualifie de « produit de notre union avec la nature animale »[4]. Sur ce point, je dois dire que j'ai d'énormes réticences. Passe encore pour les poils (voir ce que nous en disons plus loin), mais sûrement pas pour la chevelure.

En résumé, donc, les cheveux peuvent représenter soit la puissance d'agir et de réagir, notre pouvoir actif et notre force, soit un attribut de séduction, particulièrement chez une femme, quand ils ne sont pas, tout simplement, reliés à notre apparence.

Les jambes et les pieds

Selon Ernest Aeppli, les pieds, de même que les jambes, se rapportent au mouvement de la vie, à notre « marche », à ce qui avance, aux moyens avec lesquels nous avançons dans la vie. Les pieds peuvent aussi être un symbole sexuel, sur lequel nous reviendrons un peu plus loin.

Selon Chevalier et Gheerbrant, la jambe est un symbole du lien social: elle permet les rapprochements, favorise les contacts et supprime les distances.

Selon Paul Diel[5], le pied est un symbole de l'âme, de sa force ou de sa faiblesse. Une blessure ou une déformation du pied représente toujours, selon cet auteur, une faiblesse originelle de l'être qui en est atteint. Pensez à Œdipe, dont on avait coupé les deux tendons à sa naissance, et qui devait marcher à l'aide d'un bâton : c'est le symbole d'une double faiblesse originelle chez cet être dont le destin s'est d'ailleurs avéré particulièrement cruel.

---

4. Ernest Aeppli, *Les Rêves et leur interprétation*, p. 161.
5. Plusieurs ouvrages de ce psychologue sont publiés chez Payot: *La Divinité*, *Le Symbolisme dans la mythologie grecque* et *Le Symbolisme dans la Bible*, entre autres.

Dans cette optique de symbole de notre marche dans la vie et, plus spécialement, dans notre vie sociale, rêver d'une paralysie des jambes, d'une blessure ou d'une déformation quelconque du ou des pieds nous oriente vers une réflexion sur notre manière de nous comporter en société, sur les difficultés que nous pouvons éprouver face aux autres.

Selon Chevalier et Gheerbrant, les pieds correspondent à la terre, car ce sont eux qui nous y posent. Ils symbolisent par conséquent un certain sens de la réalité que rend clairement l'expression bien connue: « avoir les deux pieds sur terre ».

Dans certaines communautés culturelles, le pied est un symbole d'assise, une expression de la notion de pouvoir, de chefferie, de royauté et d'exercice de l'autorité. Il en est de même de la chaussure qui l'enveloppe: être chaussé signifiait, dans l'Antiquité, être autonome, responsable et libre, contrairement aux esclaves qui allaient nu-pieds. À ce propos, notons qu'aujourd'hui, le sens du pied ou de la chaussure comme symbole d'exercice d'un certain pouvoir ou d'une certaine autorité est sûrement encore très présent dans nos esprits; il se voit très clairement, en particulier, dans l'expression courante: « Trouver chaussure à son pied ». Qui l'a trouvée perd son esprit rebelle, contestataire et indépendant !

Vous est-il déjà arrivé de regarder les pieds de quelqu'un dans l'autobus ou dans un lieu public quelconque ? Vous est-il déjà arrivé plutôt d'être la victime d'une telle indiscrétion ? Notre réaction est quasi instinctive lorsque nous nous rendons compte que quelqu'un regarde nos pieds: nous les déplaçons et les cachons, car cela nous rend très mal à l'aise. De plus, beaucoup de gens semblent gênés de leurs pieds et refusent qu'on les regarde (du moins trop longtemps). Dans la gestuelle amoureuse, embrasser ou se faire embrasser les pieds peut être une source de plaisir intense mais, là encore, certaines personnes en sont incapables. Pourquoi ? Pourquoi cette gêne des pieds ?

Réfléchissons deux minutes. D'abord, nos pieds sont la partie la plus éloignée de notre corps, et celle que nous négligeons peut-être le plus. La plupart du temps, ils sont cachés ou couverts, sauf lorsque nous portons des sandales ou que nous nous promenons nu-pieds. Étant la plupart du temps enfermés, les pieds sont très sujets à la transpiration et lorsque cela arrive, lorsque l'on « sent les p'tits pieds » – ou qu'on se fait dire crûment que l'on « pue », c'est très embarrassant. En ce sens, les pieds peuvent très bien représenter notre intimité. D'ailleurs, comme le soulignent Chevalier et Gheerbrant, ôter sa chaussure n'est-il pas le premier pas vers l'intimité, que ce soit celle du lit, celle du bain ou tout simplement celle de la maison ? « Enfin revenue chez moi ! Vite, mes pantoufles ! »

De l'intimité à la sexualité, il n'y a qu'un tout petit pas à franchir, et nous voici directement dans la psychanalyse freudienne pour qui le pied représente le phallus et la chaussure, le vagin. Avec Freud, pas de subtilités inutiles: tout se ramène toujours à la sexualité. D'ailleurs, pas besoin d'être devin ou sorcier, ni même le grand Freud lui-même, pour en arriver à cette conclusion: le pied *se met* dans la chaussure, c'est évident ! Les expressions populaires « se mettre » et «trouver une botte » (langage strictement masculin, cela va de soi) sont bien significatives à cet égard !

Le talon, la cheville et le mollet

Le « talon d'Achille » : point vulnérable de la personne, souvent attaqué par un serpent ou une vipère. Être mordu au mollet par un chien: voilà encore une attaque sur un point vulnérable, qui se trouve derrière nous. Se tordre, se fouler ou se casser la cheville: celle-ci représente encore un point faible, associé à une chute malencontreuse.

Quel est le sens de ces parties du corps dans les rêves ? Les spécialistes que j'ai consultés sont muets là-dessus, sauf Chevalier et Gheerbrant, qui consacrent quelques lignes au talon et à la cheville. Rien, ailleurs, sur ces trois parties du bas de la jambe ! Est-ce à dire que, pour les onirologues, leur sens est si évident qu'il est inutile d'en parler ? Essayons-nous et nous verrons bien !

Sur la cheville, Chevalier et Gheerbrant donnent les indications suivantes: pour les Chinois, la cheville d'une femme est un indice de sa délicatesse, de son raffinement et de son habileté dans les rapports sexuels. Est-ce que ce rapprochement convient aux Occidentaux ? À bien y penser, cela est possible, car une cheville fine, bien dessinée, risque d'éveiller davantage le désir et l'intérêt qu'une cheville « mal dégrossie ». Chez les Bambaras, elle évoque le départ et l'arrivée. Chez les Grecs et les Romains, la cheville est le point d'attache des ailes (cf. Pégase, le cheval ailé) et symbolise alors l'élévation et la sublimation.

Sur le talon, Chevalier et Gheerbrant parlent, bien entendu, du célèbre « talon d'Achille » : « Le talon atteint, l'homme (*sic*!) tombe. » Selon certaines croyances anciennes, c'est par le talon que la vie ou l'âme s'échappe en dernier lieu, et c'est aussi par là qu'entre la mort.

À vrai dire, il y a là peu d'éléments pour nous inspirer, n'est-ce pas ? Alors, fions-nous à notre seule expertise et explorons quelques hypothèses.

Culturellement, le talon est la partie qui est considérée la plus vulnérable du corps humain. Souvent, il est question d'une *morsure* au talon engendrant la crainte d'un empoisonnement qui peut mener à la mort. Sans doute qu'en ce qui concerne le talon, c'est cette idée d'*empoisonnement* extrêmement dangereux qui importe. Si tel est bien le cas, alors lorsqu'on rêve d'être mordu au talon (généralement par un serpent que l'on croit venimeux ou par une vipère), cela signifie qu'on a l'impression qu'il nous est arrivé la même chose dans la réalité. Or d'où et de qui peut nous venir cette impression ? C'est ce qu'il faut déterminer.

N'oublions pas qu'en plus de représenter la partie soi-disant la plus vulnérable de notre être, le talon est situé *en bas* et *derrière* nous. Cette situation « géographique » a sûrement son importance : elle présuppose, subconsciemment et inconsciemment, que l'« empoisonnement » dont nous avons ou pensons avoir été victime s'est fait sur ce qui, en nous, est le point le plus vulnérable[6], et que cela a

6. Reste alors à déterminer ce qui, en nous, l'est ! Il s'agit peut-être de notre émotivité, de notre sentimentalité, de notre naïveté.

été fait « par derrière », bassement, dans notre dos, sans que nous ayons pu prévoir le coup.

Passons maintenant à la cheville. C'est la partie qui relie le pied à la jambe; c'est une partie extrêmement douloureuse lorsqu'elle est blessée et, dans cette situation, nous sommes immobilisés, incapables, ou presque, de nous déplacer sans une béquille. Rêver qu'on s'est foulé la cheville peut alors fort bien signifier que notre capacité d'agir, voire même d'être à l'aise en société, est « immobilisée » et qu'il nous faut une « béquille » quelconque (un ami ? un soutien ? une drogue ? une certaine attitude, déplaisante pour les autres ?) pour vivre malgré ce « handicap ».

Dans les mots croisés, il est souvent demandé un synonyme de cheville. Les cruciverbistes invétérés savent très bien la réponse : esse. Or qui dit que la cheville corporelle n'est pas reliée, d'une certaine façon, à ce mot ? Une esse est un crochet ou une ouverture en S. Or, justement, cette lettre n'est vraiment pas loin et il *se peut* qu'elle soit concernée...

Enfin, signalons une relation qui ne saute pas nécessairement aux yeux mais qui, pourtant, peut jouer un rôle dans un rêve de cheville. L'expression très courante « ne pas arriver à la cheville de quelqu'un » signifie « être inférieur à cette personne » ou, encore, que celle-ci est exceptionnelle. Dans la notion de cheville, il peut donc y avoir l'idée de hiérarchie et de degré dans la valeur d'un être : c'est une possibilité qui n'est pas à dédaigner !

Il nous reste maintenant le mollet. Il s'agit essentiellement d'un muscle, généralement d'une partie *tendre* du corps – s'il n'est pas celui d'un ou d'une culturiste, évidemment ! Comme il est situé dans le bas de la jambe, et derrière, il est la proie rêvée de certains animaux carnivores aux dents longues et pointues, tels les chiens et les loups !

Se faire attaquer au mollet comporte certainement beaucoup d'analogies avec une morsure au talon; cependant, un mollet *n'est pas* un talon. Où est la différence entre les deux ? Elle se situe sans aucun doute dans la hauteur et dans l'épaisseur mais, aussi, dans la nature même de la blessure: une piqûre venimeuse ne laisse qu'une toute petite trace à l'extérieur, mais l'effet se répand dans tout le corps et risque d'être mortel. Par contre, une vilaine morsure au mollet laisse de bien plus grosses traces mais elle n'est pas mortelle, à moins que le tétanos ne suive et ne soit pas soigné à temps.

Par conséquent, nous sommes en droit d'avancer l'hypothèse suivante: une morsure au talon renvoie à l'intériorité, au domaine psychique où il peut y avoir eu une blessure, une attaque ou une peine analogues. Une morsure au mollet fait peur et immobilise temporairement; ses traces sont *extérieures* et donc, sans doute, à rechercher dans l'extériorité de l'être, dans quelque chose d'apparent ou de relativement visible.

Le fait d'avoir prévu ou non l'attaque a aussi son importance: un chien ou un loup, ça s'entend et ça se voit; un serpent ou une vipère cachée dans les buissons se devine beaucoup moins bien, et il est pas mal plus difficile de parer son attaque!

La bouche

Selon Chevalier et Gheerbrant, la bouche est le symbole de la puissance créatrice, de «l'insufflation de l'âme», puisqu'elle est l'organe du souffle (respirer par la bouche). Organe de la parole, elle symbolise aussi un degré élevé de la conscience, un pouvoir qui planifie au moyen de la raison. Selon Ernest Aeppli, la bouche peut posséder une signification érotique ou remplir cette fonction.

D'après moi, dans ces points de vue, on oublie un aspect important de la bouche (Freud oblige, lui qui ramène tout à la sexualité et qui détient une si grande influence morale et intellectuelle dans notre monde!) Cet aspect passé sous silence, c'est que sur un visage, c'est la bouche qui nous révèle l'expression de la personne. Plus précisément, c'est le contour de la bouche, les lèvres, qui nous font percevoir cette expression. La bouche et les lèvres, bien sûr, comportent aussi, indéniablement, un aspect de séduction. Les lèvres d'une Marilyn

Monroe, d'une Brigitte Bardot ou de toute autre «pin up» du *Playboy* sont là pour en témoigner.

La bouche peut aussi, puisque c'est par elle que nous parlons, que nous disons ce que nous pensons, être un symbole de notre capacité de communiquer et de nous exprimer. Quand la bouche devient pâteuse ou paralysée, c'est notre capacité de communiquer qui est paralysée.

D'autre part, c'est par la bouche que nous proférons des paroles parfois agressives. Donc, la bouche peut aussi symboliser notre agressivité, mais celle-ci se concentre davantage sur les dents, dont nous allons immédiatement parler.

Les dents

Selon Ernest Aeppli, les dents ont une signification presque uniquement sexuelle. En particulier, une perte ou un mal de dents révélerait toujours un problème d'impuissance et les rêves de dents apparaîtraient surtout en période de masturbation; leur message serait alors le suivant: «Tu subis un affaiblissement de ton énergie.» (!! Notez l'aspect moral qui entre en jeu: la masturbation est néfaste à l'individu...)

Dans un sens plus général, Aeppli mentionne le fait que les dents servent à mordre, à saisir et à broyer, capacité qu'il rapporte presque uniquement aux «morsures en amour», donc à la sexualité. Des dents fortes et saines seraient à mettre en rapport avec la faculté de saisir (ou avec le désir de saisir).

Pierre Daco abonde dans ce sens, mais fournit des précisions un peu plus intéressantes. Entre autres, il donne ici à l'impuissance un sens global: ce n'est pas de la seule impuissance sexuelle dont il peut être question, mais aussi de l'impuissance affective, professionnelle ou autre. De plus, il mentionne certaines expressions courantes comme: «mordre la vie à pleines dents», «montrer les dents» et «serrer les dents». Les deux premières font allusion à la force, à la puissance et à la vitalité d'un être; à ce titre, les rêves de perte de dents parleraient d'un sentiment ou d'une crainte d'être diminué, amoindri, sans pouvoir.

Chevalier et Gheerbrant, quant à eux, se rallient exactement à cette interprétation: «Perdre ses dents, c'est être dessaisi de force agressive, de jeunesse, de défense: c'est un symbole de frustration, de castration, de faillite. C'est la perte de l'énergie vitale.» En tant qu'instruments de la prise de possession (saisir) allant jusqu'à l'assimilation (broyer et avaler), les dents sont, ajoutent-ils, un symbole de l'agressivité. Elles peuvent aussi être un symbole de l'ambition, sens bien rendu par l'expression: «avoir les dents longues».

À propos du serrement des dents, Daco affirme que «serrer les dents passe pour être un signe de puissance virile.»[7] Vraiment? Que chacun et chacune y réfléchisse pour son compte: il ne s'agit pas nécessairement de cela et, même, à y réfléchir d'un peu plus près, il est ici question de tout autre chose. En effet, quand serrons-nous les dents? Lorsque nous sommes fâchés et que nous retenons notre colère; lorsque nous voulons réagir par la parole mais que nous n'osons pas, pour une raison quelconque. Est-ce là le signe de la «puissance virile»? C'est plutôt, avouons-le, un signe d'impuissance!

Enfin, Daco mentionne – ce qui n'est pas sans intérêt – que les dents font également partie de la séduction sexuelle: n'admire-t-on pas les dents «éblouissantes» d'une personne? Les dents peuvent effectivement être un élément d'attrait et de séduction ou, à l'inverse, un élément de dégoût et de répugnance, lorsqu'elles sont gâtées, noircies, absentes ou tachées.

Petite critique et nouvelle perspective

Ce qui m'étonne chez tous ceux et celles qui ont parlé de ce symbole onirique, c'est qu'on s'en tienne uniquement à ces deux aspects des dents. Pourtant, à y réfléchir d'un peu plus près, on peut facilement découvrir que les dents (ou la dentition) sont reliées de façon

7. Pierre Daco, *op. cit.*, p. 56.

encore plus évidente à *l'apparence*. Imaginez, par exemple, que vous vous cassez subitement une dent; il ne s'agit pas de n'importe quelle dent, mais d'une incisive bien visible. Quelle sera votre réaction ?

Cela m'est déjà arrivé il y a plusieurs années. Catastrophe ! Horreur ! Je ne pouvais plus vivre ! Il me fallait courir au plus vite chez un dentiste, n'importe lequel et à n'importe quel prix, pour qu'il me répare cette dent. Personne ne devait me voir dans cet état – sauf le dentiste, mon unique sauveur. Bien entendu, lorsque, par la suite, il m'est arrivé de faire des « rêves de dents » et que j'ai cherché à en comprendre le sens, je me suis tout de suite rappelé ce fait et j'en ai très facilement conclu que, pour moi, les dents ne représentaient rien d'autre que l'apparence extérieure: « Ah ! De quoi ai-je l'air, maintenant ? »

En y réfléchissant encore plus à fond, j'ai fini par découvrir que j'accordais une grande importance à la dentition des gens et que je la considérais comme un reflet de leur personnalité, au même titre qu'on dit des yeux qu'ils sont le miroir de l'âme. Instructive, n'est-ce pas, cette réflexion sur un sujet aussi banal que les dents !

En résumé, donc, les dents peuvent être un symbole sexuel (mordre, impuissance) ou, plus largement, un symbole de l'énergie, de la vitalité, de la puissance autant sexuelle qu'intellectuelle, affective, professionnelle; elles peuvent aussi symboliser l'agressivité, l'attaque et la défense (mordre), l'ambition (dents longues) et, finalement, l'apparence extérieure, l'air que nous avons, ce que les autres vont penser de nous.

La langue

Peu d'auteurs en parlent. Nous avons trouvé cet élément uniquement dans le *Dictionnaire des symboles* de Chevalier et Gheerbrant. Selon ces auteurs, la langue, en tant qu'instrument de la parole, crée ou anéantit; son pouvoir est sans limites. (Une parole, comme un regard, peut tuer ou blesser comme une arme.) Elle

JUGE. Elle est juste ou perverse, méchante, mensongère. Une « mauvaise langue » est médisante et calomnieuse. « Savoir tenir sa langue » manifeste la maîtrise de soi, la maturité. En tant qu'organe du goût, ajoutent-ils, la langue est un symbole du discernement.

Quant à moi, j'ajouterais que la langue sert aussi à faire des grimaces et à exprimer notre mépris. Elle est donc reliée, dans un certain sens, à la question de supériorité-infériorité.

Depuis quelque temps (disons quelques années), c'est devenu un travers collectif des Québécoises et des Québécois que de sortir la langue lorsque nous sommes excités ou dépités. Il y a sûrement quelque chose là...

L'œil

L'œil, organe de la vision, est considéré comme le symbole de la perception intellectuelle, de la lumière et de la conscience. Il se rapporte à la compréhension que nous avons des choses et de nous-mêmes, disent Aeppli ainsi que Chevalier et Gheerbrant.

À la vérité, cette association symbolique est des plus logiques, l'œil étant justement ce qui nous permet de percevoir et de voir. Ce symbolisme est particulièrement actif dans les rêves par le biais d'un accessoire qui corrige une vision défectueuse : les lunettes. Si ces dernières sont mal ajustées, alors nous avons une perception forcément déformée de la réalité.

Porter des lunettes noires ou opaques est tout aussi significatif; ou bien nous ne voyons plus, ou bien nous avons une vision pessimiste (noire, sombre) des choses. Porter les lunettes de quelqu'un d'autre peut fort bien signifier voir à travers ses propres yeux et non les nôtres. Ne plus retrouver ses lunettes (surtout si nous pensons que nous ne voyons rien sans elles !) peut signifier une difficulté ou une incapacité de voir et de comprendre correctement ce qui se passe.

Pensons aussi à certaines images frappantes, comme celle de Caïn poursuivi par un œil sans cesse présent, l'œil de Dieu, l'œil de sa culpabilité qui le suit partout. Certains grands malades mentaux voient une multitude d'yeux qui les observent: ces yeux peuvent fort bien représenter le regard d'autrui, un regard lancinant et pesant qui accentue le sentiment de culpabilité ou de paranoïa.

Selon Aeppli, l'œil peut être interprété comme l'organe sexuel de la femme. Ici, je donne vraiment ma langue au chat pour savoir en quoi et pourquoi!

Quant à Chevalier et Gheerbrant, ils soulignent quelques aspects intéressants qui peuvent s'avérer utiles dans certains cas. Traditionnellement, disent-ils, l'œil droit, associé au soleil, correspond à l'activité et au futur, tandis que l'œil gauche, associé à la lune, correspond à la passivité et au passé. Un être aux multiples yeux pourrait symboliser le fait d'être tourné uniquement vers le monde extérieur et d'être absorbé complètement par ce dernier.

Dans certains rites initiatiques, ouvrir les yeux, c'est s'ouvrir à la connaissance. (On retrouve ici le sens de symbole de la perception intellectuelle et spirituelle mentionné au tout début.) Tout le monde a dû entendre parler du « troisième œil », que l'on situe au centre du front. C'est l'œil de l'esprit dont la fonction est la clairvoyance (c.-à-d. la claire voyance), la réception de la lumière spirituelle.

L'œil unique, particulièrement celui qui est dessiné dans un triangle, est le symbole de l'Essence et de la Connaissance divines. Celui du Cyclope, être monstrueux, correspond à une condition sous-humaine.

« Le mauvais œil » est une expression symbolisant une prise de pouvoir sur quelqu'un ou sur quelque chose, par envie et avec une intention malveillante. Dans ce cas, l'œil qui regarde, qui nous regarde, est une menace. Nous n'existons que par le regard d'autrui, disent les existentialistes. « L'enfer, c'est les autres », affirme Sartre dans sa pièce *Huis-clos*. Il fait dire à l'un de ses personnages, qui se retrouve en enfer, enfermé dans une pièce avec quatre ou cinq autres personnes: « Tant qu'une personne sur terre pense à moi, je continue d'exister, d'être. Si personne ne pense plus à moi, alors je n'existe plus, je suis vraiment mort. » (Ce n'est pas textuel, mais l'idée est la même.) C'est, bien sûr, ce qui arrive après une petite centaine d'années; mais voilà, il y a, pour l'éternité, le regard perpétuel de ces quatre ou cinq autres dans la pièce... « L'enfer, oui, c'est bien les autres ! », se dit Garcin le lâche !

Parfois, l'œil est utilisé comme symbole de l'ensemble des perceptions extérieures. Il peut aussi être associé au désir (de ce qu'on voit.)

Avec de si superbes indices, il est aisé de nous résumer sur le sens de l'œil : prise de pouvoir de quelqu'un sur nous, regard et jugement d'autrui, perceptions extérieures, manière de voir, perception et compréhension intellectuelle et spirituelle.

Le nez

On trouve bien peu de choses sur cet organe de l'odorat dans les livres de symboles. Le mot figure dans l'index du livre d'Ernest Aeppli mais, lorsqu'on va voir à la page indiquée, on lit tout bonnement que « les rêves de nez sont extrêmement rares » ! Chevalier et Gheerbrant y consacrent un petit article dans leur *Dictionnaire des symboles*; on peut y lire que le nez est un symbole de clairvoyance, de perspicacité, de discernement et d'intuition (« avoir du pif », du flair).

Quant à moi, j'ajouterai à ce sens la remarque suivante : bien souvent, c'est la forme du nez qui importe et qu'il faut examiner. Et puis, un nez n'est jamais indépendant du corps d'une personne. Il s'agit donc de parler de notre perception de cette dernière (concentrée sur l'importance de son nez, bien entendu) pour comprendre le sens de cet élément du rêve. C'est ce que j'ai fait lorsqu'il m'est arrivé, il n'y a pas très longtemps, de rêver à Claude Ryan, ministre de l'Éducation et responsable du dossier linguistique, ainsi qu'à Lise Bacon, ministre des Affaires culturelles, et ce dans le même rêve : il était évident que s'il y était question de ces deux personnages politiques, c'était, outre leurs ministères, à cause de leur nez !

La main

Selon Chevalier et Gheerbrant ainsi qu'Aeppli (et tous les jungiens, je crois), la main est le symbole de notre activité. Aeppli mentionne que si notre activité est « fâcheuse », alors cela se manifestera par une main sale. (Dans la pièce de Shakespeare, *La Tragédie de Macbeth*, Lady Macbeth ne cesse de se laver les mains pour effacer une tache de sang invisible, mais qu'*elle* voit très bien.) Se faire mordre la main par un animal signifierait que notre activité sera paralysée pendant un certain temps.

J'ai des réserves sur ce que dit Aeppli de la morsure d'un animal, en particulier parce que je ne partage pas du tout le point de vue qui prête au rêve un tel genre de message, favorable ou défavorable, sur l'avenir. Je soutiens que les rêves nous parlent essentiellement de notre présent et de notre passé : les prédictions d'avenir y sont quasi inexistantes, sauf pour de très rares exceptions. Ladite morsure à la main me semble plutôt signifier que notre activité *est* présentement paralysée ou, mieux encore, *attaquée* par quelque chose qui nous « agresse » ou nous a agressé.

Par contre, Chevalier et Gheerbrant me semblent relativement bien expliquer en quoi la main est un symbole de l'activité. Selon eux, la main exprime l'idée d'activité en même temps que de puissance et de domination. Pensons à l'expression « mettre la main à la pâte », très parlante à cet égard. Chez certains peuples, la main est un emblème royal, l'instrument de la maîtrise et de la domination. Le mot « manifestation » a la même racine que « main » : est manifesté ce qui peut être tendu ou saisi par la main.

Chez les Orientaux, diverses positions de la main représentent chacune une idée. Mentionnons-en quelques-unes qui peuvent avoir une certaine résonance pour nous, Occidentaux : la main fermée, symbole de la dissimulation, du secret, de l'ésotérisme ; la main levée, tous doigts étendus, paume en avant, image de l'absence de crainte ; la main baissée, tous doigts étendus, paume en avant, symbole du don ; le poing fermé, l'index tendu, pointant en l'air ou autrement, symbole de la menace; les mains jointes, de la prière; les mains reposant sur les genoux (ou pouce et index joints), symbole de la méditation et de la concentration; les mains posées dans celles d'autrui, remise de sa liberté, abandon de sa puissance. C'est ce geste qu'exécutaient les futurs prêtres devant l'évêque, de même que le vassal devant son suzerain, à l'époque de la féodalité.

La main sert à la prise de possession ainsi qu'à l'invocation. Dans la tradition biblique et chrétienne, la main est un symbole de la puissance et de la suprématie (on y parle souvent de la main de Dieu, entre autres). « Revenir les mains vides » y signifie être sans biens ni droits. Toujours dans la Bible, la main droite est celle des bénédictions alors que la main gauche est celle des malédictions. « Tomber entre les mains de quelqu'un » signifie être à sa merci, pouvoir être créé ou anéanti par lui ou elle.

La main est aussi reliée au langage (on peut fort bien parler avec ses mains, même si l'on n'est pas muet!) Enfin, point qui n'est pas sans intérêt, Chevalier et Gheerbrant nous apprennent que la main est aussi le symbole de l'action différenciatrice. « La main est comme une synthèse, exclusivement humaine, du masculin et du féminin; elle est passive en ce qu'elle contient; active en ce qu'elle tient. » (N'oublions pas que la passivité est un trait dit essentiellement féminin alors que l'activité est considérée comme un trait essentiellement masculin.)

En résumé, la main est le symbole de l'activité; elle exprime la puissance, la domination et la suprématie (prendre, saisir, tenir, détenir), de même que différentes attitudes que nous pouvons avoir face à autrui, selon sa position.

Le dos

Qui ne connaît l'expression « avoir le dos large » qui signifie être capable d'en prendre, d'en supporter, et même parfois trop. Rêver de dos peut donc s'interpréter en ce sens. D'autre part, c'est la région du support de notre corps, de la colonne vertébrale. Si l'on ne se tient pas droit ou si l'on porte des charges trop lourdes, on en souffrira un jour ou l'autre.

D'un autre côté, nous ne voyons pas ce qui se passe dans notre dos. Bien souvent, le danger vient par derrière et, si nous sentons quelque chose, nous ne pouvons savoir s'il s'agit de quelque chose de réel ou d'imaginaire. C'est sans doute ce qui fait dire à Aeppli que « le dos se trouve dans l'ombre de la conscience » et que c'est « l'endroit vulnérable où nous guettent les dangers de l'inconscient » [8].

Voici un « rêve de dos » assez curieux: ... *J'arrive dans une salle de bain exiguë dans laquelle je vois, sur ma gauche, un homme dans la cinquantaine, nu, en train de prendre sa douche. Je prends un boyau et je l'arrose pour faire partir tout le savon qu'il peut avoir sur le corps. Je remarque son dos, très large, et il y a des fissures dedans (j'en vois deux, il me semble), exactement comme si j'étais en présence d'un mur de pierres ou de briques, et cela m'étonne.*

L'interprétation ? Elle fut faite, selon les associations du rêveur, dans l'optique d'« avoir le dos large », d'être capable d'en prendre, d'accepter les reproches ou les attaques verbales. Cependant, le rêve montrait que la personne en cause, cet homme (représentant le père du rêveur), en avait gardé de sérieuses marques, indélébiles, littéralement « inscrites sur son corps ». Le rêveur avait voulu, un jour, aider son père à supporter cette vie de reproches (c'est le sens de l'arrosage du corps), et il avait constaté, outre ces marques, un endurcissement émotif du père, ce qui explique que le dos apparaissait, dans le rêve, comme un véritable mur de *pierres.*

Les poils

Ne cherchez ce « symbole » dans aucun « dictionnaire de rêves » : vous ne l'y trouverez pas ! Sujet trop vulgaire, peut-être ? Et pourtant ! Nous voici plongés au cœur même du très sérieux thème des stéréotypes hommes-

---

8. Ernest Aeppli, *op. cit.*, p. 163.

femmes ! Car, qu'on le veuille ou non, la pilosité est un trait typiquement, voire exclusivement masculin ! Comme le disait si bien Germaine Greer dans *La Femme eunuque*, « plus une femme se déshabille, plus elle s'épile » ! Que, par conséquent, les poils représentent la masculinité qu'il y a en chaque être, il n'y a là rien d'étonnant. À la femme la peau lisse et douce, aussi douce que celle d'un bébé; à l'homme les poils, symbole de la virilité !

D'un autre côté, vous aurez peut-être l'occasion de lire, quelque part, que les poils nous rapprochent des animaux... Ils symboliseraient donc notre nature animale, instinctive. Notons que c'est bien possible. Saviez-vous que les Noirs, aux valeurs différentes de celles des Blancs sur bien des points, apprécient beaucoup les femmes qui ont une « moustache » et du poil sur les cuisses ? Pour eux, c'est le signe « manifeste » qu'elles sont très sensuelles... Tous les goûts, et toutes les interprétations, existent dans la nature !

Les parties érogènes

Je suis tout simplement étonnée de constater qu'aucun psychologue intéressé à la symbolique des rêves n'a, à ma connaissance, parlé de ces parties du corps auxquelles, pourtant, il nous arrive de rêver et ce, bien plus souvent qu'à des dragons, à des sorcières ou à des princes charmants montés sur leur cheval blanc.

Parfois, il nous arrive de trouver quelque généralité sur le sexe; il représenterait, selon Aeppli, la vitalité du sujet... Avouons que cela dépend de ce qui se passe dans le rêve ! Daco, parlant des rêves à connotation sexuelle, dit, en bon thérapeute détenant l'explication toute faite d'avance (celle de Freud, essentiellement), que la majorité de ces rêves sont des rêves œdipiens; à l'adolescence, il s'agirait de rêves d'angoisse face à l'avenir... [9]

Devant un si piètre matériel, il nous faut user de notre propre expérience et de notre propre logique. Pour débroussailler un peu le sens de ces parties du corps,

9. Pierre Daco, *op. cit.*, p. 58.

disons d'abord que j'ai remarqué que, pour une femme, la poitrine, de même que les vêtements qui la couvrent (chemise, chandail, veston) symbolisent, dans les rêves, la *féminité* alors que la partie des fesses symbolise la *sexualité*. Est-ce donc qu'il y aurait en nous, femmes, une dissociation entre les deux ? Voyons cela de plus près.

Pour une femme, la poitrine et le buste, ce sont essentiellement les seins, attribut sexuel extrêmement important. Nous avons, culturellement, bien des exigences à leur égard: ils doivent être hauts et non tombants, fermes ou plantureux (pour les stars d'Hollywood), ni trop gros ni trop petits (encore que sur ce point, tous les goûts sont dans la nature...), et ainsi de suite selon la mode qui, rappelons-le, a même connu Twiggy la « plate comme une planche à repasser » !

Que les seins et, plus globalement, la poitrine, symbolisent la féminité, il n'y a là rien de surprenant ! Face à autrui et particulièrement face à l'autre sexe, la femme voit et met davantage sa féminité dans sa poitrine que dans sa sexualité.

Il faudrait vérifier (les hommes sont beaucoup plus avares sur leurs rêves que les femmes) si nous retrouvons le même sens pour l'homme. Au moment où j'écris ces lignes, je ne peux qu'espérer avoir des témoignages masculins là-dessus !

Quant aux fesses, bien des gens sont encore gênés d'en parler. Regarder les fesses de quelqu'un est classé dans la catégorie « déshabillage des yeux ». C'est aussi un geste que l'on juge « indécent » et gênant pour la personne qui se fait regarder. C'est donc certainement relié à la sexualité. D'autre part, parler de « fesses » est embarrassant en soi: on a même peur du mot, tellement il est tabou. Or est-ce, ou est-ce que ça *devrait être* aussi gênant ? C'est une partie de notre corps au même titre qu'une autre; il ne devrait y avoir aucune gêne, à mon sens, à en parler et tout particulièrement à avoir de belles fesses et à les faire remarquer.

Cette gêne vient aussi du fait que les fesses sont derrière: nous les faisons donc remarquer lorsque nous avons le dos tourné. Le dos tourné: voilà, sans doute, ce qui gêne en grande partie dans le fait de se faire regarder les fesses. Cela se passe dans notre dos, à notre insu, comme si nous devenions exposés à une attaque sournoise. Le danger ne se présente pas devant nous mais derrière, ce qui crée une insécurité et une vulnérabilité plus grandes.

D'un autre côté, plus positif celui-là, les fesses sont, à la fois chez l'homme et chez la femme, un attrait physique et un déclencheur d'intérêt indéniables. De belles fesses sont une source de séduction et de plaisir amoureux souvent joyeuse et taquine, ou tout simplement esthétique. Comme pour les seins, on peut dire qu'ici, tous les goûts sont dans la nature: fesses presque invisibles sous des pantalons trop larges, tombantes ou bien rondes, petites ou grosses, pour la poigne, les massages ou les douces caresses...

Si vous rêvez de fesses que vous remarquez chez quelqu'un, ou des vôtres qui sont exposées à la vue, qu'est-ce que cela peut signifier? Guère autre chose que ce thème de la sexualité et de la « séduction » y est directement et clairement relié.

Enfin, soulignons qu'il existe des rêves typiquement sexuels dans lesquels il est question d'un accouplement et des organes génitaux. Ces rêves sont si particuliers que nous y avons consacré une section à part. (Voir « Sexualité ».)

Les parties internes du corps

Généralement, s'il nous arrive d'en rêver, c'est dans le cadre d'une visite chez le ou la médecin, qui nous déclare, par exemple, que nous avons telle ou telle maladie affectant telle partie du corps: nous voilà atteints de troubles cardiaques, d'un cancer de la gorge, du foie, ou d'autre chose. Parfois, il s'agit d'une opération à subir. Dans chaque cas, il faut examiner la fonction de l'organe atteint et sa traduction sur le plan symbolique, car il ne faut pas s'en faire, de tels rêves n'annoncent pas une maladie réelle, mais un problème d'ordre psychologique incarné dans l'organe identifié. Donnons quelques exemples.

Le cœur, symboliquement, est la région des sentiments et des émotions. Rêver que l'on est atteint au cœur signifie donc, analogiquement, que c'est sur ce plan, celui de l'amour ou, plus globalement, de la capacité d'aimer, que nous sommes psychologiquement atteints.

La gorge est la région des cordes vocales et, lorsqu'on avale, c'est dans la gorge que l'on sent cette activité. Rêver que l'on est atteint d'un cancer de la gorge peut donc signifier qu'il y a un sérieux (et peut-être très grave) problème de la parole, du fait de pouvoir parler, de dire ce que l'on ressent, ou que l'on est en présence d'une «vérité» qu'il nous est difficile d'«avaler».

L'estomac et *les intestins* sont reliés à la digestion et, plus globalement, à tout le processus d'assimilation et d'élimination par l'organisme. Si l'une de ces parties est dite atteinte, il faut donc chercher ce qui, de ce côté, fait problème: qu'est-ce que nous avons de la difficulté à «digérer» ou à éliminer? Normalement, le contexte du rêve, par certains de ses éléments, l'indique. En ce qui concerne l'estomac, remarquons un détail particulier: les ulcères d'estomac sont, la plupart du temps, dus à un stress ou à un degré de nervosité trop élevé. Il est donc possible qu'il faille, en ce cas, chercher plutôt de ce côté et trouver la cause de ce stress ou de cette nervosité.

Les poumons sont les organes de la respiration; ce sont eux qui permettent au corps de s'oxygéner et de rejeter le CO^2.

Le sang, quant à lui, circule dans tout le corps. Il peut subir les assauts d'un empoisonnement ou, encore, d'un cancer appelé la leucémie. Lutter contre de telles maladies s'avère toute une entreprise! D'un autre côté, il faut sans doute tenir compte, dans une analyse, de la perception que nous avons du sang lui-même: nous fait-il peur? Selon Daco, le sang serait un puissant symbole d'énergie vitale et peut aussi représenter ce qu'il appelle si volontiers «la castration», la mutilation et l'angoisse qui en dérive. Sous un certain angle, le sang peut être considéré aussi comme le véhicule des passions et ce, sans doute parce qu'il est rouge. «Mon sang bouillonne de colère»: il s'agit bien ici, en effet, d'une «passion»!

Les couleurs

Généralités

Les formes, les quatre éléments, les quatre points cardinaux, les chiffres, les quatre saisons et les couleurs ont été particulièrement analysés dans l'étude de la symbolique; ils semblent fondamentaux et paraissent remonter très loin dans l'histoire de l'humanité.

Chaque couleur du prisme est censée symboliser quelque chose de particulier mais, à ce sujet, les spécialistes ne s'entendent guère et il leur arrive souvent de donner un sens très différent, voire opposé, à telle ou telle couleur. Consulter là-dessus le *Dictionnaire des symboles* de Chevalier et Gheerbrant est très révélateur; en effet, l'originalité de ce « dictionnaire » est de nous présenter, pour chaque symbole, plusieurs sens selon diverses cultures, diverses religions ou divers courants de pensée symbolique tels la Kabbale juive, l'Islam, les cosmogonies africaines, hindoues ou aztèques, sans oublier quelques psychologies comme celle de Freud ou de Jung. Or le sens des couleurs varie singulièrement d'un groupe à l'autre, au point que l'on ne sait pas toujours où donner de la tête pour trouver leur signification.

En fait, sauf peut-être pour quelques-unes d'entre elles dont nous pouvons être sûrs, les couleurs et leur sens varient sans doute d'un individu à l'autre, selon plusieurs facteurs que nous mentionnerons plus loin.

Dans la présentation que nous faisons ici du sens des couleurs, nous tenons compte du fait qu'elles *apparaissent dans les rêves*; par conséquent, l'essentiel est de savoir *d'où vient la couleur du rêve, ce que nous en pensons* et *l'élément auquel elle est attribuée.* Comme le soulignent Chevalier et Gheerbrant, il est extrêmement rare de faire un rêve où tout est très coloré: la plupart du temps, nous remarquons une ou deux choses dont la couleur nous frappe: un chat gris, une chemise beige, un toit rouge, une bicyclette verte, etc. Le fait de percevoir ainsi tout particulièrement une couleur est certainement un indice qui nous amène à porter une attention toute spéciale à l'élément en question: réfléchir sur le sens de sa couleur, c'est déchiffrer déjà une partie de sa signification.

Selon plusieurs psychologues qui s'intéressent aux rêves, les couleurs représenteraient des états d'âme, des tendances, des fonctions psychiques ou des émotions. Selon C.G. Jung, par exemple, à chacune des quatre fonctions de la conscience correspond une couleur: le bleu, couleur du ciel et de l'esprit, est celle de la pensée; le rouge, couleur du sang, est celle du sentiment; le jaune, couleur de l'or et de la lumière, est celle de l'intuition et le vert, couleur de la nature et de la croissance, est celle de la sensation.

Selon Aeppli, « les couleurs sont des événements psychiques » qui nous renseignent sur certaines situations mentales importantes[1]. Ni plus ni moins!

À mon avis, il y a de l'abus dans cette façon de s'exprimer ou d'envisager le sens des couleurs vues dans un rêve. D'abord, une couleur est toujours l'attribut de quelque chose, et c'est le quelque chose en question, que nous appelons un élément de rêve, qui importe. Ensuite, une couleur a toujours un sens pour nous, et c'est ce sens-là que nous devons travailler pour nous aider à comprendre la signification de l'élément dont nous remarquons la couleur. Donc, lorsqu'il y a de la couleur dans un rêve, il faut toujours essayer de tracer un portrait de ce que nous pensons de cette couleur.

1. Ernest Aeppli, *Les Rêves et leur interprétation*, p. 201.

Cependant, une réflexion préalable sur les couleurs en général (amorcée, normalement, lors du choix de votre cahier de rêves) vous donnera sûrement de précieuses indications sur le sens que chacune d'elles peut avoir pour vous. Voici quelques pistes.

Questions à se poser

Préférez-vous les couleurs vives ou pastel ?

Voilà déjà un premier point très important, un premier échelon de la diversité du sens et de la signification des couleurs. Évidemment, selon le cas et le goût personnel, une teinte apparaissant dans un rêve n'aura pas le même sens d'un individu à l'autre, voire même chez une même personne, d'une période à l'autre (les goûts changent avec le temps, ne l'oublions pas !)

Prenons le cas d'une personne qui adore les teintes vives, éclatantes et contrastantes; le pastel lui paraîtra fade et terne, sans éclat et sans intérêt, alors qu'elle sera tout de suite séduite par des teintes bien colorées, vivantes. À l'opposé, qui n'aime que le pastel se sentira agressé par les couleurs vives, qui deviennent en ce cas criardes, dures, choquantes.

Quelle est la teinte *de la couleur ?*

La teinte, le degré de la couleur en question a aussi son importance. Par exemple, un jaune un peu trop foncé peut donner l'impression d'être désagréable; trop pâle, il devient fade et peut entraîner une impression de tristesse. Le rose est souvent victime d'expressions sarcastiques du style « rose-bonbon », « rose nanane sucé longtemps »... Un rouge un peu trop vif risquera de changer de sens, par exemple de passer du symbole de l'amour et de la passion à celui du carnage.

Il faut donc tenir compte de l'*effet* que provoquent sur nous non seulement la couleur comme telle mais aussi sa teinte. Selon qu'elle est brillante ou mate, pâle ou foncée, son sens change forcément.

D'où me vient la couleur du rêve ? Est-elle associée à un objet, à quelque chose qui m'est familier ?

C'est bien souvent le cas, et en voici un exemple : *Une femme rêve que son mari vient la voir; il est vêtu d'un habit jaune pâle et elle trouve que cette couleur ne lui va pas, qu'elle lui donne un air quelque peu « niaiseux ». Détail supplémentaire, il arrive par la galerie arrière.*

En questionnant la rêveuse sur la provenance de ce jaune dans son rêve, elle me dit d'abord que son mari avait une voiture d'un jaune *à peu près semblable* à celui du rêve. Mais pas vraiment... Puis, en faisant l'association avec la galerie arrière, elle pensa à son panier à linge, qui était *exactement du même jaune pâle* que l'habit du rêve... Nous venions d'identifier la source de la couleur et, par conséquent, nous étions lancées sur la piste du sujet lui-même : cette épouse avait du « linge sale » à laver avec son mari, des choses à régler avec lui. Lesquelles ? Ici, ce n'est plus l'affaire de nos lecteurs et lectrices, mais celle de cette rêveuse !

D'où viennent mes goûts et préférences ? Pourquoi est-ce que j'aime telle couleur et non telle autre ?

Tout s'explique, tout vient de quelque part. Chacun de nos goûts ou dégoûts a été littéralement créé, formé de toutes pièces par quelque chose, une expérience quelconque, agréable ou désagréable. Si tout s'explique, alors nos goûts et préférences pour certaines couleurs et certaines teintes s'expliquent eux aussi. À chacun et chacune, bien entendu, d'y réfléchir et de découvrir d'où cela vient. (Notez que ce n'est pas là un travail de tout repos! Il n'est donc pas nécessaire de passer tout de suite au travers. Mais, en cours d'analyse, essayez, lorsque vous avez affaire à des couleurs, de repérer ce qui peut expliquer vos goûts pour certaines d'entre elles au détriment des autres; cela peut être fort éclairant !)

Le sens possible de certaines couleurs

Nous avertissons ici nos lecteurs et lectrices que ce qui suit est très relatif; tout y est donné à titre indicatif seulement, comme pistes pour donner prise à votre réflexion. Si vous lisez ces lignes dans le but de déterminer le sens d'une couleur qui se trouve dans l'un de vos rêves, commencez avant tout par établir ce sens selon vous. *Ne faites cette lecture qu'en désespoir de cause, si aucune idée ne vous est venue. En lisant, demandez-vous toujours si ce qui est dit a quelque rapport avec ce que vous pouvez percevoir intuitivement. Si cela correspond à votre perception, élaborez des hypothèses pour expliquer l'élément de votre rêve selon ce sens. Dans le cas contraire, cherchez d'autres sens parmi ceux qui sont présentés. Si aucun d'eux ne fait votre affaire, eh bien! l'être unique que vous êtes devra établir personnellement ledit sens !*

Le blanc et le noir

«Visa le noir, tua le blanc»... Deux couleurs opposées, aux antipodes l'une de l'autre. Mais que représentent-elles exactement ?

Le bon et le méchant, le bien et le mal, le jour et la nuit. En ce sens, le blanc peut symboliser la pureté, l'innocence, la vertu et la lumière alors que le noir renvoie à la laideur, à la méchanceté et à la cruauté, à la destruction et aux ténèbres. Dans bien des légendes, le bon prince est toujours sur son cheval blanc alors que le vilain monte un cheval noir. Les robes de baptême, de communion et de mariage sont blanches (pureté et innocence). Qui n'a pas entendu parler d'une blancheur *virginale*? Chevalier et Gheerbrant nous apprennent que le blanc (candidus) est aussi, dans plusieurs cultures, la couleur du candidat, de celui ou celle qui va changer de condition et qui va effectuer un passage important dans sa vie.

En tant qu'opposé du blanc comme symbole de la pureté et de l'innocence, le noir a une connotation d'obscurité, d'impureté, de perversion et de péché; le petit catéchisme nous a appris que les péchés véniels créent, sur l'âme, des taches grises alors que les péchés mortels, eux, créent des taches noires, quand ils ne noircissent pas l'âme au complet...

Pour certaines personnes, le noir est signe de malheur et de mort: le corbeau, considéré comme un oiseau sinistre et de mauvais augure, est noir; dans plusieurs civilisations, c'est la couleur du deuil. Dans la symbolique héraldique, nous apprend Daco, le noir symbolise la peine, le deuil, la tristesse et l'attente par la sagesse et la prudence. Il peut aussi, dans certains cas, symboliser tous les maux du monde, un sens qui se reflète bien dans les expressions: « être la bête noire de quelqu'un », « broyer du noir », « avoir des idées noires » et « être d'humeur noire ».

D'un autre côté, affirment Chevalier et Gheerbrant, c'est le blanc qui, primitivement, a été la couleur de la mort et du deuil, comme c'est encore le cas pour certaines cultures, particulièrement orientales. C'est, de plus, la couleur des revenants et des fantômes...

La neige est blanche et tombe en hiver; or cette saison représente généralement, dans les rêves, un état d'inconscience, d'absence de vision et de distinction [2]. S'il y a effectivement un lien entre la neige et l'hiver, alors le blanc, s'il lui est associé, pourra signifier un état d'inconscience. D'autre part, si le blanc, en contraste avec le noir, est associé à la clarté du jour, à la lumière, il pourra éventuellement signifier, au contraire, la conscience; c'est alors le noir, dans lequel on ne distingue rien, qui symbolisera l'inconscience [3].

Pour certains individus, le noir est une couleur problématique et contient des idées de peur, de crainte, d'angoisse, de danger, d'obstacles, de difficultés et de problèmes. À ce moment-là, par contraste, le blanc pourra représenter la résolution d'un problème ou une vie sans problème. (Mais c'est là un cas rare, à mon sens.)

---

2. Voir le chapitre consacré aux saisons, si nécessaire.
3. Notons cependant que je n'ai jamais rencontré de personnes pour qui le blanc ou quelque chose de blanc pouvait signifier la conscience. Par contre, en ce qui concerne le noir, il arrive souvent qu'il soit en lien avec l'inconscient, avec *ce qui est obscur et incompris* en soi.

Certaines personnes sont sensibilisées au fait que le blanc est la couleur principale de la médecine : murs blancs, draps blancs, jaquettes d'hôpital blanches, vêtements de travail blancs. Dans ce cas, le blanc évoquera la maladie, les soins, la thérapie, la guérison. C'est sans doute un peu dans cette perspective que Daco affirme que le blanc peut signifier la mort de soi-même et qu'Aeppli, de son côté, nous dit que cette couleur incite à une résolution, à une transformation au-dedans de nous-mêmes.

Des expériences scientifiques sur les couleurs ont démontré que le noir créait une impression d'opacité, d'épaississement et de lourdeur. Cet effet psychologique du noir nous semble bien correspondre à ses sens oniriques les plus courants: quelque chose d'obscur, de difficile à discerner et à comprendre, quelque chose d'oppressant, de dangereux, de pas très beau à l'horizon.

Pour finir, citons un paragraphe de Chevalier et Gheerbrant qui termine leur étude du noir : « Dans les rêves, l'apparition d'animaux noirs, de nègres ou d'autres personnages foncés, montre que nous prenons contact avec notre propre univers instinctif primitif qu'il s'agit d'éclairer, de domestiquer et dont nous devons canaliser les forces vers des objectifs plus élevés. »

Voilà un genre de phrases que l'on retrouve fréquemment dans tous les ouvrages à tendance résolument psychologique. Est-ce vrai, cependant ? Pour ma part, je n'en suis pas sûre : c'est là une *possibilité* à examiner, mais non une certitude. Ici, on présume que le noir symbolise les profondeurs de l'inconscient ou les forces obscures en nous (les instincts, pour parler clairement) dont nous n'avons pas la maîtrise. « Objectifs plus élevés » sous-entend l'idée que les forces en question sont « basses » ou mauvaises; or il peut s'agir tout simplement de quelque chose que l'on ignore, sans présumer de sa valeur morale.

Quant aux « nègres », laissez-moi vous dire que tout dépend de la façon dont on perçoit les gens de race noire! Ils représenteront des forces primitives en nous si nous les percevons comme « primitifs » ! En ce qui concerne les animaux, il faut voir duquel il s'agit. Que représente pour vous un chat noir ? Le présage d'un malheur ? Alors c'est sans doute ainsi qu'il faut l'interpréter – à moins que ce ne soit le chat que vous préférez entre tous et trouvez le plus beau !

Vous voyez un ours noir et non un ours blanc. Quelle différence voyez-vous entre les deux ? Voilà le genre de questions qu'il faut vous poser, plutôt que de croire à des explications toutes données d'avance !

Le gris

Le gris est un dégradé du blanc et du noir, un mélange de ces deux couleurs. Dans cette perspective, il peut fort bien symboliser le règlement partiel d'un problème, si le noir symbolise quelque chose de problématique que vous n'avez pas encore résolu. C'est d'autant plus probable, d'ailleurs, si vous travaillez vos rêves depuis un certain temps et qu'un élément d'un rêve précédent, qui était noir, se présente maintenant dans les tons de gris.

Pour certaines personnes, le gris est considéré comme une couleur terne. À ce moment-là, voir quelqu'un vêtu de gris, c'est possiblement le juger terne lui aussi…

Beaucoup de personnes dans la quarantaine et plus ont connu les habits scolaires obligatoires : jupe ou pantalon gris, veston bleu marine et chemise blanche. Pour ces personnes, l'origine du gris de leur rêve peut venir de cet habit et de la perception qu'elles en ont gardée ! Qui sait si la veille, il ne vous est pas venu à l'esprit certains souvenirs de collège… En ce cas, vous voilà sur la piste !

Examinons un peu ce qui, autour de nous, est gris : un ciel nuageux, annonciateur de pluie ou de mauvais temps; par temps brumeux, la grisaille peut nous donner une impression de tristesse, d'ennui ou de mélancolie, à moins que l'on y voie le présage d'un épouvantable orage… Le béton, matériau peu chaleureux, est gris : quel effet vous fait-il ? La cendre est grise : peut-être, alors, que le gris évoque pour vous le Mercredi des Cendres et toutes les idées qui gravitent autour ? Qui sait !

Si certains rêves ou éléments de rêves vous apparaissent dans une sorte de brume grisâtre, il est fort possible que cela signifie que ce dont il est question vous est plus ou moins conscient et a besoin d'être éclairé par une bonne prise de conscience. Il en est du gris brumeux comme de l'hiver: plus c'est froid et blanc, plus c'est brumeux, et plus c'est inconscient!

Le brun

Pour plusieurs, le brun est la couleur de la terre. C'est en particulier ce que dit Aeppli, porte-parole, sur ce point, de bien d'autres psychologues. Puisque « être proche de la terre » signifie bien souvent être près des réalités simples, le brun peut être la couleur de la vie primitive, naturelle, voire même archaïque. Cela peut s'entendre tout spécialement dans le sens de la prime enfance.

Le brun est aussi la couleur des excréments et de la vase. De là à conclure que c'est ce qu'il représente, il n'y a qu'un pas, vite franchi en particulier par les freudiens : voici, en vue, la phase sadique-anale !

L'enfant est fier de ses excréments; il en est même tellement fier que quand il « décide » de ne pas les donner en cadeau à sa mère qui lui ferait alors mille compliments, il les retient et en retire du plaisir, le plaisir anal de la rétention. Dans d'autres occasions, il jouera avec son caca et en fera de beaux dessins sur les murs, au grand désespoir de sa mère. Plus grand, lorsqu'il aura compris que « cela ne se fait pas », il remplacera ce jeu en se délectant, sur la plage, de l'eau et du sable dont il fera de la belle vase, substitut inconscient de ses excréments de bébé... Si l'adulte qu'il est devenu en est resté à cette phase sadique-anale, il est fort possible qu'il devienne alors avaricieux, gardant pour lui ses sous comme il le faisait, bébé, avec son caca... (Les sous sont noirs, ou plutôt bruns !) [4]

---

4. Je n'invente rien ici: c'est du freudisme à l'état pur. Sur ce sujet, lire les succulentes pages de Béla Grundberger au chapitre XI du livre *Les Stades de la libido,* l'un des tomes de l'immense ouvrage *Les Grandes Découvertes de la psychanalyse,* publié chez Tchou en 1978.

En tant que dégradé du noir au sens de problématique, le brun peut représenter quelque chose de relativement, mais non totalement, problématique.

Le rouge

Voilà une couleur dont le sens est loin d'être univoque. C'est le sang et le feu, diront certains; c'est l'amour, la passion, les sentiments, la tendresse et l'affection, soutiendront les autres. D'une part, la violence et l'agressivité, la guerre, la haine, le meurtre et le carnage ou, d'une façon plus nuancée, comme l'indique Daco, la couleur de la combativité et de l'extraversion; d'autre part, la paix et le calme, y verront d'autres...

Dans la symbolique héraldique, le rouge peut représenter l'amour, le carnage, la colère, la cruauté, la destruction ou le jugement dernier, nous apprend Daco. Selon Aeppli, ce peut être la couleur de la charité et de la miséricorde (dans l'optique chrétienne, sans doute).

Dans la signalisation routière de tous les pays, le rouge représente les interdits ou les dangers à prévoir; vu sous cet angle, auquel certaines personnes peuvent être sensibles, le rouge incarne l'idée de danger, d'alerte, de retenue et d'incitation à la prudence.

Le rouge vif invite, semble-t-il, à l'action. Il symbolise alors l'ardeur et la force impulsive de l'Éros.

Le roux

Cette couleur, dégradée du rouge, rappelle, disent Chevalier et Gheerbrant, le feu et la flamme qui brûlent sous la terre, donc un feu impur. Il évoquerait le feu infernal dévorant, les délires de la luxure et la passion du désir.

Dans les rêves, ce doit être surtout des cheveux qu'il s'agit. Or les personnes rousses ont quelque chose de particulier: comment percevez-vous les roux et les rousses? Le secret du rêve doit se trouver là.

Le rose

Voilà une couleur dont aucun « dictionnaire » de rêves ou de symboles ne parle. Est-ce donc dire que le rose ne signifie rien sur le plan symbolique, et que tout revient à *la* rose sur ce plan ? Pourtant, cette couleur existe bel et bien et doit, elle aussi, représenter quelque chose !

Le rose est un mélange de rouge et de blanc. À ce titre et sous cet aspect, il pourrait représenter le sens du rouge à un degré moindre.

Comme nous l'avons déjà signalé en ce début de chapitre, le rose est souvent victime d'expressions sarcastiques qui semblent toutes déceler un aspect « niaiseux » attribué à cette couleur : « rose-bonbon », « rose-nanane »... Perçu sous cet angle, il indiquerait donc quelque chose de niais, de terne et d'inintéressant.

D'autre part, le rose, ne l'oublions pas, est la couleur traditionnelle des petites filles. Qu'il leur soit alors associé de près, il n'y a là rien d'étonnant : le rose est *la couleur de la féminité* comme le bleu est la couleur de la masculinité. Ce n'était pas sorcier à découvrir, n'est-ce pas !

En passant, dans notre chapitre sur les animaux, nous avons parlé de quelques rêves de femmes où il était question d'un serpent rose : nous n'avons pas insisté sur la couleur, à ce moment-là, sauf pour dire qu'elle était sûrement significative. Reprenons l'un de ces rêves : *La rêveuse se trouve dans une forêt lorsqu'elle bute contre une branche dont les deux bouts sont enfoncés dans la terre, formant une sorte de demi-cercle. Une tranchée s'ouvre dans la terre et un immense serpent rose apparaît. Elle est terrorisée. Elle part en courant et le serpent la poursuit. Tout en rampant, il se met à lui parler et lui dit : « N'aie pas peur, je ne te veux aucun mal. Je veux seulement t'avertir que le fond de la forêt est en feu. »*[5]

Étienne Perrot, qui en a fait l'interprétation sur les ondes de France Inter, dit que le serpent est, ici, l'un des

---

5. Étienne Perrot, *Les Rêves et la vie*, p. 75.

symboles de la force intérieure. À mon sens, il est fort possible que tel soit le cas dans ce rêve: il s'agirait bel et bien de l'apparition de la force intérieure de la rêveuse, de son énergie de femme (rose) qui se manifeste à la surface.

Là où les choses tournent mal, c'est lorsque Perrot affirme que la branche, *de forme phallique*, représente le sexe viril. Puisqu'elle entre dans la terre, c'est là, d'après lui, un signe que quelque chose va se transformer. Le serpent, prétend-il, est *comme la métamorphose de la branche morte* (?!?). Le rose est «couleur de la vie à ses débuts, de l'aurore, des bébés, etc.» Il traduit donc ainsi le symbolisme du serpent rose: «Sa force intérieure, *la figure première de l'homme* que toute femme porte en elle, lui parle et lui dit: "N'aie pas peur, le fond de la forêt est en feu." Ce feu signifierait le feu de l'amour (il y a peut-être un nouvel homme dans sa vie) ou le "feu de la vie", la force créatrice symbolisée par les serpents (?) avec les dangers que ceux-ci comportent.» [6]

Et si la branche, dont les deux bouts s'enfoncent dans la terre, ne signifiait rien d'autre que le déclenchement de sa prise de conscience ou de sa «force intérieure»? Pourquoi Perrot le jungien se mêle-t-il, ici, d'être freudien? Si cette dame se demandait tout simplement sur quoi, dans sa vie, elle a pu «buter» de la sorte, elle découvrirait probablement toute seule la signification de son rêve: il est arrivé quelque chose qui a déclenché la manifestation de cette force intérieure qui lui est propre, une force qu'elle détient en tant que femme. Est-ce son *Animus* qui lui parle? («La figure première de l'homme que toute femme porte en elle», dit Perrot: ce n'est là rien d'autre que l'animus au sens jungien.)

À mon sens, c'est là une interprétation abusive. Cependant, Perrot n'a pas tort de soupçonner un amour naissant derrière ce rêve; les paroles du serpent rose sont très importantes et le secret du rêve s'y trouve effectivement. Qu'il s'agisse du feu de l'amour et de la passion ne serait pas étonnant *si* cette femme vit

6. *Ibid.*, p. 76.

effectivement un amour qu'elle redoute. Quant à la «force créatrice symbolisée par les serpents avec les dangers que ceux-ci comportent», Perrot exagère dans ses associations: d'abord, dans ce rêve, il y a *un* et non *des* serpents; ensuite, il n'y a pas *des* mais un seul danger, encore que ce dernier ne soit que psychologique: une simple crainte, chez la rêveuse, que le serpent rose, d'ailleurs, s'empresse d'atténuer en lui disant «N'aie pas peur». Toutefois, la force créatrice est peut-être concernée si, dans la vie de la rêveuse, il n'y a aucune trace d'amour: il se pourrait qu'elle soit appelée à se montrer créatrice et productive et que cela lui fasse peur. Décidément, ce serpent rose représenterait bien sa nature authentique et profonde, mais pas pour les raisons que Perrot avance: tout simplement parce qu'il est rose!

Le jaune

Couleur du soleil; ce qui fait dire à Pierre Daco que le jaune est la couleur solaire du rayonnement de l'intelligence et des «cœurs rayonnants». Ce serait, toujours selon lui, la couleur des affectivités intenses et, tenez-vous bien, une couleur «mâle» qui domine par sa richesse... Un pas de plus et il affirme que c'est la couleur du Père. (On se demande bien alors quelle serait celle de la mère! Le brun, peut-être? Oui, car je m'aperçois que j'ai oublié de vous dire que pour Aeppli, le brun étant proche des réalités simples, il est «par conséquent» chaud, calme et maternel... Il sous-entend, bien naïvement, que toutes les mères sont ainsi!)

Pourquoi le jaune serait-il la couleur du Père? Sans doute parce que dans toutes les grandes mythologies et cosmogonies, le soleil est relié à l'homme et au père, alors que la lune est l'astre de la femme et de la mère.

En fait, le sens des couleurs est tellement relatif que l'on peut croire, comme le suggère Aeppli, que le jaune est la couleur de l'intuition et du pressentiment, ou suivre Daco qui suggère l'idée que pâle, il serait un signe de tristesse, de déception, parfois de déloyauté et de traîtrise. Comme vous pouvez encore le constater, le mieux est de vous poser la question: « À quoi est-ce que j'associe cette couleur ? »

Un autre sens possible du jaune serait de représenter le bien-être, particulièrement physique. D'où cela vient-il? Il est probable que ce soit relié au soleil lui-même, dont nous profitons surtout l'été pendant nos vacances. Ce qu'on peut être bien au bord de la mer, sur la plage chaude où il suffit de se laisser vivre ! Tous les soucis prennent le bord et on n'a d'yeux que pour le corps, le nôtre et celui des autres !

Dans certaines cultures, particulièrement agraires, le jaune est la couleur de la terre fertile, celle des épis mûrs de l'été. Cependant, voilà qui annonce déjà l'automne, le déclin, la vieillesse et la mort. Ce qui est *jauni* est passé du jeune au vieux, du vivant au mort... Peut-être est-ce là une perception à laquelle vous êtes sensible ?

Blond

Dans les rêves, le jaune peut se présenter sous les traits d'une personne aux cheveux blonds. À ce moment-là, il faut d'abord savoir si on connaît cette personne et si elle est blonde dans la réalité. Quoi qu'il en soit, il faut alors s'interroger sur ce que nous pensons d'une personne aux cheveux blonds, bruns, châtains ou noirs. Le sens caché s'y trouve sûrement. Il se peut aussi qu'il s'agisse de *poils* et non de la chevelure. En ce cas, voici un petit indice: plus le poil est blond, moins il paraît. Pour plus de détails, consultez le chapitre sur les parties du corps.

L'orange

L'orange est un intermédiaire entre le rouge et le jaune. Il nous faut donc travailler, ici, avec les différents sens de ces deux couleurs.

Daco fonctionne, semble-t-il, dans l'optique que le rouge est la couleur des sentiments et de l'amour. Par conséquent, il dit que l'orange est la couleur de l'accueil chaud, moins brusque que le rouge, et celle de la chaleur du cœur, du confort de l'âme et de la transformation profonde. Selon Chevalier et Gheerbrant, il symbolise le point d'équilibre entre l'esprit et la libido. Lorsque cet équilibre fragile est rompu, il représente alors soit la révélation de l'amour divin, soit la luxure et même l'infidélité.

Personnellement, je dois dire que tout cela ne me dit pas grand-chose. Par contre, je me souviens d'avoir lu quelque part que l'orange était *la couleur du désir.* Je ne sais pourquoi, mais en lisant cela, je me suis tout de suite dit que c'était fort possible et que c'était probablement le sens que cette couleur avait pour moi. En effet, certains rêves ont confirmé mon intuition que j'ai raisonnée de la manière suivante: pour moi, le rouge est la couleur du cœur, de l'amour, des sentiments et des passions, et le jaune représente le bien-être, particulièrement physique; par conséquent, quelque chose d'orangé (un vêtement, par exemple) représentera dans mon esprit soit le désir d'être aimée, soit le désir d'un bien-être physique.

Donnons deux petits exemples: *Je vois ma grand-mère arriver à un spectacle; elle est âgée d'environ 40 ans, est vêtue d'un manteau orange très voyant et je me dis que « ce n'est pourtant pas son genre »...* Dans ce rêve, l'orange était très voyant pour que je le remarque bien. Ma grand-mère, m'apparaissant beaucoup plus jeune que je l'avais connue, était un substitut de ma mère, dont j'avais toujours voulu être aimée et reconnue pour ce que je suis, particulièrement avec mes talents artistiques. Il s'agissait donc bien d'un désir chez moi, révélé par la couleur orange du manteau.

Dans le chapitre 5, nous avons reproduit l'analyse complète d'un rêve, intitulé « Tout d'un coup », dans lequel le petit neveu de la rêveuse était vêtu d'une salopette orange qui représentait un droit que la jeune femme n'avait pas eu étant petite: les filles, ça passe en second lieu; ça s'habille en robe et ça ne porte pas de salopette. L'orange du rêve incarnait, là aussi, ce désir en elle d'avoir les mêmes droits que les garçons.

Le vert

Le vert est une couleur dont le sens fait peu problème et sur lequel la plupart des gens s'entendent: c'est, d'une part, la couleur de la vie végétale, de la nature et de la croissance; d'autre part, c'est la couleur de l'espérance et, dans un sens plus large, comme l'ajoute Daco, de la patience et de l'attente.

Selon Aeppli, le vert est la couleur de la fonction sensitive (perception et sensation). Cela ne nous étonne pas puisque la sensibilité, que les plantes partagent avec nous, est considérée comme faisant partie de la vie végétative, précisément. Comme Aeppli est un disciple de Jung, son interprétation n'a pas de quoi nous surprendre puisque pour Jung, le vert est la couleur de la sensation.

Daco, pour sa part, affirme que le vert est couleur d'équilibre et de repos. On a même pu mesurer scientifiquement, lors de certaines expériences sur l'effet des couleurs, les pouvoirs du vert sur la tension sanguine: il incite au calme. Chevalier et Gheerbrant affirment même qu'il est enveloppant et calmant tout en étant tonifiant et rafraîchissant.

Symbole de la croissance naturelle, le vert fait référence sans doute, dans bien des cas, à l'enfance et à l'adolescence, à la période de notre propre croissance à la fois physique, intellectuelle et morale. Il peut aussi symboliser nos idéaux de jeunesse, l'époque où tout nous semble réalisable.

Selon toutes ces données, on peut dire que le vert est une *belle* couleur, très positive. Cependant, les symboles ont comme caractéristique d'être ambivalents, c.-à-d. de contenir à la fois un sens positif et un sens négatif. Le vert n'échappe pas à cette règle: Daco mentionne comme exemple les yeux verts de Satan, et ceux de la femme fatale. Ceux du chat, aussi, un animal considéré sournois et hypocrite. Pensons aussi à la teinte des eaux profondes, menaçantes dans leur silence, et engloutissantes...

Dans la mystique chrétienne, le vert est la couleur de la Justice.

Enfin, chose dont ne parlent jamais les divers « dictionnaires de rêves » – et pourtant il faut y penser ! –, le vert est la couleur de la chirurgie[7]: dans ce département, on est vêtu non pas de blanc, mais de vert. Pour qui est sensible à cette réalité, c'est là un aspect qu'il ne faut pas négliger : peut-être que le vert de tel rêve y fait référence ?

Le bleu

Le bleu est considéré comme la plus profonde, la plus immatérielle, la plus pure et la plus froide des couleurs. « Immatériel en lui-même, écrivent Chevalier et Gheerbrant, le bleu dématérialise tout ce qui se prend en lui. Il est chemin de l'infini, où le réel se transforme en imaginaire. » C'est sans doute de cette perception que viennent certaines expressions populaires comme : « avoir les bleus », « bleu nuit » (vers l'inconscience ou le rêve), « une peur bleue », qui fige et glace sur place; en allemand, on dit « être bleu » pour parler de quelqu'un qui perd conscience à cause de l'alcool. On connaît aussi « l'oiseau bleu », inaccessible et pourtant proche...

Sur le plan psychologique, le bleu, paraît-il, dégage une idée d'éternité tranquille, hautaine, surhumaine ou inhumaine; il calme et apaise, mais sans tonifier, contrairement au vert: il incite à fuir dans le rêve.

Selon Daco, c'est la couleur de la spiritualité; pour Aeppli, c'est celle de la fonction réflexive et pour Jung, c'est la couleur de la pensée. Notons que les mots utilisés par chacun de ces auteurs sont différents mais concernent tous le même champ, celui de l'esprit. Le bleu serait donc presque toujours associé à des événements de nature spirituelle, probablement à cause de la couleur du ciel, nous dit Aeppli; il pourrait alors indiquer la sérénité psychique, un comportement tempéré et réfléchi. Daco précise qu'il serait la couleur des vérités philosophiques ou des recherches métaphysiques.

---

7. Chevalier et Gheerbrant mentionnent que le vert est la couleur des apothicaires, c.-à-d. de ceux qui élaborent les médicaments.

Dans la même veine, Chevalier et Gheerbrant nous apprennent que pour les Égyptiens, le bleu est *la couleur de la Vérité.* J'avoue que, pour ma part, j'ai fonctionné quelques fois avec cette idée et cela correspondait effectivement au sens du rêve. À mon sens, c'est une hypothèse valable à retenir. En ce cas, voir quelque chose de bleu devrait s'interpréter dans le sens suivant: il s'agit d'une vérité (souvent encore obscure, si le bleu est foncé) concernant... Tout dépend de ce qui est bleu dans le rêve: s'il s'agit, par exemple, d'une maison ressemblant à celle de votre enfance, ou d'une femme à peu près du même âge que votre mère qui est vêtue d'une robe bleue, alors il est question d'une vérité concernant ce qui s'est passé dans cette maison ou votre mère elle-même.

Toutefois, j'ai l'impression que le sens « spirituel » ou « intellectuel » donné au bleu se trouve assez loin des perceptions ordinaires et courantes de la plupart des gens, qui ne connaissent pas la symbolique générale (et ésotérique) des couleurs. Il y a, en effet, un sens beaucoup plus proche de nous dont, curieusement, aucun livre de symboles ne parle: le bleu est *la couleur de la masculinité,* la couleur traditionnelle des petits garçons, alors que le rose est réservé aux filles. Si, dans votre rêve, il est question de bleu et de rose, il est à peu près certain qu'il s'agit de la masculinité et de la féminité; cela crève pratiquement les yeux !

Soulignons, en passant, que dans la philosophie taoïste chinoise, le bleu est la couleur du Yang, le principe masculin. Aeppli (on ne sait où il a pu puiser cette idée) dit que « sous son aspect tendre », c'est une couleur féminine et il en donne comme preuve le manteau de la Sainte Vierge...

Dans la mesure où il évoque l'espace, l'air et la mer (pourtant plus verte que bleue!), écrit Daco, le bleu agrandit l'espace: c'est la couleur des horizons et de l'azur. Toujours selon lui, ce serait, dans les rêves, la couleur de l'infini et du vide et, à la limite, celle de la mort... En tant que couleur de l'azur, ajoute-t-il, le bleu évoque la félicité éternelle, la chasteté (cf. la Vierge !), la douceur, l'humilité du corps. Dans la symbolique des emblèmes, s'il est foncé, il représente la justice, la fidélité, la joie et la noblesse.

Noblesse ? N'oublions pas que les aristocrates ont le « sang bleu » ! Ça n'a l'air de rien, comme ça, mais souvent, l'inconscient joue à notre insu sur ces détails. Ce pourrait être le sens du bleu de votre rêve si, la veille, vous avez lu, comme par hasard, la romance du prince Charles et de Lady Diana!

Enfin, soulignons que le bleu est la couleur des partis politiques conservateurs de droite. Les partis libéraux, socialistes ou révolutionnaires, de gauche, ont opté pour le rouge.

Bien entendu, la teinte du bleu a son importance : il est évident qu'un « bleu poudre », très pâle, n'aura pas le même sens qu'un bleu marine !

Le turquoise

Il est extrêmement difficile de trouver des données sur cette couleur. De tous les livres que j'ai lus sur les symboles, seuls Chevalier et Gheerbrant y consacrent quelques lignes (deux petits paragraphes) et ce, davantage à la pierre qu'à la couleur.

Bleu turquoise, ou vert turquoise ? Difficile à dire... Expérience faite, tout le monde ne s'entend pas là-dessus. Quoi qu'il en soit, et que l'on situe cette teinte dans le bleu ou dans le vert, il reste que le résultat est une teinte relativement pâle. Je crois que le mieux, ici, est de vous demander ce que cette teinte peut évoquer dans votre esprit. Personnellement, il m'est peut-être arrivé deux fois de rêver à cette couleur, mais j'avoue que je n'ai guère réussi à préciser ce qu'elle pouvait représenter.

Dans les anciennes cultures méso-américaines, nous signalent Chevalier et Gheerbrant, la turquoise est associée au feu ou au soleil. Est-ce inspirant ? À vous de juger !

Le violet

Le violet, disent Chevalier et Gheerbrant, comporte une égale proportion de rouge et de bleu; en ce sens, c'est donc la couleur de la tempérance : lucidité et action réfléchie[8], équilibre entre les sens et l'esprit, entre la passion et l'intelligence, entre l'amour et la sagesse. C'est aussi une couleur d'apaisement dans laquelle s'atténue l'ardeur du rouge. C'est la couleur des habits de l'évêque, chargé de tempérer les passions de ses ouailles.

Où et à quelle occasion voyons-nous du violet ? Avouons que c'est plutôt rare et très circonstanciel ! En réalité, on pense tout de suite aux cérémonies religieuses, particulièrement au Vendredi Saint : le violet, en effet, est la couleur de la Passion et de la mort du Christ, ce qui fait dire à Daco et Aeppli que le violet signifie pénitence et expiation quand il est associé aux événements religieux. Daco précise que cette couleur donne souvent des sensations de tristesse dans les rêves, voire même de deuil intérieur. Selon Aeppli, c'est la couleur du recueillement. Pour Chevalier et Gheerbrant, le violet symbolise, dans cette optique religieuse chrétienne, le passage de la vie à la mort, l'involution et non l'évolution. C'est la couleur du secret dans lequel va s'accomplir le mystère de la réincarnation ou de la transformation. Il contient un symbolisme mortuaire de demi-deuil : la Passion, en effet, mène à la résurrection, à Pâques, ne l'oublions pas.

Enfin, Chevalier et Gheerbrant mentionnent que le violet est une couleur d'obéissance et de soumission : le Christ, en allant jusqu'au bout de la Passion, obéit et se soumet à la volonté de son Père.

8. Daco va dans le même sens en disant que le violet est la couleur de la lucidité et de la spiritualité.

Les directions

Généralités

Souvent, dans nos rêves, nous avons à nous orienter ou à prendre une direction. Plus souvent encore, nous remarquons très bien que tel objet ou telle personne se trouve à notre droite ou à notre gauche, devant ou derrière nous. Parfois, il arrive que nous soyons conscients qu'il y est nettement question de l'un des quatre points cardinaux: nous devons aller ou sommes au Nord ou au Sud, à l'Est ou à l'Ouest, quand il ne s'agit pas, plus précisément encore, de consulter une carte routière. D'autres fois, il est question de hauteur ou de profondeur: nous voici dans une cave, au fond d'un précipice ou, encore, sur le point de gravir une montagne – si nous n'y sommes déjà !

Dans cette section, nous allons tenter de cerner le sens de ces divers repères spatiaux qui nous sont fournis en rêve. Nous examinerons tout spécialement la signification possible d'un carrefour, de ce qui se trouve à notre gauche et à notre droite, devant et derrière nous, celle des quatre points cardinaux ainsi que de la hauteur et de la profondeur.

Comme pour toutes les autres sections consacrées aux symboles, nous nous servirons, dans notre présentation, des données de la symbolique traditionnelle, puisées essentiellement dans le *Dictionnaire des symboles* de Chevalier et Gheerbrant, ainsi que de celles que nous fournissent Pierre Daco et Ernest Aeppli. Nous nous servirons aussi de notre propre jugement pour déterminer si ce qu'on nous dit peut être valablement utilisé dans l'analyse de nos rêves, ou lorsque aucune donnée ne nous aura été fournie par l'un de ces auteurs.

Un carrefour

Se trouver à un carrefour, c'est être à la croisée des chemins, peut-on dire. Nous sommes donc face à l'obligation de choisir une direction, de nous orienter vers la poursuite de notre but et de notre vie. La plupart des carrefours sont à quatre voies; si nous nous trouvons au centre du carrefour, nous avons donc quatre choix ou peut-être seulement trois, si nous excluons la route d'où nous venons. Cependant, nous pouvons toujours revenir sur nos pas! Quelquefois, ce peut être un carrefour à plus de quatre directions si, par exemple, nous sommes sur une place où se rejoignent plusieurs rues ou routes. Parfois, il s'agit d'un carrefour à trois voies, généralement en forme d'Y. La plupart du temps, dans ce cas, nous venons d'une route unique qui se sépare soudain en deux voies distinctes. Le choix se limite alors à deux possibilités: la voie de gauche ou la voie de droite.

Au niveau du nombre de routes, il serait sans doute bon d'examiner le sens possible du chiffre impliqué. Nous reportons ici nos lecteurs et lectrices au chapitre portant sur ce sujet. Le lieu même, s'il nous est connu, doit aussi être pris en considération: ce peut être la Place de l'Étoile à Paris, la Grand'Place de Bruxelles, dans notre ville natale, dans une ville quelconque ou à la campagne. Ces divers lieux ont une signification particulière. Si l'idée la plus forte est celle de gauche et de droite, devant/derrière ou, encore, d'une direction cardinale, il faut alors tenter de savoir ce que ces diverses orientations peuvent signifier pour nous. À cette fin, voici quelques données.

Gauche et droite

Dans la symbolique traditionnelle, la gauche est considérée, et ce dans presque toutes les cultures, comme synonyme d'inconscience, d'obscurité, de mal, de présage défavorable – et de féminité ! À l'opposé, la droite est synonyme de conscience, de lucidité, de bien, de présage favorable – et de masculinité. D'où cela vient-il ? Il semble que cette antinomie entre la gauche et la droite, de même que ce qui leur est respectivement attribué symboliquement, vienne de très loin dans le temps. Chevalier et Gheerbrant nous apprennent que, dans la Bible, la droite est le côté du défenseur, la place des Élus au Jugement dernier et la direction du paradis, alors que la gauche est la direction des damnés et de l'enfer. Adam, selon certains exégètes juifs, aurait d'abord été androgyne: homme du côté droit et femme du côté gauche, avant d'être fendu en deux moitiés. Le Moyen Âge avait cette même idée: la gauche correspond à ce qui est femelle, nocturne et satanique; la droite, à ce qui est mâle, diurne et divin. En Chine, cependant, c'est le contraire: la droite est défavorable; elle est YIN, le côté des femmes, et est associée à l'automne, aux récoltes et à la nourriture; la gauche est favorable, honorable et noble; elle est YANG, le côté des hommes.

Dans la tradition chrétienne occidentale, la gauche est considérée passive, maléfique, et est associée au passé; la droite est jugée active, bénéfique, et est associée à l'avenir. Chez les Grecs et les Celtes des temps anciens, les présages favorables apparaissent à la droite, qui symbolise la force, l'adresse et le succès. Chez les Bambaras, la droite est aussi associée à la masculinité; la main droite représente l'ordre, la droiture, le travail et la fidélité alors que la main gauche correspond au désordre et à l'incertitude. En latin, le mot pour désigner la gauche est *sinister*, qui signifie, en français, sinistre: cela dit tout !

Lorsqu'ils parlent du symbolisme de la gauche et de la droite, Daco et Aeppli résument chacun à leur manière ce que nous avons tiré du *Dictionnaire des symboles* de Chevalier et Gheerbrant; c'est tellement ressemblant, d'ailleurs, que c'est vraiment à se demander si ce n'est pas dans cet ouvrage qu'ils ont puisé ce qu'ils nous présentent. Jugez-en par vous-mêmes.

Aeppli dit de la gauche qu'elle est sinistre et sombre, et de la droite qu'elle représente la conscience, « ce qui ressort de l'intellect et de la masculinité »[1]. Chez l'homme, affirme-t-il, la droite représente la féminité et l'inconscient. Comme il a souvent tendance à parler de rêves positifs ou négatifs, Aeppli voit, dans le choix onirique d'une direction, un présage favorable ou défavorable : « Le jeune homme et la plupart des femmes, écrit-il, auront des rêves “favorables” s'ils y préfèrent la droite, puisque de nature plus inconsciente et plus proche de la terre; l'homme d'un certain âge, conscient et par trop engagé intellectuellement dans le monde professionnel, devra aller vers la gauche, tout comme la femme trop intellectuelle d'ailleurs »[2].

Quant à Daco, il associe étroitement la droite à « vers l'avant » et la gauche à « vers l'arrière », de sorte que cette dernière signifierait le passé, l'enfance, l'obscurité et les profondeurs de l'inconscient. Sur le plan moral, ce serait la direction de la honte et du déshonneur alors que la droite, qu'il dit être une direction qui monte (?), serait celle du travail actif, de l'ordre, de la fidélité à soi-même, de l'honneur et de l'estime.

Enfin, signalons quelques autres données fournies par Chevalier et Gheerbrant : dans plusieurs cultures, on trouve l'idée que « est droit ce qui va dans le même sens que le soleil ». La gauche est le côté du cœur. En politique, la droite incarne l'ordre, la stabilité, l'autorité, la hiérarchie, la tradition et une relative satisfaction de soi, alors que la gauche représente l'insatisfaction, la revendication, le mouvement, la recherche d'une plus grande justice, le progrès, la libération, l'innovation et le risque.

Critique et compléments

1) Gauche = inconscient et droite = conscient ?

Sur ce point, il est étonnant de constater combien tous les auteurs sont unanimes; c'est là une affirmation

---

1. Ernest Aeppli, *Les Rêves et leur interprétation*, p. 225.
2. *Ibid.* Ce genre de symbolique, qui repose sur des stéréotypes figés, se passe de tout commentaire, mais nous y reviendrons quand même un peu plus loin.

très courante et invariable d'un livre à l'autre. Or, chose curieuse et qui n'est jamais dite, c'est que c'est loin d'être aussi universel qu'on le prétend puisque, pour certaines personnes, c'est tout à fait le contraire: ce qui est à gauche représente pour elles quelque chose de conscient, et ce qui est à droite, quelque chose d'inconscient. C'est mon cas, en particulier, et tous les rêves que j'ai eu l'occasion d'étudier, autres que les miens, révélaient tous, sans exception jusqu'à ce jour, les mêmes points de référence.

Il ne faut donc pas vous fier aveuglément à ce qu'on dit, même quand c'est considéré comme étant «universel». Pour savoir ce qu'il en est dans votre cas, il vous faudra surveiller, dans vos rêves, ce qu'il en est exactement. Quant à moi, c'est le troisième rêve que j'ai analysé qui m'a fourni ma propre clé. Dans ce rêve, il n'était pratiquement question que de directions; or j'ai remarqué que j'avais nettement conscience de tout ce qui était à ma gauche alors que tout ce qui était à ma droite était dans le vague quasi total. De plus, toutes les issues ou les possibilités de solution se trouvaient du côté gauche. J'en ai donc conclu que pour moi, la gauche représentait la conscience et non l'inconscient, contrairement à tout ce que j'avais lu sur ce sujet. Par la suite, j'ai toujours fonctionné avec ces «clés» personnelles dans mes analyses, et elles ont toujours ouvert les bonnes portes: effectivement, je me suis rendu compte, de fois en fois, que j'avais passablement de facilité à trouver le sens d'un élément qui se trouvait à ma gauche, alors que c'était beaucoup plus difficile de passer au travers d'un élément qui se trouvait à ma droite.

2) Gauche = féminité et droite = masculinité?

Là-dessus, je reste sceptique; il est possible que ce soit le cas pour la symbolique traditionnelle et pour certaines personnes, mais que ce le soit pour tout le monde, j'en doute. En fait, nous avons ici affaire à de vieux préjugés sexistes que certains psychologues véhiculent malheureusement encore. Avouons que de relier la femme à ce qui est naturel, terrestre, inconscient, passif, nocturne, maléfique et satanique, et l'homme à ce qui est actif, intellectuel, lucide, conscient, diurne et divin, correspond peut-être bien à une mentalité primitive, mais n'a plus guère sa raison d'être aujourd'hui.

3) Gauche = défavorable et droite = favorable ?

Encore là, c'est à voir. Là-dessus, je dirai d'abord que les rêves n'ont rien à voir avec la magie ou les présages; nous n'avons donc pas à « choisir », dans nos rêves, une direction plutôt que l'autre. Ensuite, je rappellerai qu'en matière de signification des symboles, il peut y avoir des sens communs à tous les gens d'une même culture, mais ces symboles, appelés collectifs ou universels, sont plutôt rares. Mieux vaut donc toujours se demander si une signification, comme celle qui nous est présentée ici, évoque en nous quelque chose. Si oui, vous pouvez vous en servir; sinon, passez à un autre sens possible.

4) Droite = avant et gauche = arrière ?

Comme nous l'avons vu, Daco associe étroitement la droite à « vers l'avant» et la gauche à « vers l'arrière », de sorte que cette dernière symboliserait le passé, l'enfance, l'obscurité et les profondeurs de l'inconscient. Pour lui, gauche et arrière, droite et avant relèvent du même symbolisme [3].

À dire vrai, je me demande à partir de quoi et de quelle expérience il tire une telle conclusion. Serait-ce à partir d'une courbe quelconque d'évolution, qui va toujours de gauche à droite, du passé vers le présent et l'avenir ? Peut-être. Si vous êtes sensibles à cela, alors c'est possible que ce sens vous convienne. En fait, Daco fait ce lien à partir de l'expression « droit devant », qui signifie aller plus loin, vers l'avenir, vers un but. Mais le « droit » dont il s'agit dans l'expression « *droit* devant » a-t-il le

3. Pierre Daco, *L'Interprétation des rêves*, p. 244.

même sens que « *droite* » ? Lorsqu'il affirme que « la droite est symboliquement la direction qui monte »[4], il ne nous donne aucune explication. Mais peut-être qu'ici aussi, il s'agirait d'une ligne ascendante allant de la gauche, en bas, à la droite, en haut.

5) Gauche = déshonneur et droite = honneur ?

Voilà une autre idée de Daco. Sur le plan moral, la gauche serait la direction de la honte et du déshonneur alors que la droite serait celle du travail actif, de l'ordre, de la fidélité à soi-même, de l'honneur et de l'estime. Nous avons vu, avec Chevalier et Gheerbrant, que cette idée se retrouvait aussi dans la Bible, dans la philosophie chinoise et chez les Bambaras. Mais se retrouve-t-elle aussi dans notre tête ? Voilà la question !

Devant (ou en avant). Derrière (ou en arrière)

Là-dessus, Aeppli ne nous dit rien alors que pour Daco c'est, comme nous l'avons vu à propos de la gauche et de la droite, aller droit devant, plus loin, vers l'avenir, vers un but (droite et devant), ou reculer, retourner vers son passé (gauche et arrière). Dans certains cas, ajoute ce dernier, aller vers l'arrière signifie une régression ou, encore, un retour en arrière pour mieux avancer. Reculer vers un précipice (en auto) signifierait la crainte de reculer vers son inconscient ou de « retomber dans le néant maternel »[5]...

Il est plausible que « devant » (s'il s'agit, bien sûr, de se déplacer dans cette direction) signifie effectivement avancer, aller plus loin, et que « vers l'arrière » signifie reculer ou retourner vers son passé; il est en effet fort rare qu'on recule en avant ou qu'on avance en arrière ! Lorsqu'on dit « avancer en avant » ou « reculer en arrière », on commet un pléonasme du même style que « monter en haut ».

4. *Ibid.*
5. *Ibid.*

Reculer, particulièrement lorsque nous sommes en voiture, peut aussi signifier aller vers l'inconscient; en fait, lorsqu'on essaie de le localiser, ce dernier nous semble toujours être situé derrière notre tête, comme si notre conscience était toute devant. Lorsque nous nous sentons emportés par quelque chose d'inconscient, nous avons aussi l'impression d'être aspirés par l'arrière et vers le bas. En ce qui concerne le « néant maternel », tout commentaire me semble inutile.

Sur le fait de reculer, j'ajouterai qu'il faut examiner le contexte et la situation du rêve. Si, par exemple, je suis au volant de ma voiture et que celle-ci, au lieu d'avancer comme il se doit, recule, cela peut vouloir dire que même si je veux avancer, « aller vers l'avenir », comme dit Daco, en fait je ne peux faire autrement que « retourner vers le passé » ou revenir à une étape précédente. Il faut aussi voir ce que nous ressentons dans un tel cas: est-ce de la peur ou un simple étonnement ?

Qu'en est-il, maintenant, des choses ou des personnes qui se trouvent devant ou derrière nous ? De cela, personne ne nous a parlé encore et, pourtant, cela arrive fréquemment dans les rêves. Usons de logique pour y voir clair: nous pouvons très bien remarquer et percevoir ce qui est devant nous, mais non ce qui est derrière nous, dans notre dos. Il est donc beaucoup plus sécurisant d'avoir tout en face de nous ! Ce qui vient d'en arrière représente souvent un danger, réel ou pressenti. Devant peut donc s'interpréter comme visible, perceptible, conscient et réel, alors que derrière peut signifier invisible, pressenti, pas nécessairement réel mais peut-être inventé ou imaginé, inconscient.

Si nous combinons ce sens avec ce que nous avons dit de la gauche (quelque chose de conscient) et de la droite (quelque chose d'inconscient), cela donne ceci : ce que l'on voit devant soi, légèrement sur sa gauche, représente quelque chose de réel et de relativement conscient; ce qui se trouve derrière soi, sur la droite, quelque chose qui n'est pas nécessairement réel, et qui est inconscient.

Nord – Sud – Est – Ouest

Sur les quatre points cardinaux, je n'ai guère trouvé de données vraiment intéressantes, même pas chez Chevalier et Gheerbrant, qui s'en tiennent à ce qu'on en a dit chez de vieilles civilisations somme toute très éloignées de la nôtre: chez les Celtes, le Nord est le bas où le soleil achève son déclin et commence son ascension diurne; le Sud est le haut où il achève son ascension et commence son déclin [6]. Pour nous, qui sommes habitués à nos cartes géographiques, il est beaucoup plus logique de dire que le Nord est en haut et le Sud en bas! L'Ouest est alors à gauche et l'Est, à droite.

Chez les Mexicains, le Nord est le côté à la droite du soleil alors que le Sud est celui qui se trouve à sa gauche. Le Nord est le pays du froid (voilà un point qui nous convient!), de la famine, de la nuit et de l'aridité. C'est la terre de la chasse et des combats, le pays de la Lune et de la Voie lactée. L'Est est le pays de la naissance et est associé aux idées de renouveau, de pousse, de jeunesse, de fêtes, de chants et d'amour. L'Ouest, enfin, est le pays du soir, de la vieillesse, du soleil descendant, le côté du déclin. C'est aussi « le pays des brumes » et la porte du mystère.

Avez-vous l'âme mexicaine ? Quant à moi, la manière dont ils perçoivent le Nord et le Sud m'échappe; par contre, le sens qu'ils donnent à l'Est et à l'Ouest se rapproche beaucoup de ma propre pensée. L'Est est le pays du soleil levant, de la naissance du jour, du matin: l'équivalent de l'enfance. Il est à droite; donc, pour moi, inconscient. C'est aussi, point non négligeable, l'ensemble des pays socialistes-communistes. L'Ouest est le pays du soleil couchant, du soir; on peut y voir de beaux ciels et de belles couleurs dans un paysage reposant et doucement lumineux; il est à gauche, donc, pour moi, conscient.

Aeppli, quant à lui, saura-t-il éclairer davantage notre lanterne ? Voyons voir. Il précise d'abord, de façon fort juste d'ailleurs, que la signification de chacun des points

6. Chevalier et Gheerbrant, *Dictionnaire des symboles*, à « Droite ».

cardinaux dépend de l'endroit d'où l'on vient et où l'on demeure: en Europe de l'Est ou de l'Ouest, en Amérique du Nord ou du Sud, en Afrique ou en Asie. Pour le reste, Aeppli fonctionne avec le schéma jungien et associe chaque point cardinal à l'une des quatre fonctions de la conscience. Ainsi, pour un ou une Européenne, le Sud représenterait les régions chaudes, « celles du *sentiment* et de la force de la volonté ». Le Nord est plus froid; ce serait « le royaume du pressentiment, des longues nuits et de l'*intuition* ». L'Ouest semblerait désigner une *perception* plus consciente et extravertie; l'Est serait fréquemment en rapport avec un mode de *pensée* intensif et introverti. Cependant, le sens varierait selon la fonction dominante du rêveur, c.-à-d. selon qu'il est du type penseur, intuitif, sensitif ou sentimental. Sous un autre aspect, l'Est est le lieu de la lumière matinale, le Sud est associé au soleil du midi, l'Ouest correspond au soir et le Nord à la nuit et aux pressentiments[7].

Sur ce que dit Aeppli, on peut toujours se demander d'où les jungiens tiennent ce lien entre les quatre fonctions de la conscience et les quatre points cardinaux. C'est sans doute des us et coutumes des gens qui se trouvent aux quatre coins de la planète et de l'influence de la température sur le comportement et la pensée. Nous savons, en effet, que les Orientaux sont très portés sur la méditation et la recherche intérieure (pensée et introversion), alors que les Occidentaux se montrent davantage tournés vers l'action et les changements extérieurs (extraversion et perception). Nord et Sud semblent s'opposer comme le jour et la nuit, les ténèbres et la lumière, le froid qui engourdit et la chaleur qui ravive. Or les pressentiments et l'intuition viennent des « ténèbres de l'inconscient ».

Pourquoi le Sud représenterait-il les régions « chaudes » du sentiment et de la force de la volonté ? Ici, j'avoue devoir donner ma langue au chat ! Passe encore pour les sentiments, que l'on peut associer à la chaleur humaine ou à celle du cœur; mais en ce qui concerne la volonté...

---

7. Ernest Aeppli, *op. cit.*, p. 225.

Quant à moi, je terminerai ce tour d'horizon des quatre points cardinaux en vous communiquant ma façon de voir le Nord et le Sud: j'associe le Nord au froid qui, dans mes rêves, symbolise toujours quelque chose d'inconscient. Venant moi-même d'une région du Nord mais n'y habitant plus depuis de longues années, je suis en droit de déduire que cette direction peut représenter mon enfance et, peut-être, mon adolescence, période renfermant quelque chose d'inconscient. En ce qui concerne le Sud, j'y vois tout de suite une zone de chaleur et de lumière où je rêve d'habiter un jour; je peux donc conclure que, pour moi, le Sud représente le bien-être, surtout physique, avec un élément de désir. Il s'agit aussi, la plupart du temps, de quelque chose de conscient, puisque j'associe la lumière à la conscience.

Hauteur / Profondeur. Haut / Bas

Hauteur et profondeur représentent des niveaux de conscience au même titre que les degrés de clarté. Les profondeurs dont il s'agit sont généralement celles de l'inconscient (ce peut être sous la terre, au fond d'une mine, au creux d'un précipice, au fond de l'océan ou dans la cave...). Plus c'est profond et plus on peut conclure qu'il s'agit de quelque chose de vraiment inconscient. À l'inverse, plus on se rapproche du niveau du sol, plus on se rapproche de la conscience.

Les hauteurs peuvent symboliser un idéal à atteindre, un degré d'accomplissement, de réalisation et de perfection. C'est particulièrement le cas, semble-t-il, lorsqu'il est question d'une montagne à gravir ou que l'on admire de loin.

Daco nous fait remarquer qu'aller vers le haut, c'est monter. Ce serait donc la direction de l'élévation de l'esprit ou de l'ascension matérielle (gloire, honneurs, prestige, réussite). Cela pourrait aussi signifier monter vers plus haut que soi. Enfin, ce serait la direction de la purification progressive, de la sérénité et du dynamisme [8].

---

8. Pierre Daco, *op. cit.*, p. 243.

Vers le bas serait la direction de la descente en soi; il pourrait s'agir d'une « régression », d'une « dégringolade affective ou mentale », d'une chute brutale ou, plus positivement, d'une introspection, de la « recherche de son propre centre ». C'est peut-être le « retour à une enfance vivifiante » ou, encore, une « réconciliation profonde avec la Mère ». Ce serait la direction du déshonneur (baisser dans sa propre estime), de la déchéance, de l'obscurité, de la tristesse et de la dépression (être bien bas, avoir le moral bas) [9].

Quant à Chevalier et Gheerbrant, ils ne disent rien sur le bas ou la profondeur mais ont un petit paragraphe sur la hauteur, qu'ils relient à la verticalité. C'est un symbole d'ascension et de spiritualisation, d'assimilation progressive à ce que représente le ciel. La verticalité est un puissant symbole d'ascension et de progrès.

Dans l'ensemble, ces différentes données me semblent toutes logiques et relativement acceptables, particulièrement celles qui associent le haut avec la conscience, l'idéal et l'ascension. J'ajouterais cependant une variante à l'aspect spirituel de la hauteur: être sur une hauteur pourrait aussi signifier être dans le monde de l'imagination et non de la réalité, qui se trouve en bas (les deux pieds sur terre).

---

9. *Ibid.*

Les éléments

Généralités

Tout comme celle des nombres, l'étude des éléments est très éclairante sur la nature et l'origine de la pensée symbolique. Notons cependant, avant même de commencer notre étude de ce sujet, que la perception originelle de nos premiers ancêtres n'est pas nécessairement celle qui s'applique dans nos rêves. Nous avons signalé, dans l'introduction de cette deuxième partie, que la symbolique onirique était passablement différente, tout compte fait, de la symbolique traditionnelle ésotérique. Ici, en ce qui a trait au symbolisme de l'air, de l'eau, du feu et de la terre, il n'est pas dit que nous rêverons nécessairement à l'élément comme tel mais, bien plus fréquemment, par « situation interposée », si je puis dire: par exemple, en ce qui concerne l'air, nous nous y déplacerons ou nous ressentirons l'atmosphère qui nous entoure; d'autres fois, l'air sera perçu à travers le vent (violent, doux, humide ou sec, froid, etc.). Certaines personnes sont plus sensibles que d'autres aux variations de la température et même à la direction du vent; en ce cas, ce n'est pas la signification ésotérique de l'air qui importe, mais la perception qu'a l'individu de tel type de vent.

Cela dit, abordons, dans un premier temps, le sens général des quatre éléments considérés dans leur ensemble. Par la suite, nous les analyserons à tour de rôle.

Notre principale source de référence est, ici, le *Dictionnaire des symboles* de Chevalier et Gheerbrant.

Selon Gaston Bachelard, chaque élément conduit à une autre réalité que lui-même: par exemple, l'image de l'air est à la base de toute une «psychologie ascensionnelle» qui a elle-même ses contraires, dans l'envol et dans la chute. D'ailleurs, comme nous le verrons plus en détail tout à l'heure, l'air est considéré comme le symbole de la *spiritualité*. En outre, chaque élément correspond à un tempérament: l'eau correspond au tempérament lymphatique, la terre au tempérament bilieux, l'air au tempérament sanguin et le feu au tempérament nerveux. Dans l'astrologie traditionnelle, on a établi des correspondances entre les éléments, les vertus et les signes du zodiaque: le Bélier, le Lion et le Sagittaire sont des signes de FEU caractérisés par l'ardeur et l'enthousiasme; le Cancer, le Scorpion et le Poisson sont des signes d'EAU caractérisés par la sensibilité et l'émotivité; les Gémeaux, la Balance et le Verseau sont des signes d'AIR caractérisés par l'intellectualité; le Taureau, la Vierge et le Capricorne sont des signes de TERRE caractérisés par la matérialité.

Notons, au passage, que cette signification astrologique des éléments peut jouer dans les rêves, surtout si la personne est une fervente de cette «science»: si, par exemple, elle est Cancer et qu'elle rêve d'eau, il pourra s'agir tout simplement d'elle-même ou de son élément, de son «monde» propre. Il en est d'ailleurs de même pour les animaux: rêver d'un poisson, si on est soi-même de ce signe, ou d'un singe, si l'on est de ce signe astrologique chinois, pourra fort bien nous représenter ou représenter quelqu'un que nous connaissons, né sous ce signe[1].

Pour les pré-socratiques, chaque élément est issu de la combinaison de deux principes primordiaux: l'Eau procède du Froid et de l'Humide, l'Air de l'Humide et

1. Il est à noter que ce sont là des points non négligeables dans une analyse de rêve, des points de référence dont, malheureusement, personne ne nous parle.

du Chaud, le Feu du Chaud et du Sec, et la Terre du Sec et du Froid. Aux quatre éléments correspondent aussi l'ordre quaternaire de la nature (les quatre saisons), celui des tempéraments et, enfin, celui des étapes de la vie (enfance, jeunesse, maturité et vieillesse).

Dans la mystique franc-maçonnique, il y a une correspondance entre chacun des éléments, une partie de l'être humain et le degré d'initation ou de connaissance: le Feu correspond à l'Esprit et au degré initiatique; l'Eau correspond à l'Âme et au degré religieux; l'Air correspond au mental et au degré philosophique; la Terre correspond au corps et au degré matériel de l'existence.

Quant à Jung, il reprend la distinction traditionnelle entre les principes actifs et masculins, l'Air et le Feu, et passifs et féminins, l'Eau et la Terre. Comme nous le verrons plus en détail tout à l'heure, lorsque nous aborderons tour à tour chacun des quatre éléments, ces derniers ont été traditionnellement « sexualisés » et associés à l'un des deux sexes à cause de certaines caractéristiques assez évidentes, sur lesquelles nous reviendrons en temps et lieu.

Voilà donc pour les généralités. Passons maintenant aux significations possibles de chaque élément.

L'air (et le vent)

L'air, comme l'a souligné Gaston Bachelard, est considéré comme un symbole de spiritualisation parce qu'il est non matériel, contrairement à la terre et à l'eau. Associé au vent et au souffle, au monde *subtil* de l'expansion, il est le symbole même de l'Esprit et du souffle divin: dans plusieurs cosmogonies, les vents sont considérés comme des instruments de la puissance divine car ils peuvent insuffler la vie, enseigner, châtier ou détruire. Selon certaines religions, le vent serait le moyen, pour la divinité, de communiquer ses *émotions*, aussi bien son amour que sa colère.

Lorsque le vent est agité, il est alors perçu comme le symbole de la vanité, de l'instabilité et de l'inconstance.

En tant que force élémentaire associée aux Titans de la mythologie grecque, il est violence et aveuglement.

Chevalier et Gheerbrant disent de l'air qu'il est « le milieu propre de la lumière, de l'envol, du parfum, de la couleur, des vibrations interplanétaires ». Sans aller jusqu'au cosmos tout entier, nous pouvons retirer de cette idée que l'air est l'élément des perceptions intuitives et empathiques (percevoir les vibrations de quelqu'un, la manière dont il se sent et ce, sans même qu'il ne l'exprime verbalement). On pourrait dire, aussi, que l'air, qui nous est extérieur, est relié à l'extraversion (notre face tournée vers le monde extérieur, que ce soit celui de notre environnement, de notre milieu, ou celui des autres). Saint Martin affirme que l'air est « le symbole sensible de la vie invisible »; encore là, cette idée est reliée de près à la perception des vibrations.

Enfin, les énergies spirituelles, dit-on, sont souvent symbolisées par une grande lumière mais, aussi, par le vent. Avoir conscience de la nature du vent, dans un rêve, peut donc faire référence à ces énergies qui, notons-le, ne viennent pas de l'au-delà mais de nous-mêmes: il s'agit de nos propres énergies. Donnons-en un exemple:

Une jeune fille rêve qu'elle se trouve dans un champ, à la campagne. Le vent est doux et humide. Soudain, elle voit apparaître un être coloré qui semble se former à partir d'un nuage et qui semble être comme la projection d'un film. Elle le trouve très beau, même si elle ne distingue pas son visage. Cet être semble vouloir lui donner quelque chose; elle attend qu'il soit prêt. Ensuite, elle se rend compte que cet être est une chouette. Puis, voilà qu'elle réalise qu'elle est elle-même la chouette. Elle s'envole, remplie d'une énergie extraordinaire qu'elle veut transmettre autour d'elle, et elle est très reconnaissante envers cet être qui lui a permis d'avoir toute cette belle énergie.

Plusieurs spécialistes des symboles affirment que, dans les rêves, le vent annonce qu'un événement important se trame et qu'un changement va surgir. À mon sens, cette idée est à nuancer de la manière suivante: s'il s'agit d'un événement important ou d'un changement, cela ne correspond pas nécessairement à quelque chose qui va arriver ou se produire; il se peut, bien plus souvent, qu'il soit question d'un événement passé qui fut très important, ou d'une simple prise de conscience à faire. Dans le rêve de cette jeune fille, il est précisément question d'une telle prise de conscience: d'abord, elle est chez elle (ce champ est celui de ses parents), et elle associe cet endroit à paix, calme et repos. Ensuite, le vent est doux et humide: d'après elle, ce genre de vent évoque un climat qu'elle aime tout particulièrement et qui existe surtout à l'automne ou au printemps, ses deux saisons préférées. Elle est d'ailleurs certaine que, dans le rêve, ce n'est ni l'été ni l'hiver.

Et voilà que surgit, tout à coup, cet être mystérieux et beau. Est-ce une apparition d'ordre « mystique » ? Voyons cela de plus près: notre rêveuse a mentionné que ce qu'elle voit semble être « comme la projection d'un film ». Ah ! ces tous petits détails apparemment insignifiants ! « Comme la projection d'un film»: il s'agit donc d'une *image* enregistrée sur une pellicule et qui, pour devenir visible, doit être projetée. J'ai demandé à cette jeune fille où elle pouvait situer, dans le rêve, ce projecteur invisible: derrière l'être ou, plutôt, derrière elle ou près d'elle, sur sa gauche ou sur sa droite ? Elle m'a répondu que ce serait derrière elle. Par conséquent, nous pouvons en conclure que le projecteur, c'est... elle-même ! La pellicule, c'est sa mémoire ou son propre psychisme. Voici donc que nous sommes amenés à déduire que cet être n'est rien d'autre qu'une partie d'elle-même qui se « projette » devant ses propres yeux émerveillés; la beauté de cet être, c'est la sienne propre.

Une confirmation de cela, c'est que tout à coup, elle réalise que la chouette, c'est elle-même: son inconscient ne peut vraiment pas être plus clair pour lui signifier qu'elle est face à elle-même ! Remarquons aussi qu'elle a précisé, dans sa description, que cet être semblait vouloir lui donner quelque chose et qu'elle attendait qu'il soit prêt. Qu'est-ce à dire ? Je lui ai demandé par quel indice elle savait qu'il n'était pas prêt et elle m'a dit qu'il avait le regard fixe et lui donnait l'impression qu'il semblait attendre. Mais c'est elle-même qui n'est pas prête et qui attend ! Elle ne peut encore « déployer ses forces essentielles », comme dit si bien Marx, elle ne peut profiter de sa propre énergie parce qu'il lui manque précisément cette prise de conscience que lui fournit si merveilleusement ce beau rêve : elle désire réussir dans la vie et elle en est capable, mais cela ne se produit pas encore. À la fin du rêve, elle s'envole, remplie d'une énergie extraordinaire qu'elle veut transmettre autour d'elle, et elle est très reconnaissante envers cet être qui lui a permis d'avoir toute cette belle énergie : elle est bien gentille d'être si reconnaissante, mais n'oublions pas que c'est à elle-même, à son surconscient, qu'elle le doit, et à personne d'autre !

Soulignons, pour finir, que l'air étant en rapport avec les directions spatiales, il faut tenir compte de celles-ci si nous y sommes sensibles: un noroît, un suroît, un mistral, un vent d'ouest ou d'est n'ont pas les mêmes significations. C'est bien davantage là-dessus qu'il nous faut travailler lorsque, dans un rêve, nous savons d'où vient le vent ! Enfin, n'oublions pas que, bien souvent, l'élément air, dans les rêves, se présente comme un espace dans lequel nous nous déplaçons. En ce cas, ce qui importe, c'est le moyen que nous prenons pour nous y déplacer : si nous volons comme un oiseau, il faut alors étudier le rêve comme un « rêve de vol »; si nous nous y déplaçons à l'intérieur d'un véhicule, il faut alors tenir compte de ce dernier ainsi que de tous les autres éléments du rêve.

L'eau

L'eau, élément fondamental et vital par excellence, est l'un des grands symboles universels ou archétypes présents dans toutes les cultures. Bien entendu, on ne lui attribuera certainement pas le même sens si elle est présente en abondance ou si elle est rare, comme dans les régions désertiques ou continentales qui ne bénéficient pas de cours d'eau importants. Cet élément peut avoir plusieurs significations, mais en nombre limité. L'eau peut être, dans les rêves, un symbole de l'inconscient, un symbole de la mère, ou un symbole de purification et de régénération. Bien entendu, il ne faut pas appliquer systématiquement l'un de ces sens sans avoir d'abord examiné ce que l'on voit exactement; il est bien évident que l'océan, la rivière, le ruisseau ou un simple verre d'eau ne peuvent avoir le même sens !

A. L'eau, symbole de l'inconscient

Bien souvent, l'eau doit être interprétée, dans les rêves, comme un symbole de l'inconscient dans lequel il faut « plonger » pour y puiser des trésors cachés – ceux qui sont en nous – et qui nous permettraient, s'ils étaient maîtrisés, en notre possession, une plus grande réalisation de nous-mêmes. Plus précisément, c'est le symbole de l'esprit encore inconscient, là où sont enfermés les contenus de l'âme. Ce sens est particulièrement plausible s'il s'agit de l'océan, de la mer, d'un lac ou, éventuellement, d'une rivière (mais en ce qui concerne cette dernière, c'est moins sûr).

Ainsi, pêcher un poisson, sortir quelque chose de l'eau peut, bien souvent, sinon la plupart du temps, signifier faire surgir quelque chose de notre inconscient: un problème, une vérité, un « trésor », une richesse quelconque qui sommeille en nous et que nous sommes prêts à cueillir et à mettre en œuvre. Voir quelque chose de beau au milieu d'un lac peut signifier, dans le même sens, un «trésor» qui nous attend, qui est rendu à la surface (au conscient) et qui ne demande qu'à être « cueilli ».

Flotter sur l'eau ou s'y promener en bateau est, la plupart du temps, interprété comme une image du « voyage de la vie »: la surface de l'eau représente le niveau conscient alors que ses profondeurs représentent l'inconscient. Pour plusieurs interprètes, la navigation en surface correspond au fait d'être exposé aux dangers de la vie, lesquels sont symbolisés, généralement, par les monstres qui surgissent des profondeurs. Se noyer ou se sentir englouti au fond de l'eau signifierait être absorbé par des contenus inconscients: nous manquons de conscience et nous perdons le contrôle. Il est temps de nous reprendre vivement en main!

B. L'eau, symbole de la mère

D'un autre côté, l'eau peut être considérée comme un symbole de la mère. Pourquoi? Sans doute à cause des caractéristiques et associations qui ont été attribuées à l'homme et à la femme depuis la nuit des temps: homme = chaleur = sec = intelligence = lumière = soleil = jour = YANG; femme = froid = humide = sentiments = noirceur = lune = nuit = YIN. Notons en passant que la symbolique universelle, telle que nous pouvons la percevoir dans un ouvrage comme le *Dictionnaire des symboles* de Chevalier et Gheerbrant ou dans la psychologie jungienne, repose sur ces analogies de base.

La femme, comme la lune, est jugée changeante (elle fonctionnerait davantage avec ses sentiments et émotions qu'avec sa raison); si le soleil apparaît régulièrement et invariablement chaque matin, la lune, elle, capricieuse, peut «décider» bien souvent de s'en aller ailleurs et de laisser les pauvres humains dans l'obscurité terrifiante...

L'association entre l'eau, l'humide et la femme, et tout particulièrement la mère, doit aussi être en lien avec la sexualité et la reproduction: certains hommes parleront crûment d'un «vagin bien juteux et d'autant plus accueillant»; l'accouchement commence par la perte des eaux. La mère peut être très calme et douce mais, aussi, terrible, dangereuse et envahissante comme l'océan. Il est, de plus, fort probable qu'on ait inconsciemment associé les profondeurs de la mer aux entrailles maternelles.

En tant que source de vie, l'eau semble tout naturellement apte à symboliser la mère, elle-même source de vie. L'origine de la vie sur terre, c'est l'eau. Dans la philosophie chinoise, elle représente l'indistinction première, le WOU-KI. Dans les grandes cosmologies, on parle des eaux primordiales, de l'océan des origines. En ce sens, l'eau est le symbole universel de la fécondité et de la fertilité – autres attributs de la femme-mère.

C. Symbole de purification et centre de régénération

Comme nous le rappellent Chevalier et Gheerbrant, l'eau est un moyen de purification et de régénération: pensons au baptême, qui nous «lave» du péché originel, ou aux bains rituels dans le Gange, chez les Hindous.

En tant que «centre de régénération», l'eau peut tout aussi bien symboliser l'inconscient, qui est lui-même un tel centre, puisque y plonger et l'explorer, c'est véritablement renaître à soi-même, laisser mourir le vieux moi, conditionné et façonné de telle ou telle manière depuis notre naissance, pour re-naître à notre vrai, à notre authentique MOI. En tant que moyen de purification, l'eau fait l'objet de plusieurs cultes concentrés autour de sources: il s'agit de l'eau qui guérit (Lourdes, par exemple). Pensons aussi que l'eau sert tout particulièrement à se laver, ce qui équivaut à une sorte de purification, de nettoyage essentiellement physique, mais qui peut aussi s'étendre au domaine moral. Lorsqu'on dit: «Laver son linge sale en famille», on parle de régler des problèmes de cet ordre.

Dans cette optique, on peut rêver de *bain* et de *douche*. L'un et l'autre n'ont pas nécessairement le même sens. Si on en rêve, il faut préciser la différence qu'on voit entre les deux. On peut préférer l'un ou l'autre pour différentes raisons, comme: le bain est moins intéressant parce que plus long à laver, tandis que lorsqu'on prend une douche, c'est moins salissant et on peut laisser tomber le nettoyage des lieux; le bain est aussi plus long à prendre, car il faut le remplir, le vider, le laver, alors que la douche est plus rapide. (Perception des pragmatiques, des gens d'action qui n'ont pas de «temps à perdre»!) Par contre, si la douche a l'avantage d'être plus rapide, le bain, lui, permet la relaxation: on peut y ajouter des produits parfumés ou médicinaux, on ferme les yeux et on se laisse aller au bien-être de l'eau, on lit... Dans cette optique, la douche correspond au strict fait de se laver (par pure utilité) alors que le bain est associé au fait de relaxer tout en se lavant.

D'autre part, l'eau, particulièrement la mer ou l'océan, comporte un aspect négatif: les raz-de-marée, les déluges, les engloutissements. Ces catastrophes naturelles sont souvent utilisées, dans les textes religieux, pour faire disparaître les gens corrompus, mais non les justes.

Le fond des océans est considéré, quant à lui, comme « le Pays des Ténèbres », là où vivent des monstres épouvantables. À ce titre, encore une fois, il symbolise à merveille l'inconscient que l'on craint, ainsi que... la nature femelle et Yin, disent Chevalier et Gheerbrant.

Si l'eau peut être un symbole de purification et de régénération, il ne s'agira sûrement pas de ce sens lorsque nous avons affaire, en rêve, à une eau sale. Chevalier et Gheerbrant nous disent que cette dernière équivaut à la puanteur, à la souillure, à la maladie et à la mort. De la vase, de la boue ou un marais symboliseraient, pour leur part, le pervertissement, la perte d'une propriété purifiante. À ce propos, je dirais que cette interprétation est valable en ce qui concerne les grandes symboliques universelles. Quant à celle des rêves, mieux vaut examiner le contexte et l'image du rêve elle-même, et commencer par trouver soi-même ce qu'on en pense.

Mais que voit-on exactement ?

Ceci dit, « eau » est un terme bien général. Cet élément se présente, bien souvent, d'une façon beaucoup plus concrète et précise dans les rêves. Qu'est-ce qu'on voit, au juste ? Il est bien évident qu'un petit filet d'eau, un ruisseau, un étang, un lac, une rivière, un fleuve, la mer ou l'océan, ne peuvent avoir le même sens : il s'agit de « cours d'eau » dans tous les cas, mais leur dimension, ainsi que ce qu'ils nous inspirent comme sentiment, est tout à fait différent !

Les *fleuves*, nous apprennent Chevalier et Gheerbrant, sont des agents de fertilisation, alors que les pluies et la rosée sont reliées à la fécondité. Une rivière, un fleuve ou la mer symbolisent, selon eux, le cours de l'existence humaine et les fluctuations des désirs et des sentiments.

Un autre aspect qu'il nous faut examiner est le suivant : s'agit-il de la mer, d'un lac, d'une rivière, d'un fleuve, ou de *cette* mer, de *ce* lac, de telle rivière, de tel fleuve ? Si l'identification est donnée dans le rêve, même de façon plus ou moins précise (par exemple : c'est le lac X, mais pas vraiment, mais ça y ressemble beaucoup ou ça m'y fait penser), alors ce qui importe, ce n'est pas le symbole « eau », mais ce lac, cette rivière. Ici, il est question d'un *lieu* précis auquel le rêve fait référence; c'est donc à ce lieu qu'il nous faut réfléchir et prêter notre attention.

S'il s'agit d'une *piscine*, c'est encore différent[2]. La *glace* (eau gelée), c'est encore autre chose : selon Chevalier et Gheerbrant, cette dernière est le symbole de la stagnation, de l'absence d'amour et de chaleur de l'âme, de l'âme morte. J'ajouterai à cela que la glace peut aussi représenter la froideur de la mère, si l'eau la représente, ou l'idée de quelque chose, en soi ou en quelqu'un d'autre, de figé, d'inerte, « en hibernation ».

S'il s'agit d'un verre d'eau, ou d'eau à laquelle on ajoute quelque chose (comme une huile essentielle bienfaisante pour l'organisme, ou de l'arsenic pour X), nous sommes en présence d'un aliment de base aussi important que le pain : de l'eau en tant que source de vie – ou de mort, si elle est empoisonnée. « Pas d'eau, pas de vie »...

Les rêves de pont

Terminons notre tour d'horizon du symbolisme de l'eau en parlant des rêves de ponts, qui sont très fréquents. Traverser un pont (avec tous les problèmes qui peuvent surgir), c'est aller d'une rive à l'autre, c'est sortir d'une situation ou d'un contexte pour aller vers autre chose. Cependant, le passage s'avère bien souvent difficile et plein de dangers. Pensons à ce rêve typique : *Je suis sur le pont et j'avance, j'avance; je suis rendu au milieu; tout à coup, les deux parties du pont se mettent à disparaître, à rétrécir jusqu'à l'endroit précis où je me trouve... Je vais tomber et sûrement me noyer... Je tombe – et ouf ! je me réveille !* Dans ce

2. Voir à ce sujet l'analyse du rêve « D'un serpent à une piscine » présentée dans le chapitre sur les animaux, à propos des serpents.

genre de rêve, il faut chercher ce qui peut nous angoisser et nous empêcher d'avancer vers une autre étape.

D'autres fois, il s'agit d'un vieux pont tout délabré – quand ce n'est pas une simple passerelle de bois comme on en trouve dans certaines forêts: on s'y engage en espérant qu'il tiendra, mais... Ce qu'il y a sous le pont a aussi son importance: s'agit-il d'un précipice? (En ce cas, nous ne sommes pas au-dessus de l'eau, mais du vide.) Qu'y a-t-il sur l'autre rive?

Parfois, un rêve de pont peut être relié au fait de « couper tous les ponts ». En voici un exemple, donné par Aeppli: *Un autre voit dans son rêve un groupe de charpentiers qui démolissent devant ses yeux un vieux pont passablement rafistolé et en mauvais état; on l'appelle, et alors il est obligé d'emmener les poutres les plus lourdes. Au cours de l'interprétation, il s'avéra que le rêveur pensait depuis un certain temps rompre la relation qui l'unissait à son associé, relation depuis le début peu raisonnable, et ainsi « couper les ponts ». Cet homme s'aperçut de cette façon qu'en son for intérieur, l'opinion était faite depuis un certain temps; il s'aperçut également que la charge la plus lourde de cette rupture lui incombait. »*[3]

Si le pont est dépourvu de parapet d'un côté, cela peut signifier, ajoute Aeppli, que nous manquons de protection de ce côté de notre vie. En ce cas, il faut voir la signification de la gauche et de la droite[4].

Le feu

Le feu, en tant que prolongement matériel de la lumière, est considéré comme un symbole de l'Esprit, sens que l'on retrouve dans la plupart des textes religieux où l'on parlera du « feu divin de l'Esprit ». Dans l'Évangile, nous connaissons les « langues de feu » de la Pentecôte, matérialisation de l'Esprit-Saint au-dessus de la tête de chacun des Apôtres. Une variante en fait le symbole de la connaissance intuitive ou mystique ou, encore, de la Sagesse, tant humaine que divine.

---

3. Ernest Aeppli, *op. cit.*, p. 32.
4. Si nécessaire, consulter la section sur les directions.

Dans la pensée chinoise, qui est basée essentiellement sur l'analogie (et non sur la logique, comme en Occident), on a établi des correspondances entre le feu, le sud, le rouge, l'été et le cœur. Certains individus peuvent effectivement associer le feu à l'une de ces réalités. Notons, cependant, qu'en ce qui concerne le cœur, il est fort probable que ce soit là une correspondance quasi universelle faisant du feu un symbole des passions: ne dit-on pas, en effet, « brûler d'amour pour quelqu'un », « avoir une flamme » (un amour), « j'attise une flamme en moi » ou, encore, « brûler d'un feu intérieur » ? Que dire, maintenant, du fameux « coup de foudre » !

Le feu est aussi considéré comme « le moteur de la régénération périodique », selon l'expression de Chevalier et Gheerbrant. Il a un aspect négatif, puisqu'il brûle, dévore et détruit, mais il comporte aussi un aspect positif puisqu'il pénètre ou absorbe. Il purifie bien souvent ce qu'il détruit. Pensons, en particulier, à Dieu qui détruisit Sodome et Gomorrhe par le feu, à Empédocle qui se jeta dans un volcan, et à tous ces Hindous qui se sont immolés par le feu: derrière tous ces actes qui peuvent nous paraître insensés, il y a, justement, l'idée de purification par le feu.

Enfin, le feu peut être considéré, sous un aspect particulier, comme un symbole de l'acte sexuel, si l'on tient compte des premières techniques utilisées pour le produire: c'est ainsi que la technique par *frottement*, en va-et-vient, symboliserait l'acte sexuel, le feu étant alors le résultat d'une union analogue à l'union sexuelle. Selon Germaine Dieterlen, auteure d'un *Essai sur la religion des Bambaras*, le symbolisme spirituel du feu serait lié à l'obtention du feu par *percussion*.

Cela dit, est-ce que cette symbolique traditionnelle du feu, que nous venons de brosser à grands traits, peut servir à l'analyse de nos rêves ? Peut-être, sous certains aspects. Cependant, il faut toujours examiner d'abord, avant même de se référer à cette symbolique traditionnelle, de quoi il s'agit, exactement, dans le rêve. Si, par exemple, il est question, pour moi, de faire un feu de bois sur la grève, pour le simple plaisir de passer une belle soirée avec quelques amis, tous ces sens ne servent guère. Ce qui importe, dans ce cas, c'est ce que représente pour moi un feu de grève et ce qui se passe dans le rêve: il peut y être question de l'impossibilité de faire le dit feu, ou bien du fait qu'il devient soudain trop gros et qu'il risque d'incendier tout le voisinage. En ce cas, c'est le contexte du rêve qui m'indiquera quel danger « enflammant » risque de se produire, ou se produit, avec mes amis. S'il s'agit de l'incendie d'une maison ou d'un immeuble quelconque, c'est encore autre chose: il s'agit ici de la destruction et de la perte d'un bien matériel important. Toute la question est alors de savoir ce que représente ce qui brûle et quelle est la cause de l'incendie.

La terre

Selon la symbolique traditionnelle, la terre est un symbole quasi univoque: celui de la **mère**. En effet, la Terre est le principe passif féminin YIN, alors que le Ciel, principe mâle YANG, actif, féconde celle-ci. Selon Hésiode, historien de la Grèce antique, on a donné à la terre le nom de GRANDE MÈRE parce qu'elle se révèle à l'origine de toute vie. On parle même, encore aujourd'hui, de la terre comme « mère nourricière ». La terre a donc toutes les caractéristiques voulues pour être ce que Jung appelle « l'archétype » de la mère: tous les êtres en reçoivent leur naissance; elle donne et reprend la vie (« Tu es poussière (ou terre), et tu retourneras en poussière »).

Profitons de la belle occasion qui nous est ici donnée pour indiquer que bien des symboliques reposent sur une « sexisation » des éléments, des animaux, des formes et des objets, laquelle se retrouve jusque dans le *Dictionnaire des symboles* de Chevalier et Gheerbrant, où nous lisons que la terre « est complètement *soumise* au principe *actif* du Ciel » et que ses vertus sont la douceur, la soumission, la fermeté paisible et durable de même que l'humilité, qui viendrait, étymologiquement, d'*humus*... Sur le plan sexuel, la terre représente aussi la femme; elle est, lisons-nous toujours dans cet ouvrage, « la vierge pénétrée par la bêche ou par la charrue, fécondée par la pluie ou par le sang, qui sont la *semence* du Ciel. »

Tout cela, bien sûr, n'est pas sans présenter des analogies avec nos propres perceptions. Cependant, il n'est pas dit qu'il faille toujours penser que dès qu'il est question de la terre dans un rêve, nous soyons en présence d'un symbole de la mère. Tout dépend du contexte du rêve, comme toujours, et des points de référence de la personne qui rêve. En ce qui me concerne, je ne peux fonctionner selon ce sens-là. Pourquoi ? Tout simplement parce que mes propres références m'amènent sans cesse à déduire, d'un rêve à l'autre, que l'eau est un lieu concernant spécifiquement ma mère, alors que par opposition, la terre ferme représente, généralement, « le terrain du père ». C'est particulièrement le cas lorsqu'il s'agit d'un *terrain.*

Je me rappelle qu'un jour, j'ai fait le rêve suivant: *Nous partions, cinq ou six femmes, d'une maison appelée, dans le rêve, « la maison des femmes » (comme celles qui existent dans plusieurs villes du Québec), à bord d'un immense canot, pour aller en direction de Montréal. Or, alors même que nous étions pourtant près d'un port de mer, nous canotions joyeusement sur la terre ferme, comme si c'était là l'élément naturel d'un tel véhicule.*

Bien entendu, à l'analyse, je me suis demandé comment il se faisait que nous partions « sur le mauvais terrain » – à moins qu'il ne s'agisse du mauvais véhicule ! Or, ayant eu affaire, naguère, à la « Maison des femmes » de ma municipalité, j'ai travaillé sur ma perception de ce que j'y avais vécu et ressenti et j'ai trouvé ceci: les femmes, quand elles sont uniquement entre elles, ont la fâcheuse tendance à accuser les hommes de tous leurs maux. (Remarquez que les hommes font de même de leur côté, lorsqu'ils se retrouvent à la taverne.) Elles défendront leurs mères et accuseront le père d'avoir été absent, ou insuffisamment attentif, et que sais-je encore. Or le rêve décrit plus haut me mettait sous le nez cette réalité qui me concernait moi aussi, ainsi que ma mère. J'étais amenée à réfléchir sur ma propre situation face à mes parents, et le rêve disait clairement que nous, femmes, mères et filles, prenions bien souvent le mauvais terrain pour avancer : il fallait regarder *de notre côté*, rester sur notre propre terrain (l'eau), et non pas nous tourner du côté des pères et des hommes pour régler nos problèmes !

Cet exemple montre bien à quel point il faut éviter de prendre pour argent comptant ce qu'on peut lire dans les livres et se fier plutôt uniquement à soi-même pour découvrir ses propres « clés ».

Les formes

Généralités

Qui n'a pas entendu parler du symbolisme de la voiture sport, style Corvette, au devant très élancé ? Selon certains psychologues et psychanalystes, l'homme qui la conduit aurait l'impression d'être super-viril, doté d'un phallus super-puissant. La conduite d'une telle voiture serait, pour cet individu, une forme de compensation pour ses faiblesses au lit. Que dire, maintenant, si c'est une femme qui est propriétaire d'une telle voiture ! Son choix (inconscient) et son achat (réel) manifestent sûrement ce que Freud appelait « l'envie du pénis chez la fille » !

De telles idées, malheureusement encore trop fréquentes, viennent précisément tout droit de Freud, qui a érigé en système ce type d'interprétation sexuelle des symboles suivant leur forme. Ainsi, tout objet allongé et pointu *est* un symbole du pénis, alors que tout objet rond et creux *est* un symbole du sexe féminin (vagin, utérus, voire même, dans certains cas, ovaires). Dans cette optique, il n'est pas nécessaire de se creuser les méninges bien longtemps pour découvrir le sens d'une banane ou d'une carotte ! Plus subtilement, un stylo, un cylindre (ou tout objet de cette forme), une clé (qui *pénètre* dans la serrure), une aiguille, une asperge, un balai, le pied (qui «se met» dans la chaussure), représenteraient tous le sexe masculin avec une clarté aveuglante. À l'inverse ou en complément, une pomme, une poire, une noix, une caverne, une chaussure, une coquille, une armoire, sont classées comme symboles du sexe féminin. Ici, outre la forme ronde, on y associe le creux, l'humide et le caché...

Les symbolistes qui présentent les symboles en fonction de leur genre affirment que cette classification en relation avec l'homme et la femme remonte très loin dans l'histoire et viendrait, selon certains, de l'expérience archaïque de l'humanité aux temps préhistoriques. C'est d'ailleurs sur la base de cette explication que Jung a fondé sa symbolique particulière des archétypes, c.-à-d. des images collectives et universelles très anciennes et communes à tous les êtres humains.

Il est certain que les formes (tout spécialement les formes ronde et allongée) peuvent être très évocatrices et, à ce titre, renfermer une grande puissance symbolique pour représenter les parties sexuelles ou désigner l'homme et la femme. Cependant, de là à les réduire à la stricte sexualité, à l'organe sexuel masculin ou féminin, il y a une marge. Le réductivisme était malheureusement un défaut de Freud. Toute sa psychologie est axée sur la sexualité; il ne pouvait donc en être autrement dans ce domaine de la psychologie que sont les rêves et leurs symboles.

Mais Freud est mort et que « Dieu ait son âme ! » Reconnaissons, toutefois, qu'il y a une partie de vrai dans son idée. Mais élargissons-la, donnons-lui toute l'extension qu'elle mérite : généralement (car ce n'est pas toujours vrai), la forme ronde est effectivement associée à la femme. Parallèlement, la forme allongée ou cylindrique peut être associée à l'homme. Voilà une première extension de l'idée de Freud : on ne parle plus seulement de *sexe*, ici, mais de *genre*, masculin ou féminin.

Encore plus globalement, ces deux formes peuvent symboliser la *masculinité* et la *féminité*, c.-à-d. l'ensemble des traits que toute culture attribue à l'un ou l'autre sexe. Des hommes et des femmes incarnent ce stéréotype (qui, d'ailleurs, peut varier d'une époque à l'autre).

En ce qui concerne chacun et chacune d'entre nous, deux êtres l'ont tout d'abord incarné devant nos yeux: notre père et notre mère. Ainsi, ces deux formes peuvent aussi faire allusion, dans les rêves, au père ou à la mère.

Nous voilà donc en présence de quatre possibilités en ce qui concerne ces deux formes, ronde et cylindrique: les organes génitaux, l'homme et la femme, la masculinité et la féminité, le père et la mère. Voilà, avouons-le, une optique beaucoup plus large et riche de possibilités que celle, si étroite, que Freud nous propose!

En ce qui me concerne, quand j'analyse mes propres rêves, je dois associer toute forme ronde à ma mère ou à la femme, et la forme carrée ou rectangulaire à mon père ou à l'homme, mais plus souvent au premier qu'au second. Pourquoi est-ce ainsi et est-ce que c'est la même chose pour tout le monde? Au moment où j'écris ces lignes, je n'ai pas une expérience suffisamment large des rêves d'autrui pour généraliser cette donnée personnelle. Cependant, il me semble que celle-ci pourrait s'appliquer à plusieurs personnes pour la raison suivante: ne parle-t-on pas de la *carrure* d'un homme et des *rondeurs* d'une femme? Ce symbolisme du rond comme forme propre à la femme, et du carré comme propre à l'homme, viendrait de cette simple perception physique. (Notons en passant que plus un homme a des rondeurs, plus il sera jugé comme étant «efféminé»; plus une femme sera «carrée» – style joueuse de football – plus elle passera pour «garçon manqué», «boutch», «masculine» ou «masculinisée».)

Cela dit, il existe bien d'autres formes ou figures géométriques qui peuvent apparaître dans les rêves. Nous pouvons, en effet, avoir affaire à des variantes du rond comme le cercle, la sphère, la boule et l'ovale, ou faire face à un carré, à un cube, à un rectangle, à un losange ou à un triangle. Généralement, ces diverses formes n'apparaissent pas telles quelles, en tant que formes géométriques, mais à travers des objets ayant cette forme. Ainsi, on ne rêvera pas à un triangle, mais à une montagne ou à une pyramide; on ne rêvera pas à un carré, mais à quelque chose de carré, comme une chambre ou un morceau de gâteau.

Mes lectures sur les formes, particulièrement dans le *Dictionnaire des symboles* de Chevalier et Gheerbrant, se sont avérées intéressantes; mais, malheureusement, les données qui en ressortent ne s'appliquent guère aux rêves. En voici cependant quelques-unes.

Le cercle

Le cercle est l'un des quatre symboles fondamentaux avec le centre, la croix et le carré. Ses caractéristiques sont: la perfection, l'homogénéité, l'absence de distinction ou de division et, enfin, l'harmonie.

Le cercle peut symboliser, outre les perfections cachées du point central primordial, les effets créés. À ce titre, il est le symbole du monde en tant que celui-ci se distingue de son principe. (À noter qu'on a longtemps cru que la terre était ronde. Aujourd'hui, les développements de la science nous ont appris qu'elle était plutôt elliptique...)

Un ensemble de cercles concentriques symbolise les degrés de l'être, les hiérarchies créées: plus on est loin du centre, plus on est éloigné de la perfection, représentée par le point central.

Le mouvement circulaire est considéré comme parfait, immuable, sans commencement ni fin, ni variations; en ce sens, le cercle symbolise aussi le temps, la roue qui tourne, la roue du Devenir. La forme des horloges est le plus souvent ronde; n'oublions pas qu'on a mesuré le temps en divisant le cercle en 360 degrés de 6 segments de 60 degrés chacun.

Le cercle représente aussi le ciel « au mouvement circulaire et inaltérable ». De là, il n'y a qu'un pas pour considérer le cercle comme le domaine du spirituel, de l'invisible et du transcendant. Dans plusieurs symboliques, il incarne les rapports du ciel avec la terre, la divinité aimante penchée sur sa création. Un demi-cercle posé sur un carré est la représentation de la dialectique du terrestre et du céleste, de l'imparfait et du parfait. Cette image symboliserait l'aspiration à un monde ou à une vie supérieure; c'est d'ailleurs l'image classique de l'arc de triomphe réservé aux héros.

Dans la même optique, selon la Kabbale juive, un cercle inséré dans un carré représente « l'étincelle du feu divin cachée dans la matière et animant celle-ci du feu de la vie », nous apprennent Chevalier et Gheerbrant. Le cercle symbolise aussi l'Absolu; il en est le signe parce qu'il est parfait, accompli, sans début ni fin. Par ailleurs, combinée à celle du carré, la forme du cercle évoque une idée de mouvement, de changement d'ordre ou de niveau. (Le carré correspond, lui, à l'idée de stabilité.)

En tant que forme enveloppante, le cercle est un symbole de protection. Dans les rites magiques, il est d'ailleurs souvent utilisé à cette fin: on croit qu'être placé à l'intérieur d'un cercle nous rend inattaquable. Chez l'individu, cet aspect protecteur du cercle prend la forme d'une bague, d'un bracelet, d'un collier, d'une ceinture, d'une couronne...

Voilà pour les données que nous pouvons trouver dans le *Dictionnaire des symboles*. Selon Jung, maintenant, le cercle est l'image archétypale de la totalité de la psyché, le symbole du Soi et de la perfection. « Les rêves dans lesquels on parcourt une circonférence ont un sens positif; il en est de même de ceux où l'on se trouve à l'intérieur d'un cercle; ils sont la preuve du maintien de l'énergie psychique, celle-ci possédant un centre créateur », écrit le jungien Aeppli[1].

Curieusement, Pierre Daco donne d'un tel rêve une explication tout à fait différente et même contraire. Le cercle peut posséder une valeur magique et rendre inattaquable la personne qui s'y trouve, mais dans les rêves, affirme-t-il, se trouver à l'intérieur d'une circonférence peut tout aussi bien représenter la prison intérieure ou l'angoisse de sortir du cercle dans lequel on est affectivement pris. D'autre part, « il peut également symboliser le "giron maternel" dans lequel on reste bloqué par angoisse de la vie »[2].

1. Ernest Aeppli, *Les Rêves et leur interprétation*, p. 258.
2. Pierre Daco, *L'Interprétation des rêves*, p. 241.

Selon Claude B. Tedguy (qui a orienté son « abécédaire » uniquement dans le sens des rêves d'avertissement), le cercle symbolise l'incapacité de trouver une issue à une question importante ou de trouver une manière de se sortir d'une situation délicate. (Avouons que c'est un peu pauvre et unilatéral comme sens, mais tout de même à considérer.)

La sphère

La sphère a le même symbolisme que le cercle, qui en est la coupe ou la projection. Mais, ici, nous sommes dans l'ordre des volumes; la sphère correspond mieux à l'expérience vécue, puisqu'à trois dimensions. Dès les cultures archaïques, elle aurait symbolisé, selon Chevalier et Gheerbrant, la perfection et la totalité: « Si un être est conçu comme parfait, on l'imaginera symboliquement comme une sphère. » Passer de la sphère, du cercle ou de l'arc à une forme rectangulaire représenterait l'incarnation, alors que passer du carré au cercle représenterait un retour du créé à l'incréé, la perfection du cycle accompli.

La boule

Selon Bruno Bettelheim[3], une boule d'or est un symbole de perfection. Selon Aeppli, elle peut être une reproduction, sur le plan formel, du soleil (boule ou disque d'or).

Voir la forme ronde comme telle

Dans l'optique jungienne, les rêves de figures géométriques se rapportent, nous dit Ernest Aeppli, « à la concentration des énergies psychiques en un foyer interne, aux opérations qui s'accomplissent à l'intérieur de cette enceinte ». Ils révèlent une évolution de la personnalité vers son unité[4].

3. Voir Bruno Bettelheim, *Psychanalyse des contes de fées.*
4. Ernest Aeppli, *op. cit.*, p. 257 et 258.

À vrai dire, de tels rêves sont rares et font partie de ce qu'on appelle généralement les «grands rêves», qui apparaissent à un certain âge seulement, vers ou après la quarantaine, et lorsque l'individu a atteint un certain (pour ne pas dire un grand) degré d'accomplissement personnel et de maturité.

Le carré

Dans l'optique jungienne, le carré se rapporte, entre autres choses, aux quatre fonctions psychologiques: la pensée, le sentiment, la sensation et l'intuition. D'une façon plus générale, c'est «naturellement», affirme Aeppli, un symbole d'unité et d'intégralité[5].

Selon Daco, il est un symbole de stabilité et de santé intérieure. Il est aussi un symbole de la masculinité parce que... tenez-vous bien, «il est pointu aux quatre coins»! Puisqu'il est fermé, poursuit Daco, il peut symboliser une stabilité médiocre qui ne s'ouvre sur rien, une intériorité stéréotypée: «Il traduit une vie intérieure limitée à ses quatre coins, c'est le cas de le dire.» Lorsqu'on dit de quelqu'un qu'il est, par exemple, «carré en affaires», n'est-ce pas dire qu'il manque de souplesse? Ne dit-on pas: «je vais parler carrément, sans détours»? Et pourquoi pas «triangulairement», demande Daco[6]!

Pour Jung, le carré est le symbole de la matière terrestre, du corps et de la réalité.

Le cube

Selon Chevalier et Gheerbrant, le cube symbolise le monde matériel et l'ensemble des quatre éléments. Il a été considéré comme le symbole de la stabilité, ce qui explique qu'il est souvent à la base des trônes. Au sens mystique, c'est un symbole de la sagesse, de la vérité et de la perfection morale. Enfin, ce serait une image de l'éternité en raison non pas de son caractère spirituel mais de sa solidité.

---

5. Ernest Aeppli, *op. cit.*, p. 258.
6. Pierre Daco, *op. cit.*, p. 236.

Le rectangle

Selon Aeppli, le rectangle est une expression moins parfaite du carré. Pourquoi? Il ne nous le dit pas, mais c'est certainement parce que le carré a quatre côtés égaux alors que le rectangle n'en a que deux. Personnellement, j'ai exploré cette idée et j'ai ainsi découvert des choses intéressantes. En particulier, puisque, dans mes rêves, le carré est associé à mon père, j'en déduis, lorsque je vois cette forme à travers les dimensions d'une pièce, par exemple, que celle-ci concerne le père «parfait», sans défaut. Si, par contre, la pièce est rectangulaire, elle fait référence au «père imparfait», à celui auquel j'attribue des défauts ou contre lequel j'ai certaines récriminations. Voilà qui, pour une personne, est très utile à savoir!

Selon Chevalier et Gheerbrant, le rectangle est rattaché à la symbolique générale du carré. Dans la symbolique des Francs-Maçons, il représenterait «la perfection des relations établies entre la terre et le ciel et le désir des membres de la société de participer à cette perfection».

Le losange

C'est aussi une forme à quatre côtés, mais différente du carré ou du rectangle: en fait, elle est formée de deux triangles reliés par leur base. Selon Chevalier et Gheerbrant, le losange serait un symbole féminin représentant la vulve et, en conséquence, la matrice de la vie. Par extension, il signifierait «la porte des mondes souterrains», «le passage initiatique dans le ventre du monde». Très allongé, il signifierait les contacts et échanges entre le ciel et la terre, entre les mondes supérieur et inférieur, et, parfois, l'union des deux sexes.

L'ovale

Chevalier et Gheerbrant font remarquer qu'un ovale est une sorte de losange aux angles arrondis. En ce sens, on peut toujours faire le lien entre ces deux formes.

Quant à moi, je vois plutôt l'ovale comme une déformation de la forme ronde. C'est ainsi que, dans mes rêves, lorsque cette forme se présente, je sais facilement qu'il s'agit soit de ma mère elle-même déformée par la vie, ou encore de la perception déformée que j'ai d'elle. Qu'en est-il pour vous ? L'ovale se rapporte-t-il au losange ou à la forme ronde ?

Le triangle

S'il ne nous est pas trop difficile d'établir le (ou les) sens du cercle et du carré ainsi que de leurs « déformations », il n'en est pas de même du triangle, qui semble beaucoup plus mystérieux et hermétique...

Est-ce que cette forme vous dit quelque chose ? Si oui, empressez-vous de l'écrire ou de le formuler ! Quant à moi, ayant à faire mon « devoir » de rédaction, j'ai fait des recherches dans mes sources de référence et, ma foi, cela ne m'a pas éclairée ! Ernest Aeppli ne dit absolument rien sur cette forme qui, pourtant, est certainement aussi fondamentale que le cercle et le carré. Serait-elle donc mystérieuse et problématique en soi ?

Réfléchissons à l'aide de nos seules lumières : le triangle est une figure géométrique à trois côtés; il est donc relié à ce chiffre, comme le carré est relié au chiffre 4. Cela dit, nous n'avons pas tellement avancé!

Où voit-on des triangles ailleurs que dans des livres de géométrie ? Dans la forme de certaines montagnes et, peut-être aussi, de certains arbres minutieusement taillés; on peut en deviner aussi dans la forme du toit des maisons et dans certains autres objets.

Hum ! Voilà qui ne nous fait pas tellement progresser ! Ce n'est pas grave ! Poursuivons notre recherche : ne représente-t-on pas Dieu à l'aide d'un œil à l'intérieur d'un triangle ? À ce moment-là, le triangle serait peut-être un symbole de la divinité ? Alors, pas étonnant qu'il soit imprégné de mystère !

Parlant de mystère, y a-t-il quelque chose de plus frappant et de plus intrigant que les pyramides égyptiennes ? On se demande encore aujourd'hui comment on a fait pour les construire. Or une pyramide est un *trièdre*, qui est au triangle ce que le cube est au carré. Un trièdre a trois faces planes; une pyramide en a généralement quatre et sa base est quadrangulaire... Un mélange de 3 et de 4! Ça se complique, et sérieusement! Faisons appel à des spécialistes; allons voir ceux qui me semblent les plus aptes à nous éclairer là-dessus, Chevalier et Gheerbrant:

Le triangle équilatéral (3 côtés égaux) symbolise la divinité, l'harmonie et la proportion.

La divinité? Nous l'avons mentionné tout à l'heure, avec l'image de l'œil placé à l'intérieur d'un triangle. Mais pourquoi est-ce un symbole de la divinité? Parce que le triangle, au même titre que le cercle et le carré, contiendrait une idée de perfection?

L'harmonie et la proportion? Sans doute, parce que nous avons affaire ici, comme pour le carré, à des côtés parfaitement égaux. De plus, cette idée d'harmonie est peut-être reliée au symbolisme du chiffre 3: 3, c'est 2 + 1 ou 1 + 2, l'union de la dualité et de l'unité. Le point de jonction au sommet du triangle n'incarne-t-il pas la fusion de deux chemins différents qui finissent par se rencontrer? Le triangle pourrait alors figurer *l'union des contraires*, la synthèse qui réunit la thèse et l'antithèse dans la dialectique.

Prenons, par exemple, le rêve suivant: *Un homme (38 ans) rêve qu'il se trouve immobile sur un plan horizontal. Deux chemins obliques partent de ce plan, mais sans jamais se rejoindre.* Voilà bien un «rêve de triangle», un triangle inachevé, qui ne s'accomplit pas. Ce rêve est présenté par Pierre Daco, qui en donne une interprétation qui s'inspire des associations du rêveur lui-même. Les deux chemins représentent deux aspects de cet homme: sa vraie personnalité, ce qu'il est réellement (qu'il situe à droite), et sa tristesse, son «être sombre» (qu'il situe à gauche). Ce rêve lui indique sa propre situation psychologique; n'ayant pas intégré son passé difficile, il demeure tiraillé entre son Surmoi et sa personnalité libre, entre des forces contradictoires qu'il n'arrive pas à unir ou à surmonter[7].

Logique, non? Cela nous éclaire même sur le fait que le triangle est associé à l'harmonie et à la proportion. L'unité, en effet, est harmonieuse, alors que la dualité est division. La division mène souvent aux excès et à la démesure; quand une idée (une thèse) s'oppose à une autre (l'antithèse), il y a conflit, lequel peut prendre des proportions démesurées et mener à la guerre et à la destruction. La synthèse, elle, qui est l'union et l'intégration de la thèse et de l'antithèse, mène à l'équilibre, au centre du pendule.

(N'est-ce pas qu'en se donnant la peine de réfléchir, on finit toujours par trouver? C'est ainsi qu'il faut procéder lorsqu'on analyse ses rêves: même le plus ardu et le plus obtus des éléments finit toujours par s'expliquer et livrer son secret, pour autant qu'on y mette l'énergie et le travail nécessaires. Si plus rien ne va, on s'arrête et on reprend plus tard.)

Revenons à Chevalier et Gheerbrant. Que disent-ils d'autre sur le triangle? Chez certains peuples, lorsqu'il est rattaché au soleil et au maïs, il est un symbole de fécondité. La pointe en haut, il symbolise le feu et le sexe masculin; la pointe en bas, l'eau et le sexe féminin. Dans l'Alchimie, il est le symbole du feu. Dans la Franc-Maçonnerie, chaque sorte de triangle correspond à un élément: l'équilatéral (trois côtés égaux) à la terre, le rectangle (l'un des angles est droit) à l'eau, le scalène (trois côtés inégaux) à l'air, l'isocèle (deux côtés égaux) au feu.

Sur ces derniers sens, je dirais que nous avons ici affaire à un symbolisme bien précis qui exige, pour être bien compris et pour coller à nos propres perceptions, une connaissance initiatique longue et rigoureuse. Je serais fort surprise que l'un de ces sens puisse correspondre à la perception de monsieur et madame Tout-le-monde... De toutes façons, ils sont donnés à titre indicatif; il s'agit de savoir s'ils évoquent pour nous quelque

7. Pierre Daco, *op. cit.*, p. 235.

chose, et de faire notre choix. Quant à moi, il me semble que je pourrais considérer que le triangle est un symbole du feu (certaines flammes forment effectivement un triangle, de même que le feu lui-même, tel qu'on le voit dans un foyer). Quant à le voir comme un symbole du sexe masculin ou féminin, cela me laisse fort sceptique. Bien que... La pointe en bas, il pourrait représenter très schématiquement les organes génitaux féminins, incluant les trompes et les ovaires. La pointe en haut,... le phallus en érection ? Peut-être... Mais comme cela me semble lointain ! Et pour vous, qu'en est-il ?

Les lieux de nos rêves

Généralités

Tout comme les personnages de nos rêves, les lieux où nous nous trouvons nous sont généralement familiers: c'est dans telle maison, dans telle ville, dans tel quartier, chez un tel ou une telle, aux alentours de tel lac, devant ou près de telle rivière, etc. Pourquoi?

Les lieux où nous sommes passés sont remplis de signification pour nous, surtout si nous y avons vécu des émotions d'une certaine intensité. En particulier, la maison de notre enfance, celle où nous demeurons présentement ou toute autre habitation qui a acquis une certaine importance affective pour nous sont susceptibles de servir de contexte à l'un de nos rêves.

Comme pour n'importe quel symbole, les premières questions à se poser sont: « Que représente ce lieu pour moi? Qu'est-ce que j'y ai vécu de spécial? Comment est-ce que je le perçois? À qui ou à quoi peut-il être relié dans mon esprit? » Si, toutefois, cela ne suffit pas et que vous avez besoin d'en savoir davantage, ajoutons que certains lieux peuvent avoir une signification particulière.

Maison, logement et appartement

Nous avons consacré une section spéciale à la maison et aux différentes pièces qui la composent. C'est, généralement, un lieu très fréquent de nos rêves. Voir l'intérieur ou l'extérieur, se trouver dans telle pièce ou à tel étage, représente dans chaque cas quelque chose de différent. Si vous avez besoin de plus de renseignements, nous vous référons à cette section, qui explique en détail le sens d'une maison, de la cave au grenier.

Mentionnons toutefois ici que la maison, le logement et l'appartement n'ont sûrement pas la même connotation dans nos esprits. Une maison nous appartient, normalement; elle forme un tout complet en soi et nous y avons énormément investi. Un logement et un appartement ne nous appartiennent pas; ils ont un ou une propriétaire (notre propriétaire), que nous percevons sûrement d'une certaine manière. Pour moi, la différence entre un logement et un appartement est que le premier est vide lorsque nous le louons alors que le deuxième est meublé. Être et vivre dans ses meubles ou dans ceux de quelqu'un d'autre ne sont pas du tout pareils. Qu'il s'agisse de maisons, de logements ou d'appartements, il faut toujours examiner si nous les connaissons et, si oui, nous demander ce qu'ils peuvent représenter pour nous et ce que nous y avons vécu de particulier.

À la ville ou à la campagne ?

Il est bien évident que nous n'avons pas les mêmes perceptions de ces deux lieux selon que nous venons de la ville ou de la campagne. Nous ne sommes donc pas autorisés à dire que la ville signifie telle chose, et que la campagne signifie telle autre chose. Comme pour tout symbole apparaissant dans nos rêves, il faut nous demander ce que tel endroit signifie d'abord et avant tout pour nous. De plus, comme les lieux de nos rêves nous sont généralement très familiers, nous ne nous retrouvons pas nécessairement dans un lieu inconnu; la plupart du temps, c'est dans telle ville ou dans tel coin de campagne. Le tout est de nous demander alors ce que cette ville ou ce coin signifie pour nous.

Toutefois, il arrive que l'endroit nous soit tout à fait inconnu: c'est « dans une ville », simplement, ou « à la campagne ». Dans ce cas, il s'agit de nous demander ce que signifie pour nous, en général, un décor de ville ou de campagne.

Selon Pierre Daco et Ernest Aeppli, la ville est (ou peut être) un symbole maternel puisqu'une ville protège par ses enceintes, ses fortifications et ses portes. « Une ville contient en elle les habitants (les enfants) comme une mère en son ventre », écrit Daco [1]. Elle peut être aussi, dit-il, un symbole de mort: la ville tentaculaire qui engloutit les individus en leur laissant l'impression d'abandon et d'anonymat... [2] De la ville-mère à la ville-symbole de l'Anima, il n'y a qu'un pas, que Daco franchit allègrement: « En tant qu'Anima négative, la ville est ressentie comme étant hostile, corrompue, fascinante », écrit-il [3].

Que penser d'un tel symbolisme de la ville ? À mon avis, il est à prendre avec des pincettes. Il est très général et le rapport établi entre la ville « protectrice » et la mère me semble plutôt lointain, d'autant plus que ce lien dépend grandement de la manière dont notre mère a pu se comporter à notre égard durant notre enfance; si c'est notre père et non notre mère qui a exercé ce rôle protecteur, alors la ville ne peut plus représenter la mère... À nous de juger et de décider. Quant à moi, je dirais que notre réflexion doit s'orienter tout simplement sur l'opposition ville-campagne.

Les pays et les continents

Vous est-il déjà arrivé de vous retrouver en rêve dans un certain pays d'Afrique ou d'Asie ? C'est dans le domaine des possibilités ! Personnellement, j'ai « connu » ainsi sept pays: l'Iran, l'URSS, la Roumanie, la Tchécoslovaquie, la Belgique, la France et les États-Unis. Les seuls que je connais réellement sont la France, la Belgique et les États-Unis, encore qu'en ce qui concerne ces derniers, j'ai visité uniquement le nord-est: le Maine et le Connecticut...

---

1. Pierre Daco, *L'Interprétation des rêves*, p. 153.
2. *Ibid.*, p. 109.
3. *Ibid.*, p. 154-155. Sur la signification de l'Anima, voir la section consacrée aux personnages.

Donc, en ce qui concerne les continents ou les parties du monde, je me suis retrouvée en Amérique du Nord, en Europe de l'Ouest, en Europe de l'Est et dans un pays arabe. Je n'ai jamais rêvé de l'Asie, ni de l'Australie, ni de l'Afrique, ni même de l'Amérique du Sud... (À la vérité, ces quatre coins du monde ne m'intéressent guère et ne me disent rien en tant qu'éventuelle touriste.) Mais supposons que je rêve, la nuit prochaine, que je suis au Chili. Comment devrais-je interpréter cela ? Je me pose d'abord la question : « Que représente pour moi le Chili ? »

C'est un pays d'Amérique du Sud, et l'Amérique du Sud est un coin où je ne suis pas du tout intéressée à aller... Or m'y voici en rêve! Me voici placée quelque part où je ne voudrais pas être... L'analyse commence bien ! Est-ce à dire que le rêve me parle d'une situation que je n'aime pas ou que je ne souhaite pas ? C'est possible ! Puis-je en dire autre chose ? Le Chili... Salvador Allende... Le général Pinochet... La dictature... Me voici dans un pays à régime militaire et dictatorial ! Hum ! Il y a de la politique dans l'air ! Les relations de pouvoir et d'autorité ne sont pas loin !

Et voilà ! J'ai cerné la signification que le Chili avait pour moi et, du même coup, j'ai identifié le thème de mon rêve. C'est ce qui s'appelle « faire d'une pierre deux coups » !

On a toujours quelque chose à dire d'un pays ou d'un continent, même si on n'y a jamais mis les pieds; on en a entendu parler, et cela a développé en nous une certaine image de cet endroit. Or c'est sur cette image que travaille notre inconscient producteur de rêves, ne l'oublions jamais. À notre Moi conscient, maintenant, de la travailler !

En passant, Jung a dit de l'Afrique qu'elle était « le continent noir », *donc* un symbole de l'inconscient. Entre nous, voyez-vous le rapport entre noir et inconscient ? Oui, sans soute, si vous associez la couleur noire avec ce qui est inconscient (obscur, non perceptible). Sinon, vous aviez sûrement donné votre langue au chat !

Dans le Sud au soleil...

Quel habitant du Nord, qu'il soit Européen, Canadien, Québécois, ou autre, ne rêve pas de la chaleur d'un pays du Sud où il fait toujours soleil ? Il est bien évident que les orientations Nord-Sud ont une signification particulière. Mais... « Nord-Sud », ai-je dit ? Au Québec, c'est le titre d'une émission qui porte sur « les relations Nord-Sud », c.-à-d. sur les pays développés (le Nord) et sous-développés ou en voie de développement (le Sud). On ne parle plus ici du tout de la même chose ! Et pour vous, nord et sud signifient quoi ? Froid et chaleur, ou richesse et pauvreté ? À moins que ce ne soit autre chose ? Selon le cas, le sens du rêve sera tout différent, on s'en doute bien !

Mais attention ! Ne tombons tout de même pas dans le relativisme subjectif le plus total: nord et sud n'ont pas 56 000 significations: ou bien ils représentent le froid et la chaleur, ou bien la richesse et la pauvreté, ou bien deux ou trois autres choses. En creusant un peu, on pourrait leur trouver immédiatement un troisième sens: sud = chaleur = lumière = conscience. Nord = froid = (en opposition avec le sens du sud) = inconscience. À ce moment-là, ce qui se trouve au nord, dans nos rêves, signifierait quelque chose dont nous n'avons pas conscience, alors que ce qui se trouve au sud – à la lumière et à la chaleur – symboliserait une réalité dont nous sommes conscients. Pour moi, c'est ce dernier sens qu'ont les directions nord et sud. Qu'en est-il pour vous[4] ?

« À la caisse ! »

Ah ! Que voilà une expression extrêmement significative pour moi ! Mais pour vous ? Déjà, si vous êtes européen ou européenne, c'est certainement très différent. Au Québec, nous avons des *banques* et des *caisses*.

4. Pour plus de détails, consulter la section sur les directions. Il y est aussi question des pays et des continents, puisque l'Asie se trouve à l'est et l'Afrique au sud, entre autres.

(En réalité c'est la même chose, comme les partis « conservateur » et « libéral », la Banque nationale de Paris ou le Crédit lyonnais, mais... Il y a tout de même une petite différence, ne serait-ce que dans le mot...)

Voici que dans tel rêve, je me trouve dans telle banque, pour faire telle transaction... Qu'est-ce à dire ? Qu'est-ce qu'une banque a de spécial ? Et quelle différence peut-il y avoir, dans mon esprit, entre la Banque Royale, Nationale, Continentale, etc. ? Réfléchissons : les questions bancaires sont des questions financières, des questions d'argent. Et Dieu sait si l'argent est important ! Pas d'argent, pas de « plaisirs »... Pas d'argent, même le minimum nous manque...

Lorsque nous allons à la banque, c'est sérieux ! Ou bien nous y faisons un dépôt (« y'a rien là ! »), ou un retrait (rien là non plus), ou bien un emprunt (c'est déjà plus stressant !). Ou bien... Ou bien il s'agit d'autre chose... Par exemple, il est question de payer, de « passer à la caisse » ! Il se peut donc qu'avoir affaire à une banque signifie avoir à régler certaines choses, voire même une dette morale envers quelqu'un, qui sait.

Par ailleurs, la banque est un rouage extrêmement important du système social. Elle peut donc signifier aussi des problèmes à résoudre quant à notre attitude face au monde extérieur et à autrui, élargi à la société comme telle. Quoi qu'il en soit, il faut toujours examiner de près de quelle banque il s'agit, ce que cette banque représente pour nous et ce qui s'y passe dans le rêve, car le problème précis auquel nous y faisons face est toujours un précieux indice.

Signalons au passage que selon Ernest Aeppli, la banque symboliserait « une centrale d'énergies internes »... Lorsque, par exemple, nous avons déposé de l'argent dans une banque (étrangère) et que notre capital est bloqué, le sens d'un tel rêve serait qu'il y a en nous des énergies dont l'accès nous est momentanément interdit. Autres variantes, toujours selon Aeppli : « Celui qui peut en retirer quelque chose vient ajouter de nouvelles forces au monde de son activité; si au contraire il y dépose des valeurs, il retire des énergies qui étaient jusqu'alors en circulation. Rêver d'un cambrioleur qui tente de pénétrer dans la banque par en bas en perçant le plancher est le signe qu'une attaque se produit contre notre réserve énergétique en provenance des profondeurs intimes, du monde de l'ombre, de ce qui nous paraît situé en bas. Nous nous demandons: qui peut faire un vol dans notre réserve de forces ? »[5]

Que penser d'une telle interprétation ? À chacun et chacune de juger si ce sens (qui ne peut certainement pas prétendre être *le* sens d'une banque) lui convient ou non, correspond à ses propres perceptions ou non. L'idée qu'une banque représenterait une « centrale d'énergies » ne me semble pas bête, cependant, puisque l'argent peut être pris au sens d'un moyen – d'une « énergie » – qui nous permet d'agir et de faire. Quant au sens d'un dépôt et d'un retrait, ce que dit Aeppli me semble plutôt aléatoire – et bien personnel... Mieux vaut se demander ce qu'un dépôt et un retrait signifient pour nous, encore une fois, et, surtout, tenir compte de tout le contexte du rêve.

Hôtel, motel, auberge et pension

Les « rêves d'hôtel » semblent assez fréquents. Comme pour tout autre lieu ou tout autre élément de rêve, il faut d'abord se demander ce qu'un hôtel peut représenter pour nous, et examiner si l'hôtel de notre rêve nous est connu ou ressemble, même vaguement, à un hôtel où nous sommes déjà allés.

Au même titre qu'une banque, un hôtel est une partie du système social, mais sous un aspect différent, bien entendu. Ici, il s'agit de nous loger temporairement, particulièrement au cours d'un voyage ou d'une séance d'étude quelconque (si nous allons à un congrès ou autre événement du genre). Un hôtel a donc sûrement quelque chose de plus *intimiste* qu'une banque...

L'attitude des gens de l'hôtel à notre égard est un élément à considérer, de même que la qualité de l'hôtel

5. Ernest Aeppli, *L'Interprétation des rêves*, p. 255.

en question. Aeppli affirme que cette qualité (qui peut aller du grand luxe américain jusqu'au délabrement le plus attristant) nous renseigne sur celle de l'« espace psychique » dans lequel nous nous mouvons. Pierre Daco soutient le même point de vue, mais ajoute qu'un hôtel peut être aussi... un symbole maternel. Pourquoi ? Parce que, dit-il, on y est pris totalement en charge, comme par sa maman lorsqu'on est enfant. Si par contre nous nous promenons d'hôtel en hôtel, cela peut être interprété comme le symbole d'une dispersion intérieure, d'une errance dans la vie[6].

Peut-être, mais c'est loin d'être certain. Il faut toujours examiner les choses selon le cas, l'individu et le contexte du rêve. D'autres sens peuvent alors apparaître. Je me souviens d'un homme d'environ 35 ans qui s'était mis à rêver d'hôtels seulement après y être allé pour son travail, lors de réunions syndicales. Il n'y était jamais allé avant, jamais pour lui seul ou par simple plaisir. « Hôtel » et « vie d'hôtel » étaient donc pour lui étroitement reliés à « vie syndicale », et il a d'abord fallu qu'il réfléchisse sur cette dernière pour découvrir le sens des hôtels de ses rêves. Or, pour lui, « vie syndicale » signifiait « relations de pouvoir et d'autorité ». En réfléchissant sur « hôtel », il a fait l'association suivante: « Quand je vivais chez mes parents, j'avais un peu cette impression de vivre comme dans un hôtel, de ne pas vraiment être chez moi, sauf dans ma chambre, et encore... Mes parents ne s'entendaient pas et l'autorité exercée par ma mère était forte. » Ah ! Voilà le point majeur et, malheureusement, les Aeppli et les Daco ne nous parlent pas de ce genre d'associations ! Les rêves d'hôtel de notre homme le ramenaient tout simplement à la maison parentale et à son atmosphère d'hôtel étouffante ! Notons que dans ce cas, l'hôtel n'a rien à voir avec la « protection maternelle » (c'était plutôt le contraire!), ni avec « l'espace psychique » du rêveur !

En passant, mentionnons que motel et hôtel peuvent représenter un petit quelque chose de différent. Lequel

6. Pierre Daco, *op. cit.*, p. 305.

préférez-vous? Dans l'un on est à l'intérieur de la bâtisse et dans l'autre, à l'extérieur, dans une rallonge, en quelque sorte.

Une auberge (plus petite et intime) a encore un sens différent. Là aussi il faut voir son allure générale, l'attitude des aubergistes et ce qu'une auberge évoque pour nous. Aeppli signale qu'une auberge symbolise une vie simple et forte, parfois rude. Pourquoi ? C'est sûrement parce qu'il imagine une auberge du style de celles que l'on voit dans certains films des siècles passés ou dans certains contes de fées ! Si c'est votre cas, alors suivez Aeppli dans son interprétation. Sinon, vous êtes encore ramenés à vos propres perceptions, et non aux siennes !

Enfin, il se peut que nous nous retrouvions en rêve dans une pension. Qu'est-ce qu'elle a de spécial ? Sans doute le fait que l'intimité y est encore moins assurée et qu'elle donne une impression de vie familiale.

Une école

« Qui a eu cette idée folle, un jour, d'inventer l'école », dit une chanson. Lieu d'apprentissage, d'acquisition de connaissances, – et d'exercice de l'autorité... La relation maître-élève, une relation hiérarchique.

Bien souvent, l'école de nos rêves (ce qui ne signifie pas ici l'école idéale !) nous est connue : c'est telle école primaire où nous avons fait nos premières années scolaires, ou telle autre, où nous aurions peut-être préféré aller... C'est telle autre école, mais de niveau secondaire, tel collège ou lycée, à moins que ce ne soit telle université.

L'identification de l'école en question peut nous ramener à telle époque de notre vie ou, encore, à telles ou tels amis que nous fréquentions alors, ou à tel problème ou telle situation que nous vivions à ce moment-là. D'un autre côté, le niveau scolaire peut être aussi un indice de notre propre degré de compréhension et de connaissance de soi; ce fut le cas d'un homme de 45 ans qui, pendant près de trois ans et demi, rêvait toujours à une même école, celle où il avait fait ses huit premières années d'études. Puis, un beau jour, il s'est vu à l'université. Avec toutes les connaissances qu'il avait acquises sur lui-même en étudiant ses rêves, il avait effectivement le droit de « monter d'échelon » ! Ce n'était plus un enfant, mais un véritable adulte !

Qui dit école dit professeurs, cours et examens. Selon Pierre Daco, « tout examen est une forme de jugement »[7]. On ne peut guère lui refuser un tel sens ! Il s'agit, en effet, de passer un test, une épreuve sur sa propre valeur qui est, souvent, en lien avec le jugement et la reconnaissance d'autrui : je suis jugée par tel professeur (représentant alors l'autorité sociale ou extérieure), ou tel groupe de personnes, et toujours dans le cadre d'une institution sociale et culturelle.

Le sujet du cours ou de l'examen peut avoir son importance et nous lancer sur la piste du thème du rêve. Les personnes présentes dans la classe ne sont pas, elles non plus, à négliger. Nous sont-elles connues ? Si oui, c'est probablement le signe que le problème sur lequel porte le rêve est en rapport avec ces personnes, ou que nous le partageons avec elles. Si elles nous sont inconnues, alors il faut voir de quoi elles ont l'air. S'agit-il d'un groupe unisexe, seulement des hommes ou seulement des femmes ? Est-ce un groupe mixte ? Quel est l'âge des personnes ?

À l'hôpital

Aller à l'hôpital, c'est un peu comme aller au garage : il s'agit de réparations... Bien sûr, cependant, l'objet de la réparation n'est pas le même dans les deux cas ! On va au garage pour faire réparer une défectuosité de sa voiture (voir la signification de ce symbole dans la section sur les véhicules), alors qu'à l'hôpital, on soigne les blessures du corps – et parfois aussi celles de l'esprit...

Comme en ce qui a trait à tout autre lieu, il faut d'abord examiner si l'hôpital en question nous est

---

7. Pierre Daco, *op. cit.*, p. 299.

connu. C'est généralement le cas. Que faire, alors ? Il est bien certain que si nous avons déjà travaillé dans tel hôpital et que nous nous y retrouvons en rêve, ce dernier peut nous ramener à cette époque de notre vie ou faire allusion à quelque chose que nous y avons vécu ou à telle personne, à laquelle nous avons eu alors affaire.

D'un autre côté, si nous sommes tout simplement « à l'hôpital », un hôpital inconnu et impersonnel, alors celui-ci peut être pris dans un sens purement symbolique. C'est ce que font Aeppli et Daco. Le premier affirme qu'être à l'hôpital signifie que l'on connaît des difficultés psychiques; devoir subir une opération signifierait alors que quelque chose en nous doit être éliminé. À mon avis, il est fort probable que ce soit vrai, particulièrement si nous apprenons auparavant que nous souffrons (en rêve seulement!) de telle ou telle maladie: cette dernière est à prendre au sens symbolique, bien entendu[8].

Quant à Daco, il va plus loin et... y voit encore un symbole de la mère ! En effet, selon lui, l'hôpital serait un symbole maternel, comme la ville et l'hôtel, car certains de ces « rêves d'hôpitaux » montreraient « le désir d'être pris totalement en charge et de pouvoir cesser ainsi tout combat en abandonnant ses responsabilités »[9]. Derrière cette douce irresponsabilité, il y a le profil de la mère « qui recueille, qui apaise, qui berce, qui nourrit »... Pour autant, bien sûr, qu'on l'ait connue, cette mère ! Et pourquoi un hôpital ne serait-il pas plutôt un symbole paternel, si c'est notre père qui a exercé ce rôle protecteur ? Ah ! Qu'il faut se méfier de ces interprétations toutes faites !

Une autre marotte de Pierre Daco, c'est de voir un peu partout la crainte de la castration, thème qui revient souvent dans son livre. En ce qui concerne les rêves d'hôpitaux, il soutient qu'ils sont peut-être dus à la crainte de la maladie, à l'angoisse de la vieillesse ou à la

---

8. Sur le sens des maladies, voir la section sur le corps et ses différentes parties.
9. Pierre Daco, *op. cit.*, p. 304.

peur d'un accident. Le bloc opératoire symboliserait « la crainte de mutilation et de castration de la personnalité »[10]. (Peut-être est-ce votre cas ? ?) Tout dépend du contexte, évidemment, et de ce que nous ressentons dans le rêve. À mon sens, une opération signifierait davantage, selon l'optique d'Aeppli, qu'il s'agit d'enlever ce qui *doit* être éliminé en nous.

À l'église

Voilà un lieu qui, dans notre esprit, doit représenter quelque chose d'important, voire de solennel : c'est un lieu de silence et de recueillement, la maison de Dieu et le contact avec ses représentants sur terre, les prêtres. C'est ce qui fait dire à Daco et à Aeppli qu'une église est un lieu de renaissance interne, de paix et de renouvellement. Lorsque nous sommes à l'intérieur d'une église, selon Aeppli, c'est que nous devons apprendre à nous recueillir ou à entendre quelque chose d'important concernant le sens de notre vie ; si, par contre, l'entrée en est verrouillée, ce serait là un signe que ce n'est pas pour nous la voie à suivre, peut-être parce que nous nous sommes trop longtemps réfugiés dans les enseignements sécurisants et superficiels de la religion... Point intéressant, Aeppli dit qu'à l'aide du contexte du rêve, on ramène souvent à notre mémoire des souvenirs qui ont leur origine dans le catéchisme ou dans les explications religieuses qu'on nous a données dans notre enfance. Ajoutons à cela que, bien plus souvent encore, ce genre de rêve nous donne l'occasion de faire le point sur l'emprise qu'a eue, et continue inconsciemment d'avoir, sur nous la morale religieuse étroite.

Daco y voit, encore une fois, un symbole de... la mère (ne dit-on pas « notre sainte Mère l'Église », nous rappelle-t-il). En fait, cette projection du symbolisme de la mère sur un peu n'importe quoi (en particulier sur tout lieu englobant et « sécurisant ») vient de Jung. À mon sens, il vaut mieux se méfier de pareilles analogies,

---

10. *Ibid.*, p. 304.

même si elles viennent d'un esprit aussi sérieux que Jung.

Aeppli affirme une chose qui me semble très surprenante. Selon lui, il est rare que, dans les rêves, il soit question de notre église natale ou de celle de la ville où nous habitons. On rêverait plutôt à des églises « impersonnelles ». Mon expérience des rêves me fait plutôt affirmer le contraire ! Je me rappelle même avoir questionné des personnes sur telle église de leur rêve qu'au premier abord elles jugeaient précisément inconnues; or, à y regarder de près, celle-ci ressemblait, finalement, à l'église de leur ville natale, ou à telle chapelle... Quoi qu'il en soit, il faut toujours l'examiner attentivement pour voir si, justement, elle ne ressemblerait pas à telle ou telle église connue; si oui, il est alors fondamental de tracer notre perception de cette église et ce que nous avons pu y vivre comme expérience.

Pour reprendre ce que dit Aeppli à propos de la résurgence de certains souvenirs, notons que l'église est un lieu où nous pouvons (voire même devons) nous sentir petits et humbles... La toute-puissance de Dieu est sacrée et, devant elle, nous ne sommes pas grand-chose (certains théologiens affirment même que nous ne sommes rien...) Peut-être comme lorsque nous sommes des enfants ? Que sommes-nous, en effet, sans nos parents ? Ceux-ci ne nous apparaissent-ils pas tout-puissants ? Alors, il est possible qu'une église nous ramène à ce temps de notre enfance où nous n'étions pas du tout autonomes et où nous subissions l'énorme pouvoir de nos parents et des adultes. C'est *possible.*

Évidemment, il faut aussi tenir compte de la manière dont nous ressentons le décorum religieux et ecclésiastique; pour certaines personnes, une église peut représenter un lieu de sérénité et d'apaisement, de réconfort et d'espérance, alors que d'autres y verront une mascarade. Dans ce dernier cas, le ou la rêveuse y trouvera un sens tout différent de celui que lui donneront les autres ! « Me voici dans ce qui est pour moi un lieu de réconfort... » « Me voici dans ce qui représente pour moi un lieu de pouvoir abusif de gens qui profitent de la naïveté de leurs ouailles... » Voilà deux perspectives tout à fait différentes! Et le sens du rêve le sera tout autant!

Retenons tout de même l'importance fondamentale du lieu: tout rêve d'église manifeste certainement qu'il est question de quelque chose d'important nous concernant ou concernant notre attitude face à certaines réalités, que ce soit l'autorité qui s'exerce sur nous (si c'est cet aspect qu'évoque essentiellement pour nous une église), le sens de la vie, ou toute autre chose qu'évoque pour nous un tel lieu. Notons aussi qu'il y a une différence entre une chapelle d'école ou de campagne, une petite et une grosse église, une cathédrale et une basilique: la grandeur importe et la solennité des lieux augmente avec elle! Plus le lieu est impressionnant, plus le contenu qui y est révélé risque de nous impressionner!

Au restaurant

Restons dans le cadre dominical. Pourquoi ne pas aller dîner ou souper au restaurant pour faire changement et libérer maman de la corvée de la cuisine? À bien y penser, un restaurant a peut-être certaines analogies avec l'hôtel. Dans les deux cas, nous ne sommes pas chez nous, dans nos affaires, et nous nous laissons servir; rien à préparer, et rien à ranger non plus. Par contre, il faut payer pour cette libération... Que signifie pour vous le fait d'aller au restaurant? Un plaisir que vous vous payez de temps en temps, le plus souvent possible, ou une contrainte de travail qui pèse parfois lourd sur votre portefeuille? Forcément, le sens du rêve dépendra de la manière dont vous le percevez.

Dans un tel rêve, il faut toujours examiner les points suivants: Dans quel restaurant êtes-vous? Vous est-il connu? Est-ce une «binerie» ou un «quatre étoiles»? Que commandez-vous ou que vous sert-on? (Ou peut-être avez-vous commandé tel mets et vous a-t-on apporté tel autre?) Que représentent pour vous ces mets? Avec qui êtes-vous? Comment se comporte le personnel envers vous? Peut-être êtes-vous plutôt au bar, ou dans tel bar? Voilà qui est quelque peu différent!

Salle de concert, théâtre, cinéma

Ces trois lieux ont, bien sûr, quelque chose en commun : on y va pour voir un spectacle quelconque. La nature de ce spectacle est importante à examiner. Qu'est-ce qu'on présente ? Quel est le sujet de la pièce de théâtre ou du film ? S'il s'agit d'un concert, quels sont les auteurs au programme ? Que pensez-vous de ces musiciens ?

Parfois, il arrive qu'on ne puisse pas identifier ce sujet ou encore, que nous n'assistions pas au spectacle : le rêve se déroule avant. Dans ce cas, si on ne peut dire de quoi il est question sur la scène, c'est peut-être qu'au moment du rêve, nous ne savons tout simplement pas de quoi il est question, nous ne savons pas ce que nous avons besoin de regarder. Ou bien il nous faut le chercher par les indices que fournit le rêve, ou bien c'est que ce n'est pas important de le savoir à ce stade-ci. Ce qui importe, c'est précisément ce qui se passe avant : un tel rêve est peut-être simplement une préparation à un autre rêve, qui viendra plus tard et qui, lui, nous indiquera le sujet...

Au magasin

Tout comme le réseau des banques, de l'hôtellerie ou des transports, les magasins font partie du système social ; on pourrait les considérer comme des ressources qui nous sont offertes, mais que nous devons payer. Comme pour tout autre lieu, il faut examiner l'endroit lui-même pour repérer s'il nous est connu ou non. Il faut aussi regarder de quel magasin il s'agit, ce que l'on y vend : il peut s'agir d'un magasin d'alimentation pouvant aller du supermarché à l'épicerie familiale, en passant par le dépanneur du coin. De plus, la marque de commerce, lorsqu'elle est identifiée, est à étudier : quelle différence, par exemple, faites-vous entre un Steinberg, un Dominion et un Provigo ? Et qu'est-ce que vous y achetez de spécial ? Que représente ce produit ou cet aliment pour vous ? Car vous pourriez aussi, plus spécifiquement, vous retrouver dans une boucherie, une charcuterie ou une pâtisserie : tous les produits qui y sont vendus de façon exclusive ont chacun leur signification, cela va de soi.

Peut-être s'agit-il d'un magasin de vêtements ? En ce cas, de quels vêtements s'agit-il ? Est-ce une boutique ou un immense magasin à rayons ? Que pensez-vous de ces deux types de magasins et lequel préférez-vous ? Ou vous voilà peut-être, plutôt, dans un magasin de meubles et d'appareils électro-ménagers ? Dans ce cas, vous êtes plongés dans la décoration de votre intérieur ou dans ce que représente tel type d'appareil ménager : un frigo pour conserver les aliments, une cuisinière pour la cuisson, à moins qu'il ne s'agisse de la plomberie ou de quelque réparation à faire ? Vous voilà peut-être au « Castor bricoleur » que vous êtes ou que vous devriez être !

Bref, quel que soit le magasin de votre rêve, il suffit de l'identifier et d'examiner ce que représente ce qu'on y vend. Il faut aussi, bien sûr, examiner ce qui s'y passe.

Au salon de coiffure ou d'esthétique

Il saute aux yeux que ces deux endroits ont rapport avec notre apparence. S'y trouver en rêve est donc un merveilleux indice pour nous amener à identifier ce thème. Bien entendu, il faut tenir compte des autres éléments et du contexte du rêve pour savoir de quoi il s'agit exactement. En ce qui concerne la coiffure, il faut travailler sur le sens probable des cheveux; pour l'esthétique, il s'agit d'étudier la partie du corps concernée.

Dans le désert, dans une plaine, à la montagne ou dans une forêt

Pour finir ce tour d'horizon des divers lieux où nous pouvons nous retrouver en rêve, parlons de ces endroits particuliers que sont le désert, la plaine, la montagne et la forêt.

La *montagne* est un symbole qui revient fréquemment dans les rêves. Par rapport à la *plaine*, elle représente généralement un effort à fournir puisqu'il faut grimper, monter, pour accéder au sommet. Elle peut aussi contenir un aspect de danger puisque, bien souvent, il faut davantage faire attention à l'endroit où on met le pied pour ne pas tomber: une chute risque d'y être plus grave que si nous sommes sur une surface plane !

Selon Chevalier et Gheerbrant, la montagne renferme un symbole de verticalité. Elle est le lieu des personnages divins et exprime les notions de stabilité, d'immuabilité et parfois même de pureté. Comme il peut, bien souvent, être question de pente à gravir et de hauteurs, la montagne représente souvent un idéal à atteindre; c'est la raison pour laquelle tant de spécialistes en symboles y voient une image de l'ascension spirituelle et du progrès vers la connaissance. En effet, les hauteurs représentent un degré plus élevé de la conscience et, dans nos rêves, c'est ce progrès de la conscience que peut symboliser le fait de gravir une montagne.

Le *désert,* quant à lui, est une terre de désolation, d'aridité et de stérilité; c'est pourquoi Ernest Aeppli y voit la manifestation d'une « période désertique avec toutes les dangereuses manifestations qui accompagnent la solitude »[11]. Dans le christianisme, c'est le lieu de la tentation diabolique. Notons que le désert est un lieu que l'on pourrait aussi qualifier de vide et de sans ressources.

Enfin, la *forêt* est un autre lieu dont le symbolisme a été fort étudié. On y voit un symbole de l'inconscient, au même titre que la mer ou l'océan, une image de la vie inconsciente avec ses richesses et ses obscurités, ses dangers et ses clairières. Pénétrer dans une forêt, c'est, en somme, pénétrer en soi-même. Certains disent même qu'elle peut être le haut lieu d'une recherche spirituelle. Selon Aeppli, elle est souvent à étudier en fonction des animaux qui y apparaissent. Toujours d'après cet auteur, elle symboliserait notre nature primitive, si on est jeune, ou un aspect oublié de soi-même qui s'y cache, si on est plus âgé[12].

11. Ernest Aeppli, *op. cit.*, p. 214.
12. *Ibid.*, p. 216-217.

La maison et ses différentes pièces

Ce qu'on en dit généralement dans les livres

Bien des auteurs considèrent que la maison représente, en rêve, l'individu lui-même: l'extérieur représente notre apparence, ce que nous reflétons aux yeux d'autrui et aussi de nous-même, alors que l'intérieur représente plutôt notre état psychique. En voici quelques exemples.

Pour Pierre Daco, la maison représente la personnalité. Il donne l'exemple suivant: *Un homme rêve qu'il rentre chez lui. Sa maison se trouve près d'une sinistre usine; elle est devenue minuscule et le toit est brisé.* Selon son interprétation, la maison rapetissée indique un sentiment de diminution de la personnalité chez le rêveur; l'usine sinistre représente l'échec et... « de plus, cet homme craint de perdre ses facultés intellectuelles, imagées ici par le toit de la maison » [1]. Dans son lexique, il précise que la maison est un symbole du paraître social (la façade) et de l'être intérieur (le foyer, la vie de l'âme). Enfin, point qu'il partage avec plusieurs auteurs, il affirme que l'intérieur de la maison est le domaine de la femme, de la mère. Chez l'homme, il symboliserait souvent l'Anima.

---

1. Pierre Daco, *L'Interprétation des rêves*, p. 51. Voilà une interprétation qui me semble bien rapide et très mécanique; Daco parle souvent du complexe de castration, qu'il a une nette tendance à projeter partout.

Selon Gaston Bachelard, la maison a un sens analogue; ses étages, sa cave et son grenier symboliseraient divers états de l'âme. La cave correspond à l'inconscient et le grenier à l'élévation spirituelle... C'est un symbole essentiellement féminin pour lui aussi, avec le sens de refuge, de mère, de protection, de sein maternel... (C'est là aussi le sens freudien de la maison, on s'en serait douté !)

Selon Aeppli, la maison représente notre réalité psychique. Cet auteur précise cependant – et avec raison – qu'il est important de tenir compte de quelle maison il s'agit car, bien souvent, nous rêvons d'une maison bien déterminée, de pièces bien connues ou, encore, nous voyons des morceaux de différentes maisons empruntés à la fois à la réalité et à l'imaginaire.

En psychanalyse, nous apprennent Chevalier et Gheerbrant, la maison doit être étudiée en fonction de ses pièces; l'extérieur représente notre apparence; le toit symbolise la tête, l'esprit, le contrôle de la conscience; les étages inférieurs (sous-sol, cave) représentent l'inconscient et les instincts, tandis que la cuisine est... le lieu des transformations psychiques ! Mentionnons que cette dernière idée vient du fait que c'est dans la cuisine que se transforment les aliments en nourriture apprêtée. Or, comme c'est essentiellement la mère qui, traditionnellement, cuisine, il n'y a qu'un pas à franchir pour conclure que la maison appartient à la mère !

Critique

Que penser de cette symbolique attribuée « officiellement » à la maison ? À mon sens, il faut en prendre et en laisser. Il est possible que parfois, la maison (ou plutôt une maison, spécialement si elle nous est inconnue ou si c'est la nôtre), nous représente effectivement : c'est une possibilité à examiner, mais sûrement pas un sens à appliquer automatiquement à tout rêve de maison. J'aurais même tendance à dire que c'est peut-être là un sens secondaire ou peu fréquent. Alors, qu'est-ce que la maison peut signifier d'autre ?

De quelle maison s'agit-il ?

D'abord, il faut examiner attentivement la maison comme telle. Est-ce une maison inconnue ? Est-ce celle de votre enfance? Est-ce celle de vos parents, de vos grands-parents, d'un oncle ou d'une tante ? D'un ou d'une amie ? D'un confrère ou d'une consœur de travail ? Serait-ce une maison que vous avez simplement vue à un moment donné ? Tout cela est très important quant au sens qu'elle peut avoir pour vous.

De deux choses l'une, donc: ou bien cette maison vous est connue et bien identifiable, ou bien c'est une maison « impersonnelle », une simple maison, sans plus, sans caractères définis. Dans le premier cas, ce qui importe, c'est ce que cette maison représente pour vous. Comment la percevez-vous ? Comment vous y sentez-vous ? Que pensez-vous de son ou de ses propriétaires et de la façon dont ils l'ont aménagée et y vivent ? Avez-vous vécu quelque chose de particulier dans cette maison, par rapport à ses occupants ou occupantes par exemple ? Voilà ce qui importe !

La plupart du temps, la maison de notre rêve nous est connue: nous voilà chez nos parents, chez notre oncle X, chez notre grand-père (ou grand-mère), ou dans tel ancien logement... Être chez quelqu'un est déjà significatif en soi : cela peut signifier soit que le problème dont parle le rêve concerne cette personne ou lui est relié d'une quelconque façon, soit que ce rêve nous ramène à quelque chose qui s'est passé dans cette maison, récemment ou par le passé.

Imaginons, par exemple, une personne qui, dans son enfance, a connu au moins deux maisons: dans la première, elle a vécu jusqu'à l'âge de 7 ans et, dans la deuxième, jusqu'à l'âge de 18 ans. Maintenant, ses parents demeurent dans une troisième résidence. Si cette personne rêve qu'elle se retrouve dans la deuxième maison parentale, il est pratiquement sûr que son rêve la reporte à l'époque vécue entre ses 7 et ses 18 ans. Mais de quoi est-il question ? Ce sont les autres éléments du rêve qui l'indiquent. Ainsi, telle maison nous permet bien souvent de nous situer dans le temps et dans l'espace pour identifier le thème du rêve, l'événement auquel il fait allusion. On remarquera qu'ici, « la » maison n'a rien à voir avec l'état de notre réalité psychique.

Par ailleurs, une maison est le lieu où nous habitons, le lieu, si l'on peut dire, de notre intimité. Si vous vous retrouvez en rêve dans la maison de l'un de vos amis, il est fort probable que vous soyez directement placés face à ce qui le concerne, lui, dans la relation personnelle que vous entretenez avec lui. Comme les rêves reprennent souvent des situations que nous avons vécues récemment, il faut toujours nous demander ce qui s'y est passé la dernière fois ou l'une des dernières fois que nous y sommes allés.

Bien souvent, lorsque nous identifions telle maison, il arrive que nous nous apercevions, en l'examinant de plus près, que ce n'est pas vraiment ou pas tout à fait la maison à laquelle nous pensions : il y a des petits changements ou, encore, c'est moitié cette maison, et moitié telle autre, ou telle maison mais avec tel élément venant de telle autre. Encore là, ces petites différences sont toujours très significatives. Il en est ici comme des personnes qui, dans nos rêves, ont des traits appartenant à quelqu'un d'autre : il faut mettre les deux en relation et trouver ce qu'elles peuvent avoir en commun.

Qu'est-ce qu'une maison ? Cette question a l'air un peu bête, mais y réfléchir peut être source de découvertes fort intéressantes. Bien souvent, on regarde inutilement trop loin alors que la solution se trouve juste sous notre nez.

La maison, c'est notre habitat. Elle a un aspect extérieur, certes, mais aussi intérieur : c'est notre environnement intérieur, ce dans quoi nous vivons, ce dont nous nous sommes entourés. À ce titre, l'intérieur de la maison peut tout aussi bien symboliser notre personnalité, nos goûts, notre style personnel. Y sommes-nous bien, à l'aise ? Nous y reconnaissons-nous? Reconnaissons-nous les autres dans leur habitat ? Est-ce qu'une demeure ne dégage pas une certaine odeur, un certain « feeling », une certaine atmosphère caractéristique que nous finissons par identifier à la personne elle-même ? Voilà ce sur quoi l'inconscient travaille !

D'autre part, il arrive que l'on fasse le genre de rêve suivant : nous cherchons à pénétrer dans une maison ou, encore, dans une sorte de château, mais nous ne trouvons pas l'entrée, ou celle-ci nous est interdite. Ce genre de rêve signifie encore autre chose : qu'y a-t-il dans cette demeure inaccessible et pourquoi voulons-nous y aller ? Avons-nous une idée, même vague, de ce qu'il y a à l'intérieur ? Si oui, voilà autant de précieux indices. Sinon, il est fort possible que cette demeure inaccessible symbolise une zone de l'inconscient dans laquelle nous cherchons à pénétrer, mais sans pouvoir y accéder parce que nous n'avons pas de « guide » ou parce que... nous ne savons par où commencer ! (L'entrée est introuvable ou barricadée, peut-être parce que nous y avons nous-même mis le cadenas grâce à l'oubli ou au refoulement...)

Pour terminer sur le sens de la maison comme telle, prise dans sa globalité, mentionnons enfin qu'elle peut aussi nous représenter, ainsi que le disent les « spécialistes ». Ce peut être le cas lorsque nous la voyons de l'extérieur (il s'agirait alors de notre apparence, de ce que nous reflétons aux yeux des autres), ou lorsque nous sommes dedans et que nous en ressentons l'atmosphère, que nous explorons telle ou telle pièce. Mais retenons que dans ce cas, il s'agit plus particulièrement de notre propre demeure (ou d'une maison dans laquelle nous avons déjà habité), ou d'une maison inconnue de nous, mais qui est identifiée comme la nôtre dans le rêve.

Pour en savoir plus sur cette question, il nous faut maintenant passer aux différentes pièces de la maison. Étudions celles-ci « de la cave au grenier ».

La cave

En ce qui concerne la cave, voici quelques éléments sur lesquels travailler : c'est la partie la plus profonde de la maison ; elle est souvent sombre, mystérieuse et un peu inquiétante, surtout pour les enfants, souligne Aeppli. Elle est en terre ou en ciment, plus ou moins achevée, plus ou moins « en friche ». (Notons qu'ici je fais une nette distinction entre une cave et un sous-sol, dont je parlerai tout à l'heure.) On ne sait jamais, il y a peut-être des rats dans la cave... Enfin, c'est ce qu'on peut appeler la « pièce de la tuyauterie »...

Pour Daco, la cave est « la caverne de l'inconscient », ce qu'il appelle « la base de la personnalité ». Selon Aeppli, elle revêt le même sens, mais ce dernier précise que c'est aussi une sorte de remise, l'endroit où s'entassent les objets dont nous ne nous servons plus, l'endroit des réserves et un abri où nous réfugier lorsque nous sommes menacés. C'est là qu'en rêve les cambrioleurs se cachent pour nous assaillir... « C'est toute une vie illicite qui a cours dans ces bas-fonds », écrit-il. C'est un lieu de richesse, mais aussi de terreur. Bien souvent, les rêves de cave nous invitent, dit-il, à ramener à la conscience certains souvenirs d'enfance.

Que penser de tout cela ? Lieu de l'inconscient, certes. Rien de plus logique, en effet, car la cave est sous le sol, et sombre : au-dessous du sol est analogue à « sous le seuil de la conscience », et ce qui est sombre n'est pas très clair. En ce qui concerne les degrés de clarté, dites-vous que plus c'est sombre, plus c'est inconscient; par contre, plus c'est clair et lumineux, voire ensoleillé, plus il s'agit d'une réalité dont vous avez conscience.

Quant à l'idée d'Aeppli, selon laquelle la cave représente l'endroit où s'entassent les réserves et les objets dont nous ne nous servons plus, ainsi qu'un abri où nous réfugier lorsque nous sommes menacés, ce psychologue ne confond-il pas cave et remise ou hangar ? Enfin, cela dépend de l'usage qu'on en fait, et de quoi on dispose comme espace de rangement ! Quant à l'abri qu'elle peut représenter, avouons que cela dépend de nos perceptions : et si je pense, moi, que c'est l'endroit le moins sûr parce que toute la maison va s'écrouler sur ma tête ? Adieu alors, le symbole protecteur de la cave !

Le sous-sol

Un sous-sol est une cave aménagée. À ce titre, il n'a sûrement pas tout à fait le même sens qu'une « vraie » cave. Ou bien il est à demi fini, ou bien il l'est complètement. Dans ce dernier cas, on y trouve généralement une salle de séjour et une ou des chambres, ainsi que le réservoir d'eau; parfois aussi, la fournaise. Le coin de bricolage peut aussi y être, de même que la cave à vin.

Parce qu'il est situé sous le sol, comme la cave, il peut lui aussi représenter l'inconscient. Mais je croirais plutôt qu'il faut le prendre tel qu'il est ou tel qu'il nous apparaît: où y sommes-nous exactement? Dans quelle partie? Qu'est-ce que cette partie évoque pour nous?

La cuisine

Comme nous l'avons déjà mentionné, la cuisine est considérée par plusieurs comme le lieu des transformations psychiques; ce lien analogique repose sur le fait que c'est dans cette pièce que s'effectue la transformation et la préparation, le « raffinement » des aliments « bruts ». Aeppli va jusqu'à dire qu'elle se rapporte à... notre « digestion psychique » ! C'est possible, en effet, mais il me semble que c'est chercher un peu loin pour rien.

Ce qui semble sauter le plus aux yeux en ce qui a trait à la cuisine, c'est que « la cuisine, c'est pour les filles et les femmes » ! (Du moins jusqu'à tout récemment, jusqu'à l'avènement des « nouveaux hommes » et des « nouveaux pères ».) En dehors des cuisines des grands restaurants et des grands hôtels, c'est la femme qui est reine et maîtresse de ce lieu qui lui a été traditionnellement dévolu. Dans combien de foyers dits « évolués » ne voit-on pas encore, après le repas, les hommes au salon, tous ensemble, et les femmes à la cuisine, entre elles? Les vieilles habitudes ne se perdent pas si facilement!

Pour une femme, donc, la cuisine incarne certainement en grande partie ce rôle qui lui a été traditionnellement réservé, un rôle qu'elle n'a pas nécessairement accepté de bonne grâce. La cuisine, c'est ainsi le lieu privilégié où se pose la question des stéréotypes liés au sexe. Pourquoi « les filles, la cuisine, les garçons, les vidanges » ? Pourquoi l'épouse-mère à l'intérieur, et le mari-père à l'extérieur ? Pourquoi ce statut pompeux de « technicienne en travaux domestiques » ? Pourquoi la « nature féminine » est-elle « tout simplement » confinée à la maternité et l'acceptation complète de ce que nous sommes, nous les femmes, consiste-t-elle, comme l'affirme si spontanément Aeppli, « à vivre sans faste dans l'espace qui [nous] est dévolu » ? (On sait fort bien que cet espace est précisément la cuisine !)[2]

D'autre part, la cuisine étant l'activité essentielle et le lieu privilégié de la mère (imaginez si, en plus, les laveuses-sécheuses s'y trouvent et que c'est dans la cuisine que maman fait le repassage !), elle représente certainement aussi la perception globale que nous avons de notre mère, son humeur, sa façon de mener sa vie et de régler ses problèmes. Tout particulièrement, la cuisine nous amène à réfléchir sur le sens de la vie de celle-ci, une vie que l'on peut juger faite de sacrifices (le don de soi, la patience, la générosité et la bonté étant les principales vertus attribuées à la mère). Combien de nos mères, en effet, ont consacré toute leur vie à s'occuper de leurs enfants ! Une fois ceux-ci partis de la maison, plusieurs d'entre elles sombrent dans la dépression parce quc, justement, leur vie n'a plus de sens…

Toujours en ce qui concerne la cuisine, que diriez-vous maintenant de « lieu des transformations psychiques » ? Un peu « flyé », n'est-ce pas ! Notons que c'est là un sens possible, qui peut s'appliquer dans certains cas bien précis. Mais, plus logiquement et sensément, la cuisine est bel et bien le lieu de la femme et de la mère.

2. Oui, vous avez bien lu ! À la page 274 de *Les Rêves et leur interprétation*, dans le chapitre consacré aux animaux, nous pouvons lire : « Lorsque la vache se montre dans des rêves de femme, c'est presque toujours parce que la rêveuse manque de patience et de bonté (*sic !*), parce qu'elle n'est pas assez simplement une nature féminine, prête à enfanter et à allaiter *(!)*, à vivre sans faste dans l'espace qui lui est dévolu. » Sans commentaires, sauf pour dire que bien des « symboliques » reposent sur de telles idées.

Bien entendu, la fonction de ce lieu, la bouffe, peut aussi représenter diverses choses: une corvée, si l'on déteste faire la popote et la vaisselle, ou autre chose, selon ce qu'elle représente pour nous.

Les accessoires culinaires

Bien souvent, dans les rêves, il est question d'éléments précis. En ce qui concerne la cuisine, nous avons: la cuisinière et le frigo, l'évier, le comptoir, les armoires, les ustensiles, le garde-manger et, s'il y a lieu, la laveuse-sécheuse ainsi que la planche à repasser. Chacun de ces accessoires particuliers a, bien entendu, un sens différent. Voici quelques pistes d'exploration à propos de chacun d'eux.

La cuisinière dégage de la chaleur et sert à la cuisson des aliments; le réfrigérateur se maintient froid et sert à leur conservation. Il se peut que ces deux outils de cuisine essentiels doivent parfois être pris au sens symbolique. En voici un exemple: *Une femme rêve qu'elle déménage au deuxième étage d'un édifice. Un problème particulier se pose en ce qui concerne la cuisinière et le réfrigérateur: il faut les monter dans un escalier qui semble très étroit.* (extrait d'un rêve)

L'étude de l'intérieur du logement a montré, à l'analyse, que ce dernier symbolisait, pour la rêveuse, la prise de conscience d'un problème et sa résolution. Mais lequel? Aussi curieux que cela puisse paraître, la cuisinière, associée à la chaleur, représentait son père (lui-même chaleureux) et le réfrigérateur, associé au froid, symbolisait sa mère (froide et distante, voire «de glace»). Elle avait un problème avec chacun de ses parents. Pour faire venir à la conscience ce double problème, elle avait précisément besoin d'aide pour le «monter» dans son nouveau logis (analogiquement, une plus grande conscience); le rêve précisait même l'aide disponible à laquelle elle pouvait faire appel, puisque certaines personnes qu'elle connaissait étaient présentes.

La laveuse concerne le linge, les vêtements. Comme nous avons consacré une section spéciale à ces derniers, nous y référons nos lecteurs et lectrices. Ajoutons ici, cependant, qu'il y a une différence entre une laveuse manuelle (les anciennes laveuses à tordeur) et une laveuse automatique: la première exige beaucoup plus de travail, de temps et d'attention. La plupart des gens de 35 ans et plus en ont connu une dans leur enfance. Par conséquent, voir une laveuse à tordeur, dans un rêve, peut nous ramener à cette époque et impliquer passablement de travail à effectuer.

La sécheuse (souvent, les gens n'ont que la laveuse) concerne l'opération «finition» du lavage du linge. Elle est peut-être à mettre en relation avec la corde à linge: étendre et faire sécher le linge dehors est, comme pour la laveuse manuelle, beaucoup plus long et exige plus de travail. Mais on peut considérer que le résultat est beaucoup plus satisfaisant...

Le repassage consiste à défriper le linge: c'est l'opération finale de l'entretien des vêtements ou, autrement dit, de notre personnalité extérieure. Avoir à repasser un vêtement peut donc signifier: avoir à compléter la finition de cette personnalité.

L'évier est proche de la tuyauterie et mène aux égoûts. Il sert en particulier à l'élimination des déchets (eaux usées, entre autres). Le comptoir, quant à lui, est un espace de travail. Le garde-manger est le lieu des réserves alimentaires, particulièrement de la nourriture sèche et en conserve. S'il s'agit des murs et du plancher (à laver, entre autres), eh bien, il est fort possible qu'il y ait de la grosse besogne en perspective!

La salle de famille

Si vous en avez connu une, vous devez sûrement avoir des perceptions particulières qui y sont reliées. Généralement, c'est une pièce dans laquelle on mange. Dans ce sens, c'est un prolongement de la cuisine, car lorsqu'il n'y a pas de salle de famille, il n'y a qu'une cuisine, dans laquelle se trouve aussi la table. D'autre part, c'est souvent dans cette pièce que l'on reçoit la visite ou que l'on demeure le plus souvent. Dans ce cas, il faut probablement la comparer au salon, qui fait peut-être plus «solennel».

La salle à manger

Encore là, il faut voir si on en a connu ou si on en connaît une; toutes les maisons ne sont pas faites sur le même modèle ! Généralement, lorsqu'il y a, en plus de la cuisine et de la salle de famille, une salle à manger, cette dernière sert uniquement pour les grandes occasions, les grandes réceptions, ou pour « la visite rare ».

Le salon

Le salon est probablement l'endroit le plus *social* de la maison et, aussi, le plus *officiel*; c'est là, généralement, que se déroulent les grandes réceptions et que l'on reçoit la visite importante. Il est donc à étudier dans cette optique.

La ou les chambres

Une chambre est, en soi, le lieu privilégié de l'intimité personnelle; c'est, lorsque nous en avons une bien à nous, notre territoire personnel sur lequel personne n'a le droit, normalement, d'empiéter. C'est là où se trouvent nos effets personnels et, point non négligeable, là où on dort. Par conséquent, le lit, lorsqu'il en est question, renvoie fort vraisemblablement à nos « rêves », entendus ici au sens de projets, de désirs, ou, encore, à notre vie sexuelle.

Si vous rêvez, par exemple, de la chambre à coucher de vos parents, c'est fort probablement que ces derniers, dans leur vie de couple, sont impliqués dans une perception que vous avez eue d'eux. En effet, ce que nous avons perçu de la vie de couple de nos parents a eu, inconsciemment, des répercussions sur nous, sur notre manière de vivre notre propre vie de couple, voire notre vie sexuelle. Quoi qu'il en soit, il faut toujours examiner soigneusement de quelle chambre il s'agit et, si elle nous est connue, à quoi elle peut être associée dans notre esprit. Il faut aussi, bien sûr, pour y comprendre quelque chose, tenir compte des autres éléments du rêve.

La salle de bain

Comme la chambre, la salle de bain représente le lieu de l'intimité personnelle mais, ici, sous un aspect bien précis, puisqu'il s'agit de l'entretien de notre personne sur le plan physique, corporel. Bien entendu, c'est aussi l'endroit où nous allons à la toilette, pour les « petits » ou les « gros » besoins (auxquels nous reviendrons plus en détail dans quelques instants, puisque les «rêves d'élimination» sont assez fréquents).

La salle de bain est donc en rapport avec les soins du corps. Tout rêve où il en est question risque fort, par conséquent, d'aborder cet aspect *physique* de notre personne. Bien souvent, il est question d'un élément précis de la salle de bain, particulièrement de la toilette (voir plus bas), de la douche ou du bain. En ce qui a trait à ces deux derniers éléments, soulignons qu'il faut se demander ce que représente pour nous prendre une douche ou un bain, et la différence que nous établissons entre les deux. D'abord, que préférons-nous ? Quand optons-nous pour une douche ? Pour un bain ? Et que se passe-t-il dans le rêve ? Si, par exemple, nous sommes sous la douche et que l'eau s'arrête subitement ou qu'il n'y a qu'un mince filet d'eau qui surgit, on peut en déduire que le travail de « nettoyage » va s'avérer soit impossible, soit long [3].

La toilette et les rêves d'élimination

Selon Aeppli, ces rêves, assez fréquents, portent sur l'élimination de certaines substances devenues superflues. Ils font allusion à une délivrance, au fait d'« en avoir terminé avec certaines affaires *psychiques* » [4]. Selon Daco, les rêves d'excréments, qu'il dit d'une exceptionnelle fréquence, se rapportent à l'analité (terme typiquement freudien), c.-à-d. à la façon dont nous retenons

3. Pour plus de détails sur les rêves de douche ou de bain, voir l'analyse du rêve « Il m'a volé mon bain ! », présentée au chapitre 3, et la section sur les éléments, à « eau ».
4. Ernest Aeppli, *Les Rêves et leur interprétation*, p. 182.

(constipons, littéralement) notre personnalité ou la manière dont nous la libérons[5].

Les oniromanciens et oniromanciennes qui se mêlent, de nos jours, d'interpréter savamment les rêves, prétendent que les excréments sont synonymes d'argent. À l'émission *L'Heureux retour* du 9 février 1987, Mme Jacqueline Aubry a fait « l'interprétation » du rêve suivant: *une jeune femme rêve qu'elle est embourbée dans un lac d'excréments et appelle son mari au secours.* Mme Aubry en a déduit qu'il s'agissait d'argent ou, encore, de problèmes financiers, sentimentaux et sexuels. D'où vient cette relation entre excréments et argent? De Freud lui-même; les excréments, disait ce dernier, sont reliés à la phase sadique-anale de l'enfant. Celui-ci les perçoit comme extrêmement précieux et c'est souvent un « cadeau » qu'il fait à sa mère, mais dont il n'aime pas se départir. Il aime, aussi, jouer dans ses excréments. Une fois qu'il est un peu plus vieux et qu'il a appris que le caca était sale, il remplace ce dernier par la boue et la vase (ce que l'on peut constater abondamment sur les plages). Ensuite, l'individu passera de la vase à l'argent (et ramassera ses sous *noirs*...). Le type anal, d'ailleurs, est souvent avaricieux, prétendent les freudiens. C'est aussi un maniaque de l'ordre.

Le point de vue d'Aeppli, selon lequel il s'agirait d'une délivrance, du fait d'en avoir terminé avec certaines affaires psychiques, n'est pas faux, puisqu'il s'agit bien de se départir d'un contenu dont nous n'avons plus besoin et qu'il est d'ailleurs essentiel d'éliminer. Cependant, il faut examiner le contexte du rêve et ses éléments particuliers pour identifier de quelles « affaires psychiques » il peut s'agir. Si tout se passe bien, dans le rêve, alors Aeppli peut avoir raison. Si, par contre, nous éprouvons des difficultés ou si nous n'arrivons pas à éliminer pour une raison X, le rêve prendra un autre sens.

Quant à l'interprétation de Daco, à savoir que ce type de rêve nous parlerait de la façon dont nous retenons ou bloquons notre personnalité, ou de la manière dont nous la libérons, elle est valable, elle aussi, car les rêves

5. Pierre Daco, *op. cit.*, p. 299.

d'élimination sont souvent des rêves d'*inhibition*, comme nous l'avons vu lors de l'analyse du rêve « Tout d'un coup », présentée au chapitre 4. Il s'agit alors d'essayer de savoir pourquoi nous ne réussissons pas à sortir de nous ce qui doit l'être. Ce quelque chose, ce peut être l'expression de nos sentiments, de nos idées et de nos émotions ou, encore, un problème que nous n'arrivons pas à écarter ou à régler définitivement.

Enfin, pour ce qui est du lien établi entre les excréments et l'argent et du fait d'en tirer un présage de gain financier, ce n'est là que pure superstition; bien souvent, même, « l'interprète » qui procède ainsi dédramatise le contenu du rêve, lequel suscite horreur et dégoût. Si on nous dit qu'un tel rêve signifie une entrée d'argent, on pousse vite un soupir de soulagement. Cependant, notons que lorsque Mme Aubry parle, à propos du rêve de la dame embourbée dans cet horrible lac, de problèmes sentimentaux ou sexuels, cela est fort possible puisque la rêveuse, prise dans cette situation, appelle son mari au secours: celui-ci est donc concerné de près par le problème, lequel, on l'aura noté, reste toujours mystérieux. Bien entendu, Mme Aubry ne peut connaître la nature de ces difficultés, puisqu'elle n'est pas la rêveuse.

Le bureau

Certaines demeures sont munies d'un bureau ou salle de travail. Rêver de cette pièce relève donc de ce qu'on y fait ou de ce qui s'y trouve (papiers importants, etc.).

Le grenier

Selon Daco, il symbolise le passé, l'enfance, les souvenirs, « mais également les “débris” intérieurs dont on ne parvient pas à se débarrasser. Le grenier peut représenter également l'élévation de l'esprit dans la solitude; le grenier est le niveau le plus haut de la maison; il regarde le ciel; il faut “monter” pour l'atteindre. » [6]

---

6. Pierre Daco, *op. cit.*, p. 309.

Selon Aeppli, le grenier représente « la structure des charpentes de la pensée », ni plus ni moins. On y retrouverait des souvenirs de jeunesse ou d'« événements érotiques précoces, de recherches et de fouilles interdites ». S'il est question d'un incendie dans le grenier, « alors le feu est dans la tête », ce qui indiquerait, selon lui, un indice de troubles mentaux[7]...

Le point de vue selon lequel le grenier serait un « bric-à-brac » des souvenirs, particulièrement de ceux de l'enfance, peut avoir du sens, pour autant qu'on en a connu un ou qu'on lui accorde cette fonction. Ces souvenirs, soit dit en passant, sont fort probablement très positifs et agréables, car que conserve-t-on, traditionnellement, dans un grenier, sinon les plus beaux souvenirs de notre vie ? (Robe de mariée, jouets précieux, etc.). Quant à l'idée que le grenier symboliserait « l'élévation spirituelle » parce qu'il est le niveau le plus élevé de la maison, qu'il « regarde le ciel » (!!) et qu'il faut monter pour l'atteindre, je crois qu'il faut nettement la nuancer : on abuse souvent, dans la symbolique onirique, de la notion de « spiritualité » à propos de tout et de rien. Le grenier, oui, se trouve au sommet. Est-ce à dire qu'il concerne l'esprit, le ciel, voire même Dieu et la religion ? À mon sens, il pourrait, plus modestement, représenter tout au plus un degré supérieur de conscience, bien que la nature même d'un grenier n'incite pas, logiquement, à faire pareille déduction : on n'y va pratiquement jamais et, s'il est accessible, ou bien il n'y a rien dedans, ou bien on y place des objets dont on ne se sert plus mais que l'on tient à conserver. À ce titre, le grenier serait l'équivalent d'une remise ou d'un hangar, mais situé dans la maison même, et non à l'extérieur.

La remise, le hangar ou le garage

Une remise ou un hangar peut parfaitement représenter un lieu de souvenirs, puisqu'on y place toutes sortes d'objets qui ne servent plus ou qu'on utilise à

7. Ernest Aeppli, *op. cit.*, p. 183.

diverses fins, comme le jardinage ou les réparations. Mais pourquoi ne pas le considérer pour ce qu'il est, c.-à-d. une simple remise ? Qu'y faites-vous, généralement ? Qu'y sentez-vous et comment vous y sentez-vous ? Voilà qui risque d'être bien plus important, pour la compréhension du rêve ! Comme nous avons déjà eu l'occasion de parler de cet élément, nous n'en disons pas plus et référons nos lectrices et lecteurs à la présentation que nous avons faite du rêve « Tout d'un coup », au chapitre 5, où il était question d'une « espèce de débarras ».

En ce qui concerne le garage, c'est généralement là où on place la voiture et diverses autres choses. Il est donc à examiner, lui aussi, par rapport à sa fonction et à l'usage qu'on en fait.

Un escalier

Selon Daco, un escalier représente le lien affectif entre les différentes parties, inconscientes et conscientes, de soi-même[8]. Si on le monte ou le grimpe, c'est, dit-il, le symbole de l'ascension. « Monter un escalier signifie (*sic!*) une recherche de changement affectif et de spiritualité. C'est un acte de purification intérieure. »[9] Par contre, descendre un escalier « signifie généralement aller vers l'intérieur de soi-même, vers ses instincts et son inconscient ». Il ajoute cette réflexion toute psychanalytique : «L'escalier est le symbole angoissant de la "verticalité". Il faut monter ou descendre; le rêveur est prisonnier d'une seule dimension. L'escalier ne permet aucun repos, sinon temporaire (un "palier"). Il représente ainsi la verticalité humaine, l'effort sans merci, le manque de repos, l'absence de toute horizontalité rassurante… »[10]

Ouf! Un escalier, docteur Daco, est simplement un moyen de passer d'un étage à un autre. Parler de « spiritualité » à son sujet, c'est charrier singulièrement. Monter

8. Pierre Daco, *op. cit.*, p. 309.
9. *Ibid.*, p. 298.
10. *Ibid.*, p. 299.

un escalier ne signifie certainement pas une recherche de changement affectif et de spiritualité ou, qui plus est, un acte de purification intérieure, comme vous l'affirmez si péremptoirement. Certes, *monter* peut parfaitement signifier aller vers plus de conscience, et *descendre* peut vouloir dire que nous allons à la rencontre de contenus inconscients ou plus ou moins conscients. Toutefois, ce n'est pas là une interprétation universelle, et nous ne sommes aucunement autorisés à affirmer que c'est *la* signification d'un escalier. Il est beaucoup plus sage d'examiner plutôt où nous nous rendons: si c'est à l'étage des chambres, nous nous dirigeons alors vers l'intimité des gens et non vers la « purification intérieure » !

Des pièces vides

Selon Aeppli, une pièce vide symboliserait une partie de nous qui n'est pas habitée. Ce serait particulièrement le cas lorsque nous devons la meubler ou l'habiter. Cet auteur relie aussi les pièces vides aux quatre fonctions de la conscience telles que Jung en a parlé : la pensée, le sentiment, l'intuition et la sensation. Aeppli donne l'exemple suivant : *Certaines personnes ont en effet des rêves où il est question de deux chambres bien installées. L'une est la principale dans laquelle on vit. L'autre est assez fréquemment utilisée. On va par contre rarement dans la troisième, on ne sait pas comment elle est arrangée. Parfois, on entre par hasard dans une quatrième pièce dont on ne sait même pas à qui elle appartient. Elle est vide ou remplie d'objets inconnus ou bizarres. Il peut aussi arriver que des personnes de sexe opposé habitent la troisième ou la quatrième pièce. On leur parle à peine, on les craint même un peu, comme des ombres. Souvent une ou deux chambres donnent sur le côté cour qui est plus sombre*[11].

Aeppli en donne l'explication suivante, toute jungienne. (En effet, selon Jung, nous nous servons davantage de l'une des quatre fonctions de la conscience. Chacune a aussi son opposé: la pensée contre le sentiment, l'intuition contre la sensation. Généralement,

11. Ernest Aeppli, *op. cit.*, p. 183-184.

nous éprouvons des problèmes avec la fonction opposée à notre fonction principale : c'est ainsi que le type penseur aura des difficultés avec ses sentiments et que le type sensitif ou sensoriel ne comprendra rien à l'intuitif.) Aeppli écrit donc : « La première chambre représente la fonction principale, la deuxième la fonction adjacente (*sic !*). La troisième chambre, parfois louée à une femme lorsqu'il s'agit d'un homme, figure la troisième fonction qui est à peine consciente. La quatrième chambre est l'endroit qui passe inaperçu, celui de la quatrième fonction. Mentionnons en passant que la troisième pièce, sous un tout autre rapport, peut désigner une troisième personne qui a pris place dans la maison, ou dans le ménage, créant ainsi une situation triangulaire. »[12]

Ce genre d'explication est tout à fait théorique et relève d'une manière particulière de concevoir le psychisme humain. Il est loin d'être certain que des pièces vides, même dans le contexte du rêve présenté par Aeppli (encore que ce ne soit pas un rêve vécu, mais une hypothèse de rêve), signifient chacune des fonctions de la conscience. Une pièce est vide lorsqu'il n'y a rien dedans. Mais pourquoi est-elle vide ? Parce qu'elle est neuve ? Parce que les meubles ont été enlevés ? Voilà qui change singulièrement le sens ! Une pièce vide, dans ce dernier cas, pourra représenter, par exemple, une absence ou une perte de mémoire, à moins que cela ne signifie que la ou le rêveur ne doive pas, ne doive plus être perturbé par son environnement (cas d'un rêve que j'ai étudié).

Il existe une variante : la pièce n'est pas vide mais elle est peu meublée ou, encore, les meubles qui s'y trouvent sont recouverts de housses protectrices, comme lorsqu'une maison est inhabitée pendant un certain temps. Dans ce cas bien précis, le sens devient tout autre : il révèle que les choses du passé, contenues dans cette pièce, sont intactes et protégées. À nous d'essayer de reconnaître quels sont ces souvenirs !

12. *Ibid.*

Les quatre saisons

Dans les livres que j'ai consultés pour établir le sens des quatre saisons, j'ai trouvé peu de données sur chacune d'elles. Pierre Daco n'en dit strictement rien, Ernest Aeppli y consacre quelques mots à l'intérieur de son chapitre « Le paysage du rêve », et Chevalier et Gheerbrant en disent bien peu : par quoi chacune d'elles a été représentée dans les arts, et à quel dieu elles sont consacrées dans la mythologie grecque. Rien donc pour nous inspirer dans l'analyse de nos rêves ! Toutefois, ces derniers ajoutent, heureusement, ce que n'importe qui peut saisir à première vue : la succession des saisons représente le rythme de la vie, avec ses principales phases de développement : la naissance, la formation, la maturité et le déclin ; elle symboliserait aussi les perpétuels recommencements.

Les quatre saisons peuvent certainement symboliser les quatre âges de la vie. Le printemps, époque où tout renaît, dégèle et reprend vie, correspond à l'enfance et à l'adolescence. L'été, période de mûrissement et de maturité, correspond à l'âge adulte pendant lequel nous sommes censés réaliser nos potentialités, nous épanouir et devenir en pleine possession de nos moyens. L'automne, où ce qui n'a pas été récolté pourrit et se décompose, où les arbres voient leurs feuilles rougir, jaunir et tomber, correspond au deuxième versant de la vie : on peut dire que c'est la période qui s'étale entre le début de la cinquantaine et l'âge de la retraite. Quant à l'hiver, où tout est comme en jachère, en suspens ou en hibernation, c'est la dernière période de la vie, la vieillesse, suivie nécessairement de la mort.

Comme pour tout autre élément ou symbole de rêve, il faut se demander, à propos des saisons, laquelle on préfère, comment on perçoit chacune d'elles et ce qu'on y associe. Il est bien évident que si votre sport préféré est le ski, l'hiver prend alors une importance qu'il n'a pas chez une personne qui préfère de loin se faire dorer sur les plages! Autre point non sans importance, c'est que chacune des saisons n'est pas nécessairement la même d'un pays ou d'un continent à l'autre: en Europe de l'Ouest, la neige est plutôt rare alors qu'au Québec, les tempêtes de neige sont monnaie courante et le froid beaucoup plus perçant. Si, tous les hivers, je me sauve vers les îles ensoleillées des Caraïbes pendant la période des fêtes, ces dernières (et l'hiver lui-même) prendront une connotation toute différente que pour quelqu'un qui passe ce temps à fabriquer petits gâteaux, tartes et tourtières!

Cela dit, comment pouvons-nous reconnaître la saison d'un rêve? Elle est rarement donnée pour elle-même, mais elle est indiquée au moyen d'un détail précis: nous voyons de la neige et en concluons que c'est l'hiver; nous sommes dans un champ de blé ensoleillé et nous disons que c'est donc en plein été; voici, devant nous, un arbre aux feuilles rouges ou jaunes, et nous déduisons que c'est l'automne; des glaces fondent sur le fleuve, signe évident du printemps, et ainsi de suite.

En ce qui concerne le printemps et l'automne, on peut être assuré, à mon sens, qu'il s'agit de renaissance et de déclin ou de l'enfance-adolescence et du deuxième versant de la vie. En ce qui concerne l'été et l'hiver, l'inconscient semble se montrer beaucoup plus subtil dans leur utilisation. En effet, dans mes propres rêves, je sais depuis longtemps (en fait, depuis le troisième rêve que j'ai analysé, lequel me fournissait des points de repère sur certains éléments, comme ce qui est à gauche et à droite, devant et derrière, en haut et en bas, en été et en hiver) que l'hiver représente toujours quelque chose d'inconscient, alors que l'été me signifie qu'il s'agit de quelque chose dont j'ai conscience. Or, sur ce point, je ne suis pas une exception : ayant travaillé avec plusieurs personnes sur leurs rêves, je me suis rendu compte que c'était là une signification qui pouvait se généraliser. Vous pouvez donc vous y fier : passer de l'hiver à l'été signifie passer d'un état d'inconscience à un état de conscience. Cependant, puisqu'il peut toujours y avoir des exceptions qui confirment la règle, vérifiez si c'est bel et bien le cas dans vos rêves.

Quelques lectrices ou lecteurs voudront peut-être savoir d'où vient ce sens de l'été et de l'hiver. Satisfaisons leur curiosité bien légitime. L'été est lumière et chaleur; or qui dit lumière dit perception et conscience. L'hiver est froid : c'est la congélation de ce qui vit, l'engourdissement et l'hibernation ; des contenus de la conscience sont au froid, sur la glace, gelés, en hibernation. L'analyse des rêves amène le dégel de ces contenus en les faisant monter à la surface et dans le rayonnement de la conscience.

D'après Aeppli, les paysages d'hiver se présentent dans ce qu'il appelle des rêves de danger et de solitude : « Depuis des millénaires, écrit-il, l'âme humaine sait que l'hiver signifie froid et solitude, qu'il peut apporter la famine et la mort. » [1] En effet, si telle est votre perception de l'hiver, il se peut fort bien que danger et solitude ne soient pas loin. Dans ce cas seulement ! Mais si vous adorez les sports d'hiver et que vous voici en train de faire une course à skis, le sens en sera tout différent : c'est l'idée de *compétition* qui importe alors, et non de danger ou de solitude.

Que resterait-il à dire sur les saisons ? Peut-être quelques mots sur une particularité de l'été : pour la majorité des gens, c'est la période des vacances et donc de la liberté. Il peut aussi, comme le jaune [2], représenter ou symboliser le bien-être physique et mental, puisque c'est une période de chaleur, de soleil et, parfois, de canicule qui nous oblige à rechercher la fraîcheur des lacs, des rivières, d'une piscine ou de la mer.

---

1. Ernest Aeppli, *Les Rêves et leur interprétation*, p. 230.
2. Voir les sens possibles du jaune dans la section portant sur les couleurs.

La sexualité

Vous rêvez que vous faites l'amour avec un ou une inconnue, quand ce n'est pas avec telle personne que vous avez entr'aperçue la veille ou il y a deux jours; pis encore, vous avez une relation sexuelle, complète ou partielle, avec un membre de votre famille. HORREUR ! Souffririez-vous donc d'un désir incestueux inconscient ? D'autres fois, il peut être question d'une relation sexuelle avec une personne du même sexe que vous. MALHEUR ! Est-ce à dire que même si vous êtes du type « Jean-Paul Belleau », vous auriez une tendance homosexuelle cachée et inavouée ? Qui sait ! Parfois, il est même question d'une relation sexuelle avec un animal... Double horreur !

Généralement, les rêves sexuels, surtout s'ils impliquent une relation incestueuse, homosexuelle ou « zoophile », sont très troublants. Que peuvent-ils bien signifier ?

D'après l'école freudienne, les rêves sexuels (comme tous les autres, d'ailleurs) signifient que l'on réalise en rêve un désir refoulé à l'état de veille. Bien entendu, si, comme cela peut arriver, vous avez rencontré une personne qui vous plaisait et que vous avez imaginé, plus ou moins consciemment, qu'il pourrait « se passer des choses » entre vous et que, la nuit même ou celle d'après, vous rêvez que vous avez une merveilleuse relation sexuelle avec elle, en éprouvant des sensations orgastiques inconnues jusque-là, il est presque évident, dans ce cas, qu'il s'agit bel et bien de la satisfaction d'un désir. Il se peut même que ce rêve ne parle pas tellement du désir inconscient que vous avez eu pour cette personne, mais de l'orgasme lui-même, si vous éprouvez des difficultés de ce côté.

Cependant, ce n'est malheureusement pas toujours aussi évident que dans ce cas précis, et la thèse freudienne de la satisfaction d'un désir refoulé ou inavoué ne peut s'appliquer à tout rêve sexuel, et encore moins à tout rêve, de quelque nature qu'il soit. En particulier, rêver d'une relation sexuelle incestueuse, homosexuelle ou animale, ne signifie pas nécessairement que vous éprouvez un désir inconscient de cette nature. Bien souvent, une relation sexuelle onirique doit être prise, comme tout le reste, dans un sens symbolique. Mais lequel ?

L'accouplement comporte trois aspects ou fonctions: il est d'abord, biologiquement, une décharge de tension; il a pour fonction la transmission de la vie, la reproduction; il est ensuite, sur le plan psychologique, un moyen privilégié de communiquer avec l'autre et de lui manifester notre amour. Par conséquent, lorsqu'il s'agit d'un rêve sexuel, il nous faut travailler avec ces trois aspects et examiner lequel est impliqué.

Le plan biologique et le désir tout à fait naturel et légitime qu'il suscite ne sont, généralement, guère difficiles à saisir s'il en est question dans un rêve: cela dépend de la situation ponctuelle de la personne et de ses préoccupations du moment. Le plan psychologique, par contre, est beaucoup plus subtil et c'est là que l'inconscient peut utiliser l'image d'une relation sexuelle pour faire comprendre une réalité qui n'a rien à voir avec l'acte sexuel comme tel. Examinons quelques hypothèses.

Dans un sens très général et global, une relation sexuelle peut incarner le désir d'un rapprochement réel et profond avec la personne du rêve ou avec ce qu'elle représente pour nous subconsciemment, un rapprochement souhaité ou en train de se réaliser. À mon sens, ce serait particulièrement le cas s'il s'agit d'un parent ou d'une personne du même sexe que nous, si, bien entendu, nous ne sommes pas homosexuels nous-même. Toute la question est alors de savoir ce que peut représenter pour nous la personne avec qui nous avons une relation sexuelle et, surtout, *qui* elle peut bien symboliser: avec quoi (ou qui) pourriez-vous souhaiter vous rapprocher psychologiquement? Souvent, on le détermine assez facilement en traçant un portrait des caractéristiques de la personne concernée.

Pour illustrer cette possibilité, prenons l'exemple suivant: *La situation se passe dans une maison inconnue mais dite être celle de la famille Plamondon. La rêveuse, Mélanie Duranleau, est censée faire l'amour avec l'une de ses amies qu'elle identifie comme étant Martine Cousineau, mais il y a toujours quelque chose qui empêche cela de se produire.*

Lors de l'analyse de ce rêve, que nous avons abrégé ici pour les besoins de la cause, Mélanie, en examinant de près Martine telle qu'elle apparaissait dans son rêve, s'est rendu compte que ce n'était pas vraiment elle mais, plutôt, un mélange de Martine et d'une autre de ses amies, Louiselle Plamondon, la fille des propriétaires identifiés dans le rêve. Mélanie, la rêveuse, n'est pas homosexuelle. Comment, alors, interpréter un tel rêve? Mélanie s'est interrogée sur la manière dont elle percevait ces deux amies: elle s'est d'abord dit que dans cette combinaison de deux personnes, il devait y avoir une question de ressemblance physique, puisque Martine et Louiselle étaient toutes les deux petites, délicates et blondes. Louiselle représente, pour Mélanie, la femme très «féminine», fragile et faible, ce qu'on appelle généralement «la femme-enfant». Quant à Martine, Mélanie la perçoit elle aussi comme étant de ce type, physiquement surtout. Mais qu'est-ce que la femme-enfant vient faire dans le décor de son rêve? Voici ses réflexions et ce qu'elles lui ont permis, en deux temps trois mouvements, de comprendre:

Chose certaine, ce n'est pas mon genre: je ne corresponds pas du tout, ni physiquement ni même psychologiquement, à ce type de la femme-enfant. En ce qui concerne Martine, je la perçois comme une personne sur laquelle on ne peut pas trop se fier, qui peut arriver ou partir n'importe quand; c'est la raison pour laquelle, d'ailleurs, j'ai tendance à la tenir à distance, car elle incarne pour moi l'absence de toute permanence dans une relation, l'immédiateté pure, sans lendemain, sans attache. La femme aux mœurs un peu « légères », peut-être aussi, qui n'a aucun problème sur le plan de sa vie sexuelle, qui n'a aucune inhibition, qui agit tout à fait naturellement et spontanément.

Hum! Voilà qui n'est guère mon cas ! Ma libido n'a jamais été tout ce qu'il y a de plus exubérant et, avouons-le sans ambages, ma vie sexuelle est loin d'être exempte de problèmes ou d'inhibitions. Chez moi, le naturel et la spontanéité m'ont toujours été difficiles, et c'est d'ailleurs pourquoi je cherche, entre autres choses, à en comprendre la cause en étudiant mes rêves. De plus, je souffre probablement d'un blocage qui m'empêche, bien souvent, d'aller jusqu'au bout de mes sensations, d'une « insuffisance orgastique », pour parler comme Wilhelm Reich.

Donc, ce désir d'une relation sexuelle avec « Martine », dans le rêve, signifierait que j'aimerais bien devenir comme elle, intégrer en moi sa spontanéité et son absence d'inhibition et de problèmes. Or la réalisation de ce désir est loin d'être simple, semble-t-il...

Et voilà que l'hypothèse d'un rapprochement réel et profond désiré avec la personne du rêve, ou avec ce qu'elle représente pour nous subconsciemment, d'un rapprochement souhaité ou en train de se réaliser, s'est montrée extrêmement féconde dans ce cas-ci. Elle n'est donc pas à négliger et, à mon sens, elle s'applique aussi aux membres dc la famille à moins que, évidemment, il n'y ait, dans ce dernier cas, un réel désir incestueux qui se cache derrière le rêve. C'est une hypothèse qui n'est pas à négliger et qu'il est toujours bon d'examiner, particulièrement dans le cadre du « complexe d'Œdipe » s'il s'agit du père pour une femme, ou de la mère, pour un homme.

Dans une autre perspective, un rêve sexuel peut indiquer un problème d'ordre moral concernant notre façon de vivre notre sexualité. Cette thèse, développée tout particulièrement par Diel et par Cayla[1], repose sur l'idée que le désir sexuel peut facilement être « perverti », c.-à-d.

1. Voir les titres de leurs ouvrages dans la bibliographie. Ces deux auteurs ont comme caractéristique commune d'étudier les rêves dans une perspective que l'on pourrait qualifier d'« éthico-spirituelle » et de mettre un accent très prononcé sur les fautes et sur les faiblesses de l'individu.

détourné de ses véritables fins humaines. Cette interprétation, toute morale, est particulièrement à examiner si un tel rêve s'accompagne d'un sentiment de malaise ou de culpabilité. Ainsi, par exemple, si, dans une relation sexuelle, on recherche d'abord et avant tout son propre plaisir, sans tenir compte de l'autre, qui est manipulé et perçu comme un objet et non comme un sujet, le rêve pourra avoir pour but de nous faire réfléchir sur notre propre attitude égoïste et égocentrique. Il en sera de même si, dans nos relations sexuelles, nous avons une tendance à nous replier sur nous-mêmes ou nous montrons incapables de communiquer réellement et de comprendre l'autre dans ses désirs. Dans ces deux cas, le malaise ressenti dans le rêve sera un indice que notre situation concrète nous le fait éprouver, mais plus ou moins consciemment. Chose certaine, c'est là un aspect à régler pour vivre sainement et harmonieusement sa sexualité.

Selon une autre explication, ce type de rêves pourrait avoir comme sens de mettre à jour une tendance inégalitaire de notre vie de couple; si, par exemple, nous avons tendance à dominer l'autre ou à être dominé, un tel rêve pourra nous amener à régler ce penchant « malsain ». Dans un tel cas, c'est le contexte du rêve, ainsi qu'une réflexion sur notre manière de vivre l'amour, qui nous indiquera si c'est la voie à suivre ou non.

Pour terminer, signalons que le sentiment de malaise ou de culpabilité qui peut accompagner ce type de rêve peut s'expliquer tout autrement que par une manière peu satisfaisante de vivre notre sexualité : nous savons très bien que la sexualité est un sujet qui fut longtemps tabou, entouré d'interdits et de préjugés de toutes sortes dont nous avons pu être victimes dans notre enfance. Certains parents ont l'art, ou ont eu l'art, jadis, de réprimer sévèrement toute manifestation de la sexualité chez leurs enfants. Il est fort probable, dans un tel cas, qu'un rêve sexuel fasse allusion à l'une de ces répressions parentales ou adultes. Il est toujours bon d'aller faire un tour de ce côté pour voir si tel n'aurait pas été notre cas.

Les véhicules

Pour dégager le sens de ce que nous désignons ici par un terme très général, véhicule, il suffit de procéder de façon logique: quelle différence y a-t-il entre un tricycle, un vélo, une moto, une voiture, un camion, un autobus, un train, un avion, une navette spatiale, un canot, une barque, un paquebot? Voici trois considérations pour commencer.

1) Il y a des véhicules qui sont individuels, et d'autres qui sont collectifs

S'il s'agit d'un véhicule individuel, c'est donc que nous sommes seuls avec nous-même, nous nous déplaçons et nous nous débrouillons par nos propres moyens. Dans les moyens de transport collectifs (autobus, train, métro, paquebot, avion), nous nous déplaçons ou voyageons en groupe, dans la foule plus ou moins anonyme. Il s'agit là aussi, notons-le, d'un moyen non seulement collectif mais aussi social de déplacement, un moyen aménagé socialement pour favoriser le transport des gens.

De façon plus large, on peut envisager les moyens collectifs de transport comme des moyens ou ressources non seulement sociales mais aussi culturelles: prendre l'autobus, le train ou l'avion, ça pourrait ainsi vouloir dire: prendre la voie des idées et des solutions sociales pour régler tel ou tel problème. Voici un exemple qui illustre cette perspective: *Quelqu'un rêve qu'il attend l'autobus. Or, celui-ci n'arrivant pas, il se demande s'il ne prendra pas son auto; à ce moment-là, il sait qu'il a l'intention de parcourir un long trajet équivalant à la distance entre Montréal et Québec, pour aller dans une autre ville. Il voit alors son auto, stationnée près d'une maison qu'il ne connaît pas mais dont il sait qu'elle est celle des Masson, une famille qu'il a connue il y a une dizaine d'années. Cette voiture n'est pas celle qu'il a présentement: c'est la précédente. Il s'en approche et constate que trois des pneus sont à plat... C'est une faiblesse de cette voiture: les pneus se dégonflent et le rêveur sait qu'il faudrait régler ce problème une fois pour toutes afin que ça ne se reproduise plus.*

Attendre l'autobus, ici, si l'on se réfère au contexte du rêve, c'est précisément, pour le rêveur, attendre une solution du côté social, peut-être même culturel, à un problème auquel il fait face. Mais le rêve lui révèle qu'il ne doit pas attendre la solution de ce côté-là (l'autobus n'arrive pas), mais en lui-même (il est ramené à sa voiture) [1].

2) Certains sont motorisés et d'autres non

Tout véhicule motorisé est mû par une force autre que la nôtre: nous n'avons pas besoin de forcer pour avancer, nous sommes soutenus par une force extérieure qui nous aide. Dans le cas d'un véhicule non motorisé (la bicyclette en est le meilleur exemple et sans doute le plus fréquent dans les rêves), tous les efforts pour avancer, autant physiques que psychologiques, nous reviennent.

3) Nous nous déplaçons sur terre, sur l'eau, ou dans l'air

Il est bien évident que rouler sur la terre ferme, flotter sur l'eau ou se déplacer par la voie des airs n'ont pas la même signification. Nous sommes certainement autorisés à affirmer que la terre ferme est l'endroit où nous nous déplaçons le plus fréquemment et qui représente sans

---

1. Pour l'explication des autres éléments de ce rêve, voir plus loin à « auto ».

doute la voie la plus sûre des trois (tout étant relatif, cependant...)

Selon Aeppli, l'air est essentiellement le symbole du monde des idées, de la raison, de l'intellect, de l'esprit. Daco pense à peu près la même chose en disant que son symbolisme est foncièrement celui de l'oiseau, relié à l'idée de liberté, de montée et de ciel. Se trouver dans un avion signifierait, selon lui, une recherche de spiritualité[2]. Il est possible, à mon avis, que tel soit *parfois* le cas. Mais, bien plus souvent, ce qui importe, c'est l'idée de survol et la rapidité du déplacement; lorsqu'il est question de grandes distances à parcourir, l'avion semble le moyen de transport tout désigné et le plus approprié.

Le déplacement sur l'eau semble être toujours relié à l'inconscient. On dit généralement « sur l'océan de la vie ». Pour l'ensemble des interprètes de symboles, la mer ou l'océan représente l'inconscient au-dessus duquel notre moi conscient se tient. Les rêves de bateaux sont donc toujours reliés, disent-ils, à notre situation concrète, à la manière dont nous « surnageons » dans la vie. Les obstacles qui surgissent représentent des dangers ou des problèmes auxquels nous faisons face dans la réalité. Si le « danger » vient du fond de l'eau (un gros poisson ou un monstre marin, par exemple), il s'agit alors d'un contenu inconscient qui cherche à remonter à la surface[3]. Ce n'est peut-être pas une façon très gentille de se faire voir, me direz-vous, mais c'est ainsi ! Probablement que l'inconscient considère, dans un tel cas, qu'il est temps de réveiller comme il faut le Moi et de le secouer pour que celui-ci se décide enfin à examiner le problème en cause.

Si le danger vient de la surface de l'eau (danger de collision, par exemple), il est fort probable qu'il s'agisse

---

2. Pierre Daco, *L'Interprétation des rêves*, p. 285. Toutes les références de la présente section à cet auteur sont prises dans la section finale appelée « un dictionnaire-guide », aux mots « automobile » (p. 283-284), « avion » (p. 285-286), « train » (p. 315-316), « locomotive » (p. 307) et « bateau » (p. 287-288).
3. Voir, en complément, les indications sur les poissons dans la section sur les animaux.

alors d'un affrontement entre soi et quelqu'un ou quelque chose d'autre: le bateau peut représenter tout ce que nous traînons comme « bagages », tout ce que nous sommes et avons accumulé de biens et d'expériences dans la vie; frapper un autre bateau signifierait alors frapper ou heurter une autre personne, entrer en conflit ou en lutte avec elle. Il se pourrait aussi que ce soit une entreprise (au sens commercial du terme, ou au sens de projet) contre une autre ou, encore, un aspect de nous-même que nous devons affronter ou qui fait obstacle à la bonne marche de notre vie.

Dans chaque cas, il faut tenir compte de notre destination (si nous la connaissons, évidemment) pour pouvoir établir les associations nécessaires au déchiffrement du sens du rêve. Tout dépend, aussi, du genre de vie que nous menons et si nous sommes ou non des « grands voyageurs devant l'Éternel ». Le sens de l'avion, en particulier, pourra varier selon qu'on en est un grand usager ou non, si on en a peur ou non. Il en est de même pour la navigation: qui a une sainte horreur du mal de mer pourra dégager de son rêve un sens tout différent de celui de la personne qui ne rêve que d'un tour du monde en voilier !

Cela dit, examinons maintenant à tour de rôle les divers véhicules selon qu'ils sont terrestres, maritimes ou aériens.

Sur terre

Trottinette et tricycle

Il est possible que nous nous voyions en rêve en train d'utiliser l'un de ces deux véhicules d'enfants pour nous déplacer. Si nous sommes adultes, il y a peut-être de quoi nous poser de sérieuses questions sur notre façon d'avancer dans la vie ! N'est-ce pas, en effet, un moyen inadéquat pour notre âge ? N'est-ce pas agir comme un enfant à l'âge adulte ? À moins qu'un tel engin ne nous ramène à cette époque ou à cet état; il s'agit peut-être de retrouver certains plaisirs de l'enfance, ou de revenir à un âge précis indiqué par le véhicule en question. C'est d'autant plus plausible si les lieux du rêve correspondent à ceux de cette époque.

La bicyclette

C'est un moyen individuel et non motorisé de déplacement; cela signifie donc que tous nos efforts pour avancer, efforts autant physiques que psychologiques, nous reviennent. C'est aussi un moyen plutôt lent et paisible (souvent on se *promène* plutôt qu'on se déplace purement et simplement). C'est sans doute ce qui fait dire à Aeppli que ce moyen de transport sert, en rêve, à aller à la rencontre de toutes sortes de petits événements dans le cadre d'une « marche silencieuse et légère »[4].

Dans la vie, c'est vers 6 ans ou plus tard que nous obtenons notre première bicyclette et, généralement, nous l'utilisons pour nous déplacer jusqu'à ce que nous puissions la remplacer par une voiture – ou une moto ! Il n'est donc pas étonnant qu'elle soit reliée à la période de l'adolescence. Laurent Lachance dit que le vélo évoque la prime jeunesse et la liberté qui s'y rattache; puisqu'on y est placé « à cheval », il y voit la perception de ce qu'il appelle élégamment « la force entre les cuisses », c.-à-d. la force sexuelle, la force nouvelle de vie propre à l'adolescence[5]. Quant à Pierre Daco, il y voit, lui aussi, un instrument d'autonomie et de liberté. Il ajoute, cependant, que la bicyclette peut symboliser l'accord entre notre comportement conscient et nos forces inconscientes, tout simplement parce qu'un véhicule, d'après lui, représente nos forces inconscientes et que dans le cas du vélo, on fait un avec.

Que penser de ces interprétations de nos grands spécialistes ? L'idée d'Aeppli, à savoir que ce moyen de transport sert à aller à la rencontre de toutes sortes de petits événements, n'est pas dénuée de sens, mais rien ne

4. Ernest Aeppli, *Les Rêves et leur interprétation*, p. 193. Toutes nos références à cet auteur sont ici tirées du chapitre VIII, p. 187 à 195.
5. Laurent Lachance, *Les Rêves ne mentent pas*, p. 147.

nous dit qu'en nous promenant ainsi, nous ne découvririons pas de grosses vérités ou des événements beaucoup plus importants qu'il ne le croit! Quant à la « marche silencieuse et légère », il y a quelque chose là, c'est certain: un vélo ne fait pas de bruit et ne dérange personne. En se promenant à bicyclette, on risque d'en voir et d'en remarquer davantage qu'en voiture, puisqu'on se déplace plus lentement. Encore faut-il examiner la vitesse avec laquelle nous roulons en rêve, et ce que nous faisons exactement: une simple balade ou un déplacement plus ou moins important? Est-ce à la ville ou à la campagne?

Pour ce qui est du point de vue de Daco et de Lachance, qui associent tous deux la bicyclette à la liberté, c'est à voir: il semble que cette association vienne, chez eux, de l'idée d'adolescence, période que l'on sait liée à l'affirmation de soi. Le vélo est-il pour autant synonyme d'autonomie et de liberté? Toute la question est là! D'après moi, ce lien peut être légitime et nous servir si, et seulement si, nous associons nous-mêmes adolescence et liberté. Par contre, si, dans notre esprit, l'adolescence représente tout autre chose que la liberté, alors ce sens ne nous convient assurément pas. À chacun et chacune, donc, de déterminer le sens de cet âge de la vie et de la bicyclette qui lui est rattachée.

Enfin, pour ce qui est du lien établi par Lachance entre le vélo enfourché comme un cheval et la perception de sa force sexuelle, c'est là, il faut bien le dire, une possibilité, mais qui convient cent fois mieux à... la moto!

La moto et ses variantes: vélo-moteur, scooter, trois ou quatre-roues

Si on ne retrouve jamais, dans les livres de symboles oniriques, ces divers moyens de transport, sortes d'intermédiaires entre la bicyclette et l'automobile, c'est peut-être parce que nos savants onirologues y voient quelque chose de bien ordinaire qui n'a pas besoin d'explication, ou qu'ils n'y ont tout simplement pas pensé! Quoi qu'il en soit, avant d'en fournir quelques indications « évidentes » et peut-être parfois bien personnelles, nous conseillons à nos lecteurs et lectrices de réfléchir de façon autonome sur leur propre perception et représentation de cette catégorie de véhicules. Là se trouve, comme toujours, l'important et la clé du sens caché. Bien sûr, si nous avons un de ces véhicules ou *voudrions bien* en avoir un, le sens peut changer (c'est la question de l'idéal contre la réalité); si nous n'en avons pas mais que, par contre, nous connaissons des gens qui en ont, il est tout aussi utile de réfléchir sur la perception que nous avons d'eux. Ils sont peut-être partie prenante du rêve, ou ont pour fonction, d'une certaine manière, de nous aider à cerner un élément du rêve.

1. Ces véhicules et la question d'âge

La bicyclette est associée à la période de l'adolescence, comme nous l'avons vu précédemment. Tout ce qui s'appelle « moto » (de motocyclette, ne l'oublions pas!) peut aussi entrer dans cette catégorie d'âge mais, cette fois, plus tardive puisque, généralement, on en « bénéficie » à partir de l'âge de 16 ans, dans le plus heureux des cas, ou de 18 ans, âge légal de la majorité qui nous permet d'obtenir un permis de conduire. Ici, nous pouvons reprendre ce que Laurent Lachance disait de la bicyclette enfourchée comme le cheval, et amplifier cette idée: les adolescents et adolescentes vivent une crise d'*identité*, d'*opposition* et d'*affirmation de soi* qui peut très bien se concrétiser par la possession d'une moto, symbole même de leur liberté et de leur autonomie.

Si ce sont les parents qui offrent leur première bicyclette à leurs enfants, je serais fort étonnée qu'il en soit de même pour la moto; celle-ci, il faut la gagner soi-même, il faut avoir travaillé et amassé son argent pour l'obtenir! Et qui sait si, souvent, cet achat ne se fait pas contre le vœu ou le désir des parents... Dans la moto, il y a vraiment un aspect d'anti-conformisme et d'opposition à la vie « bourgeoise », c.-à-d. conformiste. Le « motard » s'affirme en s'opposant; il incarne et vit une certaine marginalité, hors des sentiers battus (mais tout en y demeurant...)

Les jeunes vivent une sorte de « fureur de vivre » qu'incarne à merveille la moto: bruit (voire même « emmerder le monde »), vitesse, grand air, cuir, sentiment et volonté de puissance à maîtriser un tel engin (puissance « entre les deux cuisses », c'est le cas de le dire, *maintenant*, car la sexualité devient très importante à cette période). Nous pouvons donc dégager de tout cela que la moto incarne littéralement toutes les valeurs adolescentes d'affirmation de soi, d'opposition au « système », de puissance et d'anticonformisme.

2. Du simple vélo à la super « Harley Davidson »

Nous devinons immédiatement que la *puissance* et le *prestige* éprouvés ne sont pas les mêmes dans ces deux situations. Tant sur le plan psychologique que social, il y a progrès de l'un à l'autre: des vélos, tout le monde en a ou peut en avoir, il n'y a vraiment rien là, vraiment rien qui nous *distingue* des autres; une moto, par contre, c'est tout différent! Ce n'est pas nécessairement n'importe qui qui peut et veut s'en payer une!

Le vélo, sur le plan des sensations éprouvées, n'a rien de bien exceptionnel; mais une moto, elle! Du seul fait que je n'aie pas d'efforts physiques à fournir pour la conduire et me déplacer, c'est déjà quelque chose! Un « vélo motorisé » donne déjà, dès le départ, une sensation de facilité, un surplus de forces mises à notre disposition que ne possède pas la simple bicyclette. Ainsi, en rêve, rouler en moto (même de 75 ou 100 cc seulement) signifie déjà, dans un sens minimal, que nous disposons d'une plus grande réserve de forces ou de moyens pour avancer. C'est un bon signe!

Cependant, il faut examiner s'il s'agit de forces réelles ou « imaginaires »: les psychologues sont très forts sur certaines notions morales, comme les sentiments d'infériorité et de culpabilité, le complexe de castration, le désir de compensation et autres du même acabit[6]. Or ils ont

6. Les Daco et Aeppli, en particulier, dont nous nous servons beaucoup (parce que, tout de même, ils disent des choses intéressantes et très vraies par moments), en sont de bons exemples.

peut-être raison de nous rappeler ces «vilaines choses» et de nous indiquer qu'*il se peut* qu'elles s'appliquent dans tel ou tel rêve. La moto que nous chevauchons dans notre sommeil, et le sentiment que nous y éprouvons, correspondent-ils à une puissance réelle ou rêvée ? Voilà ce qu'il ne faut pas négliger de déterminer, tout de même !

Ces remarques étant faites, ajoutons quelques brèves notes complémentaires: si la moto représente un progrès, par rapport à la bicyclette, en ce qui concerne les forces personnelles dont nous disposons, ce progrès a aussi des incidences sur le plan social puisque l'on peut en jouir à partir de l'âge légal de la majorité et qu'elle est un moyen de s'affirmer et d'avoir pouvoir et prestige face aux autres.

Un vélo-moteur (le nom dit tout!) peut être considéré comme une mini-moto ou un super-vélo: c'est le premier progrès de la bicyclette, la jouissance d'une première force motorisée mais, malheureusement, qui nous oblige à faire appel à notre propre force dans les bouts difficiles, lorsque ça monte.

Un «Scooter» représente probablement une petite moto de fantaisie ou exclusivement de ville: c'est le vélo perfectionné à son maximum, si l'on peut dire, qui sert avant tout à nos déplacements. Il ne donne pas la puissance et le prestige d'une moto, c'est certain, mais il en possède plus que le strict vélo-moteur.

Quant aux 3 ou 4-roues, il s'agit de véhicules tout terrain avec lesquels on aime sans doute faire du bruit, sauter, passer dans des endroits raboteux et mal aplanis (dans les bois ou à la campagne), peu passants et peu coutumiers. Ces engins ont sûrement quelque chose en commun avec les motos par leur aspect «sportif» qui sort de l'ordinaire, mais ils en diffèrent par leur usage propre et parce qu'ils sont de locomotion plus lente; en moto, l'horizon est vaste, mais il devient singulièrement rétréci lorsque l'on conduit un 3 ou un 4-roues !

L'auto et ses parties

Sur le sens onirique de l'automobile, tous les auteurs s'entendent pour prononcer cette vérité évidente que la voiture, à laquelle tant de gens s'identifient comme s'il s'agissait réellement d'eux-mêmes, symbolise le Moi, notre énergie vitale et notre pouvoir d'agir. Notre auto, ce n'est rien d'autre que... nous-même, avec nos forces et nos faiblesses. Quand on y rêve, il n'est pas rare, en effet, qu'il soit question de certains troubles: pneus à plat, ratés du moteur, freins bloqués ou inefficaces, carrosserie bosselée, ou panne d'essence... Vraiment, l'état de ma voiture, c'est mon état!

Voici, présentées en vrac, quelques possibilités d'interprétation selon l'auteur consulté et la situation du rêve, possibilités que je me permettrai de commenter à l'occasion, si nécessaire.

1. Je conduis bien

D'après Aeppli, bien conduire, en rêve, c'est faire bonne route (dans sa vie), être responsable, être respectueux des autres et discipliné. Bien sûr, logiquement, cela va de soi (si nous n'avons aucun problème dans nos relations avec autrui et que notre adaptation sociale est définitivement réglée), mais le problème, c'est que, dans les rêves, il en va, la plupart du temps, bien autrement!

2. C'est ma voiture, l'une de mes voitures

Généralement, il s'agit de notre propre voiture; les rêves d'auto posent donc le problème de notre propre état; c'est comme une inspection psychologique analogue à celle du garagiste. Toute la question, pour nous, est alors d'identifier le problème dont il s'agit et qu'il faut régler. Cependant, il arrive, comme dans un rêve que nous avons déjà présenté et dont nous allons bientôt poursuivre l'analyse, qu'il s'agisse d'une de nos voitures précédentes et non de celle que nous avons actuellement. Dans un tel cas, il est toujours bon de tracer un portrait de nos voitures et de préciser la perception que nous en avons: qualités et défauts, apparence, période de vie à laquelle elle est reliée (parfois, elle tourne autour de l'existence d'une personne importante pour nous), contexte dans lequel nous l'avons achetée, etc. Autant nous évoluons et avançons, autant nos diverses voitures peuvent représenter diverses étapes de notre énergie vitale.

Maintenant, à quel niveau peut se situer le problème de la voiture, c.-à-d. notre propre problème ? Chaque partie de l'automobile recèle un sens particulier.

3. Ma voiture a tel ou tel problème

– Crevaison ou pneus à plat

Une crevaison signifie, littéralement, le fait d'être dégonflé, à plat, de souffrir d'une baisse d'énergie ou de motivation. Reprenons, ici, le rêve dont nous avons parlé au tout début de cette section : *Maxime attend l'autobus. Or, celui-ci n'arrivant pas, il se demande s'il ne prendra pas son auto; à ce moment-là, il sait qu'il a l'intention de parcourir un long trajet équivalant à la distance entre Montréal et Québec, pour aller dans la ville «X». Il voit alors son auto, stationnée près d'une maison qu'il ne connaît pas mais dont il sait qu'elle est celle des Masson, une famille qu'il a connue il y a une dizaine d'années. Cette voiture n'est pas celle qu'il a présentement: c'est la précédente. Il s'en approche et constate que trois des pneus sont à plat... C'est une faiblesse de cette voiture: les pneus se dégonflent et le rêveur sait qu'il faudrait régler ce problème une fois pour toutes afin que ça ne se reproduise plus.*

La distance à parcourir ainsi que la localité «X» où il devait se rendre lui ont fait voir qu'il s'en allait en fait dans le passé, en direction de ses parents, vers la maison de son enfance. En dégageant sa perception de la famille Masson, le rêveur s'est rendu compte que ce couple représentait pour lui les parents craints, les parents dominateurs dont il redoutait, petit, l'indifférence et le rejet.

Pourquoi s'agissait-il d'une ancienne voiture et non pas de celle qu'il avait présentement ? Encore là, en précisant sa façon de voir la voiture en question et en examinant de plus près le problème particulier dont elle souffrait dans le rêve, Maxime a fini par constater qu'elle le représentait lui-même: il avait déjà rêvé qu'il l'avait conservée comme une sorte de deuxième voiture. En fait, elle symbolisait son vieux moi, sa vieille énergie qu'il traînait toujours avec lui malgré une amélioration notable de son moral. Comme cette voiture, il était lui-même sujet à se « dégonfler » périodiquement sans raison apparente; tout à coup, il n'avait plus confiance en lui-même, il se sentait impuissant, incapable de faire quoi que ce soit, déprimé, sans énergie, pensant que les gens le regardaient de travers et ne l'aimaient pas. La cause? Le rêve le ramenait à certains événements de son enfance: sa peur enfantine à l'endroit de ses parents s'était étendue et généralisée à l'égard des autres...

– Freins

S'ils sont bloqués, cela signifie, selon Daco, qu'il y a freinage intérieur, blocage, inhibition ou angoisse; quelque chose nous arrête, nous empêche d'avancer comme nous le voudrions. À cela, il faut ajouter d'autres possibilités: il peut être question du frein à bras, du frein d'urgence, c.-à-d. de ce qui permet d'arrêter brusquement et d'éviter les accidents (une technique d'expert!). Il sert aussi à immobiliser la voiture dans une côte. Un autre genre de rêve, assez fréquent semble-t-il, présente la situation suivante: plutôt que de freins bloqués, il s'agit de freins qui n'agissent plus; or voilà que l'auto se dirige dangereusement vers un précipice... Catastrophe! Un précipice représente un danger, réel ou présumé, qu'il s'agit d'identifier selon le contexte du rêve tout entier. *Reculer* sans pouvoir freiner, particulièrement si c'est en pente descendante, peut vouloir dire, dans bien des cas, se diriger vers l'inconscient ou son passé sans pouvoir faire autrement: c'est devenu une obligation dont nous ne devrions pas nécessairement avoir peur.

Manquer de freins peut symboliser la peur de reculer dans l'inconscient ou, encore, le fait de ne pas vouloir perdre le contrôle de soi, particulièrement sur le plan émotif, ne pas vouloir que l'intellect, la faculté raisonnante, soit « noyé » par les sentiments et les émotions.

Pour illustrer cela, donnons l'exemple suivant: un jour que j'avais fait un rêve d'auto présentant d'éventuels problèmes de freins, je me suis dit, à l'analyse, que je n'avais jamais été vraiment satisfaite des freins de toutes mes voitures et j'ai alors écrit: « Décidément, je suis faite pour les CERVO-freins ! » Me rendant compte de ce *lapsus scriptae* (c'est servo-freins qu'il m'aurait fallu écrire), je me suis dit que j'étais une intellectuelle invétérée et que je me méfiais énormément de mes émotions, dont je voulais toujours garder le contrôle; la tête (le cerveau) doit toujours primer chez moi ! Le lendemain, comme par hasard, je faisais un nouveau rêve où il était question de... cerveau ! Je ne m'étais donc pas trompée dans mon analyse ! Face à une situation précise au moment du rêve, je craignais effectivement un déversement d'émotions, que ce soit de peine, de colère, de révolte ou de haine. C'est ce que me présentait ce rêve de freins.

– Panne d'essence

Selon Aeppli, manquer de carburant, c'est manquer d'énergie. D'après Daco, c'est manquer de vitalité intérieure, ne plus être alimenté par son affectivité. Pour Chevalier et Gheerbrant, cette situation peut représenter une déficience de la libido dans la conduite de sa vie, ou une « atonie psychique »: ou bien on a trop présumé de ses forces, ou bien on ne les emploie pas complètement[7].

Ces différentes significations (qui gravitent toutes, cependant, autour de la même idée) me semblent bien logiques. Ajoutons qu'une panne d'essence peut fort bien être due à une négligence de notre part; nous avons oublié de vérifier le niveau du réservoir !

---

7. Voir le *Dictionnaire des symboles* à « automobile ». Toutes nos références à Chevalier et Gheerbrant, dans cette partie, sont tirées de cette section ou de celle portant sur le train.

– Moteur

S'il a des ratés, nous dit Laurent Lachance, c'est que ça ne tourne pas rond dans notre vie. Le moteur, ne l'oublions pas, est le cœur de la voiture, la partie la plus importante – et probablement la plus coûteuse à faire réparer. Si notre voiture, en rêve, souffre de problèmes de moteur, il faut toujours examiner quelle partie exacte est affectée et à quoi elle peut correspondre sur le plan psychologique. Pour le déterminer, il est utile de connaître la fonction précise de la pièce dans l'ensemble.

– « Shaft » (arbre de transmission)

Il semble que ce soit là un problème propre aux hommes, puisque « shaft » est un mot assez fréquemment utilisé pour désigner... le sexe masculin.

– Carosserie

La carosserie, c'est l'apparence, l'air, l'extériorité, ce que nous reflétons aux yeux d'autrui. Les problèmes de carosserie y font donc toujours référence. Comme on le lit dans le *Dictionnaire des symboles*, il est alors question du personnage que nous jouons et qui veut produire de l'effet sur autrui, qui désire être admiré et qui a peur d'être méprisé.

– Vitres

Leur propreté permet de voir à l'extérieur et d'être vigilant. Des vitres opaques ou sales peuvent donc symboliser un repli sur soi ou une incapacité de poursuivre sa route parce qu'on ne voit plus clair dans sa propre situation; un arrêt est donc nécessaire.

– Phares

Ils permettent de voir la nuit, c.-à-d. d'éclairer l'obscurité ou, symboliquement, ce qui est inconscient ou mal compris. À mon sens, les phares sont reliés à notre faculté de compréhension, à notre raison. S'ils ne fonctionnent pas, cela signifie que nous conduisons à l'aveuglette, avec tous les risques d'accident que cela implique, que nous ne voyons pas et ne comprenons pas ce qui se passe. Lorsqu'ils s'allument enfin, c'est signe que nous recommençons à voir et à comprendre.

4. Où suis-je dans la voiture ?

On peut y être à l'avant ou à l'arrière, du côté gauche ou du côté droit, conducteur ou passager. Notons que, généralement, c'est à l'arrière que sont placés les passagers moins « importants » – à moins, bien sûr, qu'il ne s'agisse d'une limousine avec chauffeur privé !

Si vous conduisez la voiture, vous êtes donc maître à bord, c'est vous qui avez normalement l'initiative, le contrôle et le choix de l'itinéraire. Si vous êtes le « premier passager », en avant à droite dans la voiture, alors vous êtes comme le bras droit du conducteur ou la personne la plus importante après lui. Si vous êtes placé à l'arrière, il faut alors examiner si c'est au centre, à gauche ou à droite. Si vous êtes « coincé » entre deux personnes, il est probable que cela signifie, analogiquement, que vous êtes « pris entre deux feux » ou dans un conflit quelconque. D'un autre côté, être placé à l'arrière peut signifier avoir une moins bonne vue de l'extérieur qu'à l'avant ou, au contraire, une meilleure vue d'ensemble de ce qui se passe *dans* la voiture. Gauche et droite font référence, comme nous l'avons expliqué dans la section sur les directions, à conscient et inconscient. Votre situation exacte, à gauche ou à droite, vous permettra donc de déterminer si ce dont parle le rêve est relativement conscient ou non [8].

Terminons en soulignant que l'identification des personnes présentes dans la voiture est importante dans tous les cas, de même que la destination, si elle est connue.

---

8. Pour déterminer le sens qu'ont pour vous la gauche et la droite, consultez la section sur les directions et tentez de cerner quel sens s'applique à votre cas.

5. À qui appartient la voiture ?

Conduire la voiture de quelqu'un d'autre signifierait, selon Laurent Lachance, évoluer selon sa manière ou influencer son évolution[9]. D'après Pierre Daco, se faire conduire par quelqu'un indiquerait la façon dont nos forces inconscientes « pilotent » notre personnalité. Se trouver dans la voiture d'une autre personne refléterait, toujours selon lui, une dualité dans la personnalité.

Autobus et train

Nous voici maintenant à la question des moyens collectifs et sociaux de transport. Comme nous l'avons déjà mentionné dans nos généralités au début de la section, utiliser le train, l'autobus, le métro ou l'avion, c'est utiliser un moyen *aménagé socialement* pour favoriser le transport des gens; c'est aussi, bien sûr, voyager en groupe, et c'est être dans le collectif, le social et même le culturel. Il nous est donc facile de conclure, comme tous les auteurs que nous avons consultés, que les rêves d'autobus, de métros, de trains et de gares nous parlent essentiellement de notre intégration et de notre évolution sociales: nous sommes des êtres sociaux vivant dans une collectivité qui a ses règles, ses lois et ses exigences, tant économiques que morales, auxquelles il faut nous plier d'une manière ou d'une autre. Dans cette société, il nous faut prendre notre place au soleil, ce qui ne s'avère pas toujours facile. On exige de nous un comportement déterminé que le train symbolise à merveille, dans les rêves, comme nous le verrons bientôt.

D'autre part, qui dit train ou autobus dit déplacement et peut-être voyage. Une gare implique soit un départ, soit une arrivée. (Dans les rêves, le plus souvent, il s'agit d'un départ.) Mais un départ pour aller où ? Une arrivée d'où et vers quoi ? Voilà ce qu'il nous faut tenter d'identifier dans de tels rêves, sans compter l'examen

9. Laurent Lachance, *op. cit.*, p. 142.

obligatoire de tous les ennuis qui peuvent survenir: train parti, billet ou bagages perdus, mauvaise direction, train en panne, sans conducteur, etc.

Si les rêves de train et d'autobus nous parlent de notre vie sociale, ils nous parlent tout autant de notre évolution personnelle et, tout spécialement, de nos choix et de nos orientations. Il s'agit peut-être, pour nous, de prendre une nouvelle direction, de nous réorienter, d'atteindre un but ou de réaliser un projet, mais voilà que plein d'obstacles ou de difficultés surgissent; comment nous en sortir?

Cela dit, avant d'expliquer la différence entre le train et l'autobus, précisons que ces deux moyens de transport n'ont pas nécessairement le même sens pour un Européen et pour un Québécois; en Europe, c'est le train qui est le plus courant et le plus utilisé, alors que chez nous, au Québec, c'est l'autobus. Déjà, à ce point de vue, il doit y avoir une différence de perception, non pas de la nature même de chacun de ces véhicules, mais de leur usage et de leur efficacité, voire même de leur confort.

Différences entre l'autobus et le train

Bien qu'il y ait plusieurs points communs entre les deux, il y a certainement une différence, et... de taille! Eh! oui, disons immédiatement que leur longueur est singulièrement différente: un autobus, en somme, c'est comme un wagon de train autonome, qui se meut de lui-même et qui a la possibilité de «changer de voie», d'emprunter des routes différentes, alors que le train file en suivant une direction prédéterminée par les rails. Voilà d'ailleurs là une deuxième différence notable: l'autobus se déplace comme une automobile, sur les routes, alors que le train se déplace sur une voie ferrée qu'il est obligé de suivre.

Étant plus petit que le train, l'autobus transporte par conséquent un groupe plus restreint de personnes; son réseau est beaucoup moins complexe et rigide que celui des trains. Dans les rêves, il faut toujours examiner la raison pour laquelle nous voulons prendre l'autobus et pour quel trajet: est-ce un déplacement local ou interurbain ? La question du coût de transport, surtout dans une grande ville, n'est probablement pas à négliger. Comme il s'agit d'un moyen collectif de transport, il serait peut-être aussi intéressant de savoir si le groupe avec lequel nous nous déplaçons n'aurait pas des points communs avec nous, surtout si c'est un voyage en *autocar*. Cependant, en ce qui concerne l'autobus, l'idée la plus importante, je crois, est que nous nous déplaçons en groupe et que nous faisons appel, dans notre démarche, à une ressource sociale.

Voici un rêve qui semble assez typique. *Nous nous voyons obligés de monter dans un autobus ou un train, ou bien nous voulons le faire, mais cela s'avère très difficile.* Le véhicule, ici, représente, lit-on dans le *Dictionnaire des symboles* de Chevalier et Gheerbrant, la vie sociale qui nous emporte, vie sociale qui s'oppose à l'individualisme, à l'égocentrisme, à l'infantilisme et à l'excès d'introversion. Nous voir contraints de monter dans un autobus signifierait alors que nous devons, dans notre évolution personnelle, prendre contact avec le social, même si cela ne nous tente pas; ne pas pouvoir monter signifierait, à l'inverse, que nous voulons nous intégrer, mais que quelque chose nous en empêche. Daco, quant à lui, y voit la même difficulté de s'intégrer dans la vie sociale et ajoute que cela peut signifier que l'on s'efface par peur de la compétition.

Le réseau de chemin de fer

La section «Train», dans le *Dictionnaire des symboles* de Chevalier et Gheerbrant, est remplie de remarques fort intéressantes et judicieuses sur tout ce qui concerne les chemins de fer. Nous nous en inspirerons donc largement ici.

D'abord, tout le réseau des chemins de fer représente la vie sociale elle-même dans toute la rigidité dont elle peut faire preuve ou que nous pouvons y percevoir: horaires implacables auxquels il faut nous plier, précision minutieuse de tout le système, organisation ponctuelle qui ne peut marcher qu'avec un ordre et une hiérarchie inflexibles, organisation ignorant le sentiment (point fondamental !), imposant sa loi et son rythme inexorable, où l'intérêt général passe avant l'intérêt personnel ou particulier. Sous un autre aspect, le système ferroviaire met en liaison les villes, les régions et les pays; il permet donc toutes les communications et tous les échanges et pourrait ainsi représenter les forces de liaison et de coordination agissant au sein de l'ensemble psychique.

D'après Laurent Lachance[10], le train représente un mode d'évolution qui nous entraîne bon gré mal gré; on suit l'évolution sociale sans faire d'efforts personnels précis et une fois le choix fait, il nous faut continuer. Selon Aeppli, voyager en train signifie parcourir un trajet de vie qui a ses arrêts et un comportement déterminés. Ces rêves sont souvent reliés au fait d'être en retard ou de rater une occasion, précise-t-il. Daco abonde dans le même sens; d'après lui, les retards et les erreurs de parcours indiquent un sentiment d'impuissance, d'infériorité, voire même de culpabilité, ou signalent qu'il nous arrive de rater de multiples occasions dans notre vie. Il nous faut alors tenter, si tel est le cas, de trouver la raison de cette attitude.

Passons maintenant à divers éléments reliés aux trains.

La gare

La gare peut fort bien représenter le point de départ de nos entreprises et projets, à moins qu'il ne s'agisse d'une sorte de carrefour « toutes directions ». Selon Daco, se trouver dans une gare, c'est partir vers de multiples directions de l'existence ou arriver à une étape. S'il y a beaucoup de trains, c'est le signe d'importantes potentialités intérieures, de plusieurs possibilités de choix et de décisions. Si elle est désaffectée, alors notre vie intérieure est peut-être vidée de ses forces vitales.

10. Laurent Lachance, *op. cit.*, p. 37.

Le billet

Selon Aeppli, la question du billet signifie devoir payer, faire des sacrifices. On trouve la même idée dans le *Dictionnaire des symboles*: nous devons donner pour recevoir; « on ne peut évoluer sans faire de sacrifice, sans payer de sa personne ». Cela est bien possible, en effet, mais il se peut que le billet signifie tout simplement le fait de détenir le moyen de partir ou d'avancer.

La classe

Les trains ont la particularité de varier, sur le plan du confort et du luxe, selon leur classe, allant de la première à la troisième. D'après Aeppli, la classe fait référence à la place qui nous revient selon nos capacités personnelles réelles: il faut vivre selon nos moyens et non au-dessus. Tel serait, par exemple, le message d'un rêve où nous serions en première classe avec un billet de troisième. On lit la même chose chez Chevalier et Gheerbrant: si nous sommes illégalement dans une classe supérieure, nous trichons avec nous-mêmes, nous nous dupons, nous nous illusionnons sur nos dons, nos qualités, notre avancement et notre importance. Si nous nous retrouvons dans une classe inférieure, c'est que nous avons tendance à nous sous-estimer.

Le contrôleur et le chef de gare

Selon Aeppli, le contrôleur est le représentant de la justice interne. Pour Daco, il représente une forme de «Surmoi», qui demande des comptes. D'après Chevalier et Gheerbrant, il incarne une figure du Moi impersonnel, de la fonction transcendante qui tend vers la réalisation. Le chef de gare symbolise la tête directrice des forces positives qu'il y a en nous, alors que le contrôleur est un conseiller, un guide ou, encore, le juge et la sanction.

La locomotive

D'après Aeppli, la locomotive nous renseigne sur les forces disponibles dont nous jouissons. Selon Daco, elle représente notre puissance ou l'extraversion de la personnalité; elle est le symbole de l'affectivité créatrice, de la marche en avant, de la puissance intérieure aussi bien qu'une représentation sexuelle, ajoute-t-il.

Les bagages

Les bagages représentent ce que nous traînons avec nous, ce que nous avons accumulé ou le minimum dont nous avons besoin. Selon Aeppli ainsi que Chevalier et Gheerbrant, ils symbolisent tout à la fois nos forces, nos capacités, nos aptitudes et nos possibilités, notre potentiel vital, nos instincts, nos habitudes, nos plans, notre personnalité extérieure, notre train de vie, nos moyens immédiats d'existence, nos réserves, nos biens propres, nos signes extérieurs de richesse, nos attachements, nos protections, etc. Chevalier et Gheerbrant résument tous ces éléments par « l'équivalent de l'équipement mental » ! C'est probablement abusif, mais enfin, il y a sûrement un peu de cela dans la signification des bagages.

Chevalier et Gheerbrant mentionnent quelques situations en rapport avec les bagages, dont les suivantes. *Les oublier ou les perdre* signifierait une impuissance à coordonner nos efforts, une négligence à l'égard de notre vie objective ou subjective, un manque de possession de soi ou un sentiment d'insécurité; cela pourrait même traduire, disent-ils, un complexe d'échec ou de frustration entravant la réalisation de notre individualité. S'ils sont *encombrants*, ils représentent alors un poids superflu, celui de nos illusions, de nos pseudo-obligations, de notre savoir intellectuel, de nos projections, de nos fixations inconscientes, de notre désir de paraître, de nos inquiétudes, de nos révoltes, de notre sentimentalité, de nos appétits... *Les abandonner* signifierait que les valeurs spirituelles ou intérieures et personnelles prennent le dessus en nous: nous abandonnons ce qui, désormais, est usé et périmé, nous supprimons les contraintes inutiles.

Les autres voyageurs

Selon Aeppli, les autres voyageurs représentent des aspects et parties de nous-mêmes ou, encore, des gens qui participent à notre destinée, qui sont importants dans notre vie. Bien entendu, ce dernier point s'avérera exact si nous reconnaissons certaines personnes ou s'il s'agit de professions. Parfois, il s'agit tout simplement d'une « foule anonyme » ou de gens dont la présence est sentie, mais non véritablement remarquée; dans ce cas, ces autres voyageurs ne signifient rien d'autre que le fait de voyager en groupe.

Camion et camionnette

Selon Chevalier et Gheerbrant, un camion qui, généralement, transporte des marchandises utiles et précieuses, évoque les contenus positifs du psychisme. Il peut aussi représenter le compagnon de route qui se change soudain en adversaire contre lequel on va se frapper. Voilà tout ce dont nous disposons sur ce véhicule...

Lorsqu'il est question, en rêve, d'un camion ou, plus modestement, d'une camionnette, on peut être assuré qu'il y a du bagage ou de la marchandise dans l'air; ce contenu, plus ou moins énorme, peut fort bien représenter, ainsi que le disent Chevalier et Gheerbrant, des contenus psychiques, qu'ils soient positifs ou négatifs, bons ou mauvais. Il est toujours important d'examiner, dans un premier temps, la grosseur et l'identité du véhicule, si on le voit bien dans le rêve. Il est tout aussi important, ensuite, d'essayer de savoir ce qu'il contient, tout particulièrement si c'est nous qui le conduisons; que traînons-nous à ce moment-là ? La couleur du véhicule n'est pas non plus à négliger et peut être un indice intéressant.

Si nous roulons en voiture sur la route et qu'un camion nous précède, il peut s'agir d'un obstacle quelconque. S'il nous laisse passer ou s'il nous frappe, eh bien, dans ce cas, je pourrais parier que c'est notre propre inconscient qui se fait voir ainsi pour nous dire: « Oui, tu peux y aller, tu peux foncer », ou bien: « Attention, il faut t'arrêter, il y a des choses à régler et à examiner avant de poursuivre ta route. »

Gros véhicules de travail (tracteurs, machinerie agricole, grues, déneigeuse, etc.)

Il n'est pas rare que l'on rêve à de gros véhicules de travail tels que ceux mentionnés ci-dessus. S'il s'agit de machinerie agricole, il faut alors considérer l'usage propre, la fonction précise de l'engin en question et travailler à partir de cette fonction: qu'est-ce qui a été fauché, déblayé, coupé, ramassé? Y a-t-il quelque anomalie par rapport à cette fonction et à ce qui se passe dans le rêve?

Illustrons la méthode d'analyse d'un tel véhicule par l'exemple suivant.

LA DÉNEIGEUSE

Je marchais dans une rue. Mon frère Pierre marchait un peu en avant, et un autre homme dévalait la rue. Soudain, mon père a surgi en grosse grue[11] *(c'était pourtant l'été) et il y avait une très grosse bosse; j'ai vu mon père sauter dans son camion, il essayait de ralentir, mais rien à faire. Les lames de la grue tournaient très vite et moi j'ai pris mon frère et je l'ai tiré de là (mon frère est de 5 ans plus âgé que moi). Alors, j'ai vu l'homme tout se défaire: les bras, la tête, les jambes.* (Puis réveil.)

Je ne sais rien de la rêveuse, sauf que c'est une adolescente de 18 ou 19 ans qui s'appelle Martine. Que puis-je alors dire de ce rêve qu'elle me demande d'examiner? À vrai dire, honnêtement, pas grand-chose, sauf ceci: le thème du rêve est certainement *la relation au père*; c'en est le personnage central. Le sujet du rêve, c'est le père lui-même; il représente ici un grand, très sérieux et très grave danger dans lequel le frère de Martine est impliqué. Mais en quoi et comment? Impossible à dire pour le

11. Cette grosse grue est, en réalité, une déneigeuse, une immense « souffleuse à neige ».

moment, sans les indications de la rêveuse elle-même. Cependant, nous pouvons très bien voir qu'il s'agit d'une *perte de contrôle.* Mais comment celle-ci a-t-elle pu se manifester dans la réalité ? Mystère pour le moment.

La rêveuse a sauvé son frère d'une mort quasi certaine en le « tirant de là », selon sa propre expression. Pourquoi a-t-elle précisé à ce moment-là, et non immédiatement au début, qu'il était de 5 ans son aîné ? Un autre mystère à éclaircir. Cependant, un peu de finesse psychologique pourrait nous faire dire dès maintenant que cette précision sous-entend que c'est la plus jeune qui sauve le plus vieux, et qu'il semble y avoir là quelque chose d'un peu curieux à première vue: normalement, ce devrait être le contraire; le frère aîné protège sa petite sœur. Enfin, autre élément très curieux, c'est que l'homme se DÉFAIT en morceaux au lieu d'être réduit en bouillie comme il se doit. Comment cela se fait-il ? Car, normalement, ayant été happé par une souffleuse, c'est ce qui *aurait dû* se produire !

Je rencontre une première fois Martine pour tenter d'en savoir plus. Or elle m'apprend, entre autres choses, qu'elle a vécu l'inceste avec son père mais, s'empresse-t-elle de dire immédiatement après, elle ne lui en veut pas, elle lui a pardonné; de toutes façons, ce n'était pas de sa faute car sa mère, femme froide et distante, refusait souvent de faire l'amour avec lui; or un homme, ça a besoin de sexe, ce qui est tout à fait normal... (Notons ici combien tous ces détails sont nécessaires à la compréhension du rêve. Cet inceste, en particulier, en est le cœur: le danger incarné par le père au volant de cette déneigeuse, ce n'est rien d'autre que son désir incestueux.)

Comment expliquer, maintenant, que le père utilise une déneigeuse en plein été ? N'y a-t-il pas là une contradiction flagrante, une ERREUR ? Là-dessus, Martine ne sait vraiment que dire. Je lui parle alors de son attitude à l'égard de son père incestueux: ce n'est pas normal qu'un homme choisisse une petite fille comme partenaire sexuel. Mais à ce propos, rien à faire, Martine ne peut faire autrement que de justifier son père et d'expliquer que « ça se comprend», étant donné son «manque de sexe». De toutes façons, ce mal était compensé par du bien, puisqu'à ce moment-là, il la comblait toujours de cadeaux.

À cause de notre fatigue, nous suspendons notre rencontre et nous nous revoyons deux ou trois jours plus tard. Entre-temps, j'ai étudié très attentivement chaque élément du rêve en fonction de ce que Martine m'avait fourni comme indices. Si elle a précisé, dans sa description, que «pourtant c'était l'été», c'est donc qu'elle était parfaitement consciente de l'anormalité du comportement de son père, même si, consciemment, elle se refusait obstinément à l'admettre. La déneigeuse, qui a toujours effrayé Martine, représente bel et bien le désir mal placé de son père à son endroit, un désir qui lui avait toujours fait peur, me dit-elle lors de notre deuxième rencontre.

Quant au détail suivant: *j'ai vu mon père sauter dans son camion, il essayait de ralentir, mais rien à faire,* j'ai demandé à Martine de revoir le visage de son père dans le rêve et de se rappeler si elle ne l'aurait pas déjà vu dans un état analogue («sauter», avoir des secousses, essayer de ralentir ce qu'il est en train de faire sans en être capable): elle a déjà vu son père jouir, en effet, et «ne plus être capable d'arrêter même s'il le voulait»...

En ce qui concerne l'idée que *la plus jeune sauve le plus vieux* alors que, normalement, ça devrait être le contraire, nous pouvons bien voir qu'elle parle très nettement de l'attitude même de Martine face à son père: celle-ci sent son protecteur (ainsi voit-elle son frère – et son père) plus en danger qu'elle-même, elle l'excuse, l'innocente et le justifie à son propre détriment. D'ailleurs, en guise de renforcement, le dernier élément du rêve, cet homme défait en morceaux (tête d'un côté, bras de l'autre, tronc ailleurs et ainsi de suite) vient confirmer que Martine doit se rendre compte que sa perception de son père est désormais morcelée: l'homme qui pense et réfléchit (la tête), l'homme qui aime (le tronc), l'homme qui sait se tenir debout (les jambes), l'homme qui peut être affectueux et protecteur (les bras), l'amant (le sexe). Toute cette unité est maintenant réduite en pièces, mais il n'empêche qu'en réalité, le vrai sort qui l'attend, c'est d'être réduite en bouillie...

Sur l'eau

Si les déplacements par bateau sont sans doute les plus rares, dans la vie réelle, ils apparaissent avec une certaine fréquence dans les rêves. Au tout début de cette section, nous avons donné passablement d'indications sur les voyages maritimes, auxquelles nous référons ici nos lectrices et lecteurs. Quant aux divers bateaux qui peuvent exister, il est bon de remarquer qu'ils diffèrent par leur grosseur et par le fait qu'ils sont motorisés ou non: de la barque ou du canot au navire de croisière, en passant par les canots à moteur ou les hors-bord, nous pouvons suivre le cheminement que nous avons pris pour ce qui est des véhicules terrestres. Un canot ou une barque est analogue à un vélo, comme le souligne Aeppli, et relève du même symbolisme; un hors-bord est l'équivalent d'une moto, et ainsi de suite. En fait, c'est l'élément sur lequel on se déplace qui diffère, ici, et qui nous met en contact avec l'inconscient.

Cela dit, examinons quelques remarques de divers auteurs sur cette question.

Selon Daco, la barque symbolise ce qui autorise la traversée. Comme elle ressemble, par sa forme recourbée, à une sorte de berceau, elle peut symboliser, dit-il, le sein maternel qui sécurise, et représenter la « matrice rassurante ». Comme, dans plusieurs traditions, elle est associée au « voyage des morts », Daco souligne que ce symbole apparaît dans des rêves non banals, importants.

En ce qui concerne le bateau ou le navire, Aeppli le considère comme un véhicule fermé qui sert pour une longue traversée; il s'agit, généralement, de traverser la mer de l'inconscient et d'accoster à un nouveau rivage. Il représente souvent, d'après lui, notre personnalité. Pour Daco, un navire est un symbole maternel, parce que fermé et sécurisant (en sécurité dans les bras maternels !). Chez l'homme, il peut être un symbole de son Anima (plusieurs hommes sont en quelque sorte «mariés» à leur bateau au nom féminin, souligne-t-il). Il s'agit de partir à l'aventure, en quête de soi-même. Chez une femme, l'Animus est représenté non pas par le bateau lui-même, mais par... le capitaine !

À propos du voilier, Aeppli mentionne qu'il exprime l'action du vent, l'influence du spirituel sur la marche des événements.

Dans les airs

Selon tous les auteurs que j'ai consultés, l'avion fait référence à deux champs possibles: il est associé soit au monde spirituel des idées, de la raison et de l'esprit, soit à l'absence d'obstacles, voire à la liberté, parce que l'air est au-dessus des réalités terrestres ou matérielles et parce que, pour les humains du XXe siècle que nous sommes, l'avion aurait remplacé l'oiseau sur le plan symbolique. Ainsi, se trouver dans un avion signifierait, selon Daco, une recherche de la spiritualité: « on a quitté les entraves de la terre ». Selon Aeppli, nous survolerions les difficultés, nous aurions le libre choix de la direction (?) et évoluerions à travers des espaces sans obstacles... Laurent Lachance abonde dans le même sens: pour lui, c'est éviter et dominer les obstacles, explorer l'espace spirituel ou planer au-dessus des réalités par manque de réalisme [12].

Personnellement, je trouve que ces deux idées sont abusives; si, plutôt que de l'avion, on nous parlait du deltaplane, je comprendrais et accepterais alors parfaitement cette double association avec la spiritualité et la liberté. Mais l'avion n'est qu'un véhicule de transport par la voie des airs et, dans les rêves, lorsqu'on se trouve à l'intérieur d'un avion, on est « en transit », entre deux points éloignés l'un de l'autre, voire « en suspens ». À mon sens, c'est le premier et le principal sens de l'avion; chercher plus loin, c'est tomber, bien souvent, dans la divagation.

De plus, il est très rare, dans les rêves, que l'on pilote soi-même ou qu'il n'y ait aucun « obstacle » qui se présente.

12. Laurent Lachance, *op. cit.*, p. 37-38.

Bien au contraire, les rêves d'avion ressemblent étrangement aux rêves de train, tout compte fait, et comportent les mêmes problèmes: la gare devient l'immense aéroport, on ne retrouve plus son billet, l'avion part sans nous, la locomotive sans conducteur devient l'avion sans pilote, le déraillement ou la collision devient la chute et l'écrasement au sol... Voilà, d'ailleurs, la principale différence entre ces deux sortes de rêves: d'un avion, on tombe de haut et on s'écrase au sol. Et puisqu'on a « décollé des réalités terrestres » et que l'on se retrouve « dans les airs », on pourrait dire, en nuançant les idées de nos célèbres interprètes, qu'il est probable que les problèmes abordés dans les rêves d'avion se situent sur le plan mental, sur le plan de nos pensées et de nos représentations, mais pas plus.

Cette mise au point étant faite, examinons quelques situations typiques des rêves d'avion.

Qui est le pilote ?

Selon toutes les interprétations existantes, l'avion nous représente; le piloter, c'est donc être maître de soi et se diriger vers un domaine spirituel, affirme Daco. C'est l'occasion de constater si tout va bien dans notre vie ou si nous éprouvons des difficultés (orages, obstacles, etc.) Si, par contre, l'avion est piloté par quelqu'un d'autre, cela peut signifier que le Moi conscient est mené par des forces inconscientes. Cela dépend, bien sûr, du contexte du rêve; en particulier, cela peut être le cas si on est en rapport avec le pilote. Sinon, ce qui importe, à mon sens, c'est le simple fait de voyager, de se déplacer d'un point à un autre. Chevalier et Gheerbrant abondent dans le sens de Daco, mais ajoutent que le pilote peut aussi représenter un aspect complexé de soi-même qui domine le rêveur, ou l'analyste, si le rêveur est en thérapie, ou le Soi (ce que j'appelle l'inconscient ou le surconscient) qui mène son évolution.

L'avion monte ou décolle

Selon Daco, l'avion qui prend son envol est relié au symbolisme de la montée: aller vers l'avenir, vers un but, prendre la direction de l'élévation de l'esprit ou de l'ascension matérielle (monter vers la gloire, les honneurs, etc.). Il mentionne aussi la direction de la purification progressive, de la sérénité et du dynamisme. Monter trop haut ou trop vite peut signifier qu'on risque de se perdre dans des compensations, souvent suivies de la chute fatale[13]. Selon Chevalier et Gheerbrant, le décollage peut exprimer une aspiration spirituelle, celle de la libération de l'être de son moi terrestre. Dans l'envol, soulignent-ils au passage, il y a une sensation que les psychanalystes associent à l'orgasme; ils auront donc fortement tentance à interpréter un tel rêve sur le plan sexuel. (C'est plausible, si sensation il y a dans le rêve!)

Si l'avion ne peut décoller parce que trop chargé, cela signifie, selon Aeppli, qu'on n'arrive pas à prendre son envol parce qu'on a trop de projets – ou de problèmes – en même temps. Il nous faut «jeter du lest» et nous débarrasser d'illusions ou d'idées encombrantes pour prendre notre essor, comme le disent si bien Chevalier et Gheerbrant.

L'avion s'égare

Selon Daco, si tout va bien en ce qui concerne le vol, c'est qu'on est bien piloté par son inconscient; si l'avion s'égare, quelque chose ne tourne pas rond dans nos forces inconscientes, il y a un déséquilibre de ce côté-là.

Acrobaties

Selon Chevalier et Gheerbrant, les acrobaties aériennes dénotent de l'indécision ou de l'inconstance, un goût excessif du risque et une tentation de la démesure.

Voir des avions évoluer dans le ciel

Selon Chevalier et Gheerbrant, ce serait là une évocation des puissances cosmiques de l'inconscient

13. Pierre Daco, *op. cit.*, p. 243.

collectif en face desquelles le Moi conscient mesure son impuissance... (Ouf!)

Deux avions qui se heurtent, ou un combat aérien

Selon Aeppli, ils représentent deux principes qui se font la lutte dans notre tête. Il nous faut alors examiner qui nous accompagne et ce que nous emmenons avec nous. Selon Chevalier et Gheerbrant, un combat aérien symbolise des pensées de tendance opposée qui se heurtent en nous et nous déchirent psychologiquement.

Chute au sol

Selon Chevalier et Gheerbrant, une telle chute dévoile, en nous, une attitude trop intellectuelle ou spiritualiste, utopique, éloignée de la réalité. « Les idéaux reprennent brutalement contact avec les solides réalités concrètes. » Nous manquons de sens du réel, il y a collision entre l'esprit et l'instinct.

Bombardement aérien

Selon Chevalier et Gheerbrant, subir ou être témoin d'un bombardement aérien signifie que des arrière-plans psychiques surgissent: l'inconscient, négligé, attaque pour qu'on en tienne compte.

Avion sans pilote

Selon Aeppli, il nous est alors impossible de revenir sur terre: nous sommes pris dans notre idéalisme ou notre manque de sens de la réalité concrète.

À vous de juger de la valeur de toutes ces interprétations.

Terminons notre tour des divers véhicules par quelques mots sur un engin spatial assez impressionnant, la soucoupe volante. Daco y consacre quelques remarques dans son « dictionnaire-guide ». Selon les rêves qu'il connaît, les soucoupes volantes sont lumineuses, silencieuses, tournent à basse altitude ou se posent au sol. Leur apparition suscite de l'espoir ou de la terreur. Dans ce dernier cas, elles symbolisent l'angoisse du ou de la rêveuse, une angoisse destructrice; les soucoupes volantes sont alors analogues aux Cavaliers de l'Apocalypse... Si elles suscitent de l'espoir, les occupants de la soucoupe sont alors des « porteurs de bonnes nouvelles », version contemporaine du Christ, dit Daco.

Ses comparaisons avec le Christ et l'Apocalypse sont peut-être douteuses et abusives, mais l'idée de base n'est pas mauvaise. En effet, que les soucoupes volantes provoquent un espoir ou une angoisse immense, c'est tout à fait logique. Le tout, c'est d'identifier la source de l'espoir ou de l'angoisse ! Malheureusement, là-dessus, Daco reste aussi silencieux que les soucoupes elles-mêmes...

Daco nous donne le petit bout de rêve suivant: *Une femme rêve à une soucoupe volante; un homme en sort; il semble très bon; il va parler; la rêveuse se réveille.*[14] En l'absence d'explications de la part de Daco, essayons-nous. D'abord, ce qui frappe dans les OVNI, c'est que ces engins de l'espace intersidéral viennent d'ailleurs, d'au-delà de la terre. C'est probablement ce qui est si impressionnant lorsqu'il nous arrive d'en rêver. Or, symboliquement, que peut signifier cet « au-delà de la terre » ? Sans doute ceci: l'origine et le sens du message sont très importants, « célestes » ou quasi « divins », a-t-on l'impression. Mais ce « céleste » ou « divins », ne l'oublions pas, est en nous: c'est donc une force supérieure, en nous, qui va nous « communiquer » quelque chose d'important.

Par ailleurs, les extra-terrestres qui sortent de leur mystérieux engin peuvent aussi représenter une

---

14. Pierre Daco, *op. cit.*, p. 315.

personne importante dans notre vie. Ainsi, dans le rêve rapporté par Daco, il se peut que l'homme sortant de la soucoupe soit Daco lui-même, si ce dernier était le psychanalyste de cette femme (tous les rêves qu'il a accumulés lui viennent probablement de ses clients et clientes, dans l'ensemble). Dans ce contexte, la rêveuse en était sans doute arrivée à une étape précédant la reconnaissance et l'acceptation d'une vérité importante pour elle, mais n'était pas encore prête à franchir ce pas décisif : elle se réveille avant que l'homme ne parle...

Bien entendu, nous sommes ici condamnés à rester dans le domaine des hypothèses, puisque la rêveuse n'est pas là pour nous apporter des précisions et que Daco ne nous en fournit aucune. Entre autres choses, il nous faudrait savoir de quoi a l'air cet homme (c'est déjà un indice !) et s'il ne ressemblerait pas à quelqu'un qu'elle connaît. Il se pourrait qu'il s'agisse purement et simplement de son thérapeute, ou d'une figure du Père, ou de son Animus positif, à moins que ce ne soit tout simplement une figure incarnant sa conscience, sa raison ou son intuition. Chose certaine, il ne s'agit pas d'une communication avec l'au-delà, d'une « rencontre du troisième type » : ce genre d'interprétation magique et superstitieuse est à exclure.

Enfin, soulignons qu'il est toujours bon d'examiner si, la veille ou quelques jours auparavant, on n'a pas vu un film ou lu un livre de science-fiction : la situation du rêve peut tout simplement avoir été tirée de ce visionnement ou de cette lecture. Si c'est le cas, il faut établir des comparaisons et se demander ce qui nous est subconsciemment venu à l'esprit en voyant ou en lisant tel ou tel passage. C'est là un précieux indice pour travailler le rêve et dégager son sens caché.

Les vêtements

Reflet de la personnalité extérieure

La plupart des interprètes des rêves s'entendent pour dire que les vêtements sont le reflet de la personnalité extérieure. Cette personnalité, fabriquée de toutes pièces par les gens qui nous ont éduqués, est en grande partie artificielle; c'est un vernis, une apparence qu'un jour ou l'autre, si nous voulons vraiment atteindre la véritable maturité, nous devons examiner de près. En effet, dans quelle mesure cette personnalité – à laquelle nous nous identifions si profondément, pourtant ! – est-elle authentique ? Son élaboration graduelle, de notre naissance jusqu'à aujourd'hui, n'a-t-elle pas, dans une certaine mesure, fait disparaître notre personnalité authentique, naturelle ? Bon nombre de nos rêves, précisément par le biais des vêtements, nous amènent à prendre conscience de ce phénomène, comme nous en verrons un exemple détaillé tout à l'heure.

Notons au passage que, selon Freud, cette personnalité fabriquée est une sorte de vernis. En le grattant un tant soit peu, qu'est-ce que l'on trouve ? Selon lui, c'est la « brute », le ÇA, le monde des instincts qui exige une satisfaction immédiate et inconditionnelle. Mais ce qu'on y trouve, en réalité, c'est sans doute bien davantage notre personnalité authentique, originale et originelle, que le Surmoi (terme freudien pour désigner la morale sociale) nous fait perdre en grande partie.

Les vêtements, en rêve, nous représentent donc tels que nous paraissons ou que nous nous sentons aux yeux d'autrui. Il en est évidemment de même pour notre perception des autres: dans les rêves, la façon dont ils sont vêtus – lorsqu'on le remarque, bien sûr – a toujours son importance et reflète ce que nous en pensons exactement. À l'opposé, la nudité nous présente tels que nous sommes, sans aucun artifice.

Il existe un rêve « typique », c.-à-d. fréquent et clair quant à son sens: nous nous retrouvons nus, ou presque, dans un endroit public, et le plus étonnant, c'est que nous sommes les seuls à remarquer et à nous inquiéter de notre surprenante nudité... Ce rêve est en rapport avec notre peur du jugement d'autrui; il reflète un malaise fondamental, un manque d'assurance et de confiance en soi, et peut aussi signifier, selon Ernest Aeppli, une adaptation sociale insuffisante.

Le sens des habits, du tailleur et des tissus

Marie-Louise von Franz, qui a succédé à Jung à l'Institut C.G. Jung de Zurich, a écrit de fort belles pages sur ce sujet, particulièrement dans son ouvrage intitulé: *L'Ombre et le mal dans les contes de fées.* Dans son analyse du conte « Les deux compagnons », elle soutient que les habits sont reliés à la Persona, au masque social, au personnage public que nous jouons ou que nous reflétons. Le *tailleur* est « le façonneur des humains », celui qui a le pouvoir de « transformer les êtres et de leur insuffler une attitude nouvelle » [1]. Quant aux *chaussures,* elles représentent, dit-elle, la position adoptée, l'attitude envers la réalité et l'existence; elles ont aussi rapport avec le pouvoir et l'autorité.

Si le tailleur est le façonneur de la personnalité, celui qui construit l'ensemble de nos attitudes à la fois personnelles et sociales (pensons aux parents et à tous les éducateurs au sens large, à tous les « façonneurs d'opinion »), les tissus représentent donc, logiquement, le matériau de base à partir duquel va s'opérer le « façonnement », la

1. Marie-Louise von Franz, *L'Ombre et le mal dans les contes de fées,* p. 42.

fabrication de notre personnalité extérieure. Il est donc toujours très utile d'en examiner la signification lorsque, bien sûr, nous les remarquons dans le rêve. À ce sujet, notons les points suivants: il y a des tissus naturels (coton, laine, soie,...) et des tissus synthétiques. Dans le cas des premiers, on peut y voir un indice de la valeur de ce que le vêtement représente: c'est précisément du naturel, de l'authentique. Dans le cas des seconds, il peut y avoir un élément d'inauthenticité, de non naturel, d'artificiel, à moins qu'on ne trouve ce genre de tissu utile, d'entretien plus facile... Il y a des tissus doux et d'autres rugueux, des tissus qu'on aime et d'autres qu'on déteste. C'est un point qu'il faut toujours vérifier.

Symbole de la position sociale

Outre notre personnalité extérieure, c.-à-d. ce que nous reflétons aux yeux des autres, les vêtements peuvent exprimer, comme le souligne Ernest Aeppli, la position sociale, le statut d'une personne. C'est là un sens qui convient très bien à des rêves où l'on porte, donne-t-il en exemple, des vêtements extravagants ou mal adaptés, démodés. Être correctement habillé signifierait être socialement à sa place (bien que, à mon sens, lorsque nos vêtements, en rêve, ne font pas problème, il n'y a alors pas de sens précis à y chercher!). Quand notre adaptation sociale est insuffisante, il en serait souvent de même dans les habits de nos rêves. Un accoutrement trop voyant ou extravagant pourrait signifier que notre comportement social est excessif et lui-même extravagant. En voici un exemple:

Une dame d'un certain âge qui aimait à se faire passer pour plus jeune revêtait en rêve, en signe de compensation, la longue robe grise de sa grand-mère; cette dernière avait su porter son âge avec dignité. Elle, par contre, avait orné cette robe de rubans de toutes les couleurs qui la ridiculisaient.[2]

Certaines coiffes, de même que les chaussures, peuvent aussi fort bien servir de symbole de la position

2. Ernest Aeppli, *Les Rêves et leur interprétation*, p. 175-176.

sociale ou du statut que nous détenons socialement. Nous en parlons un peu plus loin.

Les vêtements du haut et du bas du corps

Généralement, les vêtements qui recouvrent le haut du corps, comme une camisole, un soutien-gorge, une chemise, une blouse, un gilet, un chandail, un pull, un veston, une veste, concernent la masculinité ou la féminité qu'il y a en chaque être. Nous sommes donc alors en présence du thème des stéréotypes liés au sexe, lesquels déterminent culturellement ce que sont un «vrai» homme et une «vraie» femme. Face à ces stéréotypes qu'on nous a inculqués dès notre plus tendre enfance, nous avons eu une réaction soit de conformité, soit de rejet ou de contestation, dont nous parlent fréquemment nos rêves, puisqu'ils expriment notre perception de nous-mêmes en tant qu'hommes ou femmes.

Les vêtements qui recouvrent le bas du corps, comme un slip, un caleçon, un jupon, une crinoline, une gaine, une jupe, un short ou un pantalon, font référence eux aussi à cette même question de masculinité / féminité, mais aussi, plus précisément, à la sexualité, puisque les fesses ne sont généralement pas loin. Par conséquent, ces vêtements, plus spécialement les slips, les caleçons et la gaine, font allusion à la vie sexuelle et à ses problèmes. Dans un sens plus nuancé et plus subtil, ces vêtements de corps se rapportent à l'intimité (très intime et très personnelle !) de l'individu.

Pour illustrer ces aspects que nous venons de préciser à propos du sens des vêtements, donnons les deux exemples suivants:

Premier exemple: « Qu'y a-t-il de l'autre bord ? » [3]

Je suis dans une maison inconnue. L'appartement, genre solarium, est tout ensoleillé. Le plancher est en bois. Maman et

3. Ce rêve m'a été communiqué lors d'un atelier d'interprétation des rêves que j'ai suivi il y a quelques années, dans le but de comparer ma méthode d'analyse à une autre.

moi on y est bien. Maman trie le linge et sépare les couleurs pendant que moi je fais la lessive avec une laveuse à tordeur. Tout à coup, je me retourne et je vois mon père. Il est vêtu d'un long pardessus militaire kaki-brun des années 40, long jusqu'à la cheville; il parle avec maman. Je vais le trouver et je lui vois l'air fatigué. Je lui demande: « Comment trouvez-vous ça l'autre bord ? » Il me répond: « Je ne sais pas, je ne les ai pas encore rencontrés. » Et je me réveille.

Note: Mon père est décédé depuis 25 jours. Après le réveil, j'avais la sensation d'un père en chômage qui a frappé à plusieurs portes pour se trouver du travail et il n'a rencontré aucun patron, il est revenu bredouille, pauvre et épuisé.

Qui est la rêveuse ?

Il s'agit d'une femme mariée, dans la cinquantaine, qui a toujours vécu à la campagne. Elle est très préoccupée par la question de savoir ce qu'il y a dans l'au-delà, au point qu'elle avait demandé à son père de venir le lui dire, une fois qu'il y serait. Il semble qu'il avait dit oui. Sa mère a aux alentours de 75 ans et refuse de quitter sa maison pour aller vivre avec sa fille, qui le lui a demandé plusieurs fois. Le manteau ressemble à celui qu'elle avait acheté en vitesse pour l'enterrement; elle ne l'aimait pas et ne l'a jamais remis.

Comme nous travaillons ce rêve pour illustrer le sens des vêtements, n'étudions ici que ce qui les concerne: il est d'abord question de la lessive, du lavage des vêtements (du linge). Le tout se fait à l'ancienne mode, en triant le linge selon les couleurs et avec une laveuse à tordeur, qui exige beaucoup plus de travail qu'une laveuse automatique. Notons aussi que la lessive se fait avec la mère: le lavage a toujours été, traditionnellement, un travail de femme…

Comme les vêtements symbolisent la personnalité extérieure, cette lessive signifie donc faire le lavage de cette personnalité acquise. Il est pratiquement certain qu'il s'agit tout particulièrement, d'après le contexte et le lieu du rêve, de la personnalité féminine, du rôle traditionnellement dévolu à la femme épouse, mère et ménagère.

Dans un deuxième temps, c'est du père, de la relation au père, dont il s'agit. En ce qui le concerne, plusieurs choses sont frappantes: d'abord, il agit comme si sa fille n'existait pas, ne s'occupant que de sa femme; la rêveuse doit s'avancer pour entrer en communication avec lui. Ensuite, il est étrangement vêtu d'un long pardessus militaire kaki-brun des années 40, long jusqu'à la cheville. Voilà l'élément qui nous intéresse le plus ici: que peut-il bien signifier et cacher?

Notons, dans un premier temps, qu'il s'agit d'un manteau, d'un survêtement. Il cache pratiquement tout le corps de l'homme, sauf les extrémités. Un manteau sert essentiellement à se protéger du froid mais, sur le plan symbolique, il peut représenter la personnalité extérieure, voire « surfaite » (faite par-dessus l'authentique) de celui ou de celle qui le porte. C'est probablement le cas ici, d'autant plus que c'est un véritable « pardessus ». Mais de quel aspect paternel s'agit-il? Pour le savoir, nous avons de précieux indices: il s'agit d'un vêtement militaire, kaki-brun, des années 40. Or qui dit militaire dit exercice du pouvoir et de l'autorité: le père du rêve, se présentant ainsi vêtu, c'est précisément le père qui apparaît à sa fille dans toute son autorité de père, tant à l'égard de la rêveuse qu'à l'égard de sa femme. (Dans un autre rêve, ce même père avait pris la décision d'amener sa femme vivre dans une nouvelle maison: or nous savons très bien qu'elle ne voulait pas partir de chez elle: significatif! Dans la maison, c'est lui qui décide! La rêveuse n'a pas réussi à convaincre sa mère de déménager; le mari-père, lui, ne « réussit » pas ce tour de force, il l'*impose* à sa femme!) [4]

En ce qui concerne la couleur, disons d'abord que c'est celle-là même des vêtements militaires. Cependant, nous savons que ce manteau ressemble à celui que la rêveuse a acheté en vitesse, qu'elle n'aimait pas et qu'elle n'a plus jamais porté. Cela signifie clairement que son

4. Ce rêve est présenté au chapitre 3 et s'intitule « Du grand ménage ». Nous nous en étions servi pour illustrer la façon de découvrir le sujet ou le thème d'un rêve.

père lui apparaît dans une tenue qu'elle n'aime pas; l'autorité paternelle avait certainement, pour elle, quelque chose de déplaisant, de désagréable et de lourd.

Cela dit, nous pouvons identifier les deux thèmes du rêve : dans un premier temps, il s'agit du rôle traditionnellement dévolu à la femme, à la fois épouse, mère et ménagère, rôle appris, acquis et exercé par la rêveuse elle-même; dans un deuxième temps, il s'agit de l'autorité exercée par le père au sein de la famille – et du couple.

Abordons maintenant le dernier détail sur le manteau : un pardessus militaire des années 40. Les précisions de date sont toujours de précieux indices pour nous situer dans le temps. Or quel âge avait la rêveuse en 1940 ? Approximativement 10 ans. Il est fort possible que ce soit vers cet âge que la rêveuse a perçu la puissante autorité de son père.

Une confirmation de l'idée qu'il s'agit bien de cette autorité, c'est que la rêveuse mentionne, dans sa note finale, que son père semble un homme en chômage qui a frappé à plusieurs portes pour se trouver du travail, mais n'a rencontré aucun *patron* : un patron, c'est aussi un représentant de l'autorité ! De plus, la rêveuse manque singulièrement d'autonomie : au lieu de chercher elle-même la réponse à ses questions sur « l'aut'bord », elle l'attend d'une autorité extérieure qui se trouve être, ici, son père. Il aurait été étonnant que ce dernier la lui fournisse : dans ce domaine, qui relève de la foi, il n'y a que soi-même qui puisse trouver une réponse. Son rêve lui dit donc : « Sois autonome ! N'attends les réponses que de toi-même ! »

Deuxième exemple : « Un triple habillement » [5]

Je ne me souviens plus très bien du lieu où je me trouvais : une rue ? Une pièce d'une maison ? De toute façon, il y avait des gens. Je retirais lentement mes vêtements, qui étaient une sorte d'uniforme gris. Mais en dessous, je trouvais une espèce de vêtement d'une seule pièce, de couleur bleu « blue-jeans ». Je me

5. Tiré de Pierre Daco, *L'Interprétation des rêves*, p. 48-49.

sentais infiniment triste. Je me suis ensuite retrouvée dans un autre lieu, vêtue cette fois d'un tailleur bleu marine, sombre. Des gens allaient et venaient; je me sentais en paix...

À la recherche du thème ou du sujet du rêve

D'abord, ce qui frappe dans ce rêve, c'est la conscience partielle et mal identifiée du lieu: à l'extérieur ou à l'intérieur? L'extérieur correspond, la plupart du temps, au domaine social, alors que l'intérieur d'une maison fait allusion à la vie personnelle ou familiale. Mais, comme la rêveuse le signale elle-même, « *de toute façon*, il y avait des gens »: ce détail signifie que le problème du rêve concerne la perception que la rêveuse a d'elle-même, mais face à autrui; ce rêve lui parle de ce qu'elle est et, surtout, de ce qu'elle *paraît* aux yeux des autres.

Autre détail intéressant, c'est que nous sommes en présence d'un triple vêtement: d'abord, une *sorte d'*uniforme, puis une *espèce de* vêtement tout d'une pièce, mentionne la rêveuse; en troisième lieu, il est question d'un tailleur. Notons, ici, que lorsqu'on utilise des expressions comme « une sorte de » ou « une espèce de », ça veut toujours dire qu'on n'est pas sûr, que, dans notre esprit, c'est cela tout en ne l'étant pas. Or quelle est la nature exacte de ces vêtements? Malheureusement, Daco ne nous fournit aucun indice là-dessus. Il faudra donc nous débrouiller avec les mots « uniforme », « gris », « blue-jeans » et « tailleur bleu marine », mais la question de savoir si l'uniforme du début est en un ou deux morceaux est important, à mon sens. J'irais même jusqu'à dire qu'il est fort possible qu'il s'agisse d'un deux-pièces puisque, dans sa description, la rêveuse a précisé, justement, que le deuxième vêtement, celui-là, était d'une seule pièce. J'y reviendrai plus loin.

Des indications sur la rêveuse

Qui est la rêveuse? Une jeune femme très élégante, qui ne porte jamais d'uniformes mais toujours des costumes originaux. C'est aussi une femme, dit Daco, «semblant très vive, heureuse de vivre en participant à de nombreuses assemblées mondaines, entre autres». Elle doit donc faire partie d'un milieu socio-économique assez aisé.

Que voilà un détail intéressant et utile à la compréhension du rêve! Dans un premier temps, celui-ci la plonge dans une situation tout à fait différente de sa réalité sociale: la voici vêtue d'un uniforme qui la rend pareille aux autres, et non différente d'eux; vêtue, ensuite et en dessous (point sûrement significatif), d'un vêtement *jeans*, certainement très éloigné de son propre style vestimentaire, très mondain. Daco, en mentionnant qu'elle *semblait* très vive et très heureuse dans son monde, n'est certainement pas loin de la vérité: cette aisance et ce bonheur apparents ne sont pas aussi solides qu'ils en ont l'air... Voilà ce que révèle le rêve à travers les deux premiers vêtements. Le troisième, ce tailleur bleu marine, sombre, qui la rend en paix, devrait donc normalement représenter, en opposition avec les deux premiers, sa vraie nature, c.-à-d. ce qu'elle est vraiment et ce qu'elle doit paraître socialement pour se présenter aux autres de façon authentique.

Les éléments du rêve et les associations de la rêveuse

Sur les lieux du rêve (il y en a deux, on l'aura remarqué), nous ne savons strictement rien: ni Daco ni sa cliente n'en parlent. Pourtant, il est fait mention d'un changement de lieu; cela signifie quelque chose, et ce quelque chose doit être en rapport avec le fait que, tout comme il y a trois vêtements et trois temps dans le rêve, il y aura aussi trois prises de conscience successives lors de l'analyse. La dernière, à cause du changement de lieu, devrait donc être différente des deux premières. Nous aurons l'occasion de voir, plus loin, si tel est bien le cas. Mentionnons, pour le moment, que la rêveuse se retrouve sur une rue ou dans une pièce d'une maison. Dans le premier cas, elle était donc à l'extérieur, et qui dit extérieur dit social: il s'agirait donc bien là de son comportement à l'égard d'autrui. Dans le second cas, «à l'intérieur» fait référence à la vie personnelle et familiale. Si la rêveuse ne se souvient plus du lieu exact, mais reste avec la double idée d'une rue et d'une maison, c'est que les deux hypothèses sont valables et à étudier.

Sur le fait qu'elle retire *lentement* ses vêtements, Daco ne mentionne rien. Cependant, cette lenteur est elle aussi significative: notre rêveuse va tout aussi lentement prendre conscience, et ce successivement, de trois réalités qui la concernent.

Ses vêtements extérieurs sont... «une sorte d'uniforme gris». Un uniforme, comme le signalent Chevalier et Gheerbrant, masque l'aspect individuel. Il est aussi relié au travail ou au statut, et incarne l'intégration à un groupe spécifique. En se dévêtant d'un tel uniforme, c'est son enveloppe sociale, littéralement, que la rêveuse enlève. Elle se départit elle-même de sa *persona*: ce n'est plus ce qu'elle paraît aux yeux des autres, ce n'est plus sa prestance sociale qui compte, c'est ce qu'elle est elle-même, ce qu'elle va, encore littéralement, dé-couvrir.

Notre mondaine associe le gris à terne. Elle inclut la couleur «blue-jeans» dans sa réflexion et associe les deux à... la Chine de Mao, où tout le monde est vêtu de la même façon et dans le même ton. Comme, dans le rêve, les deux premiers vêtements sont découverts dans le même lieu, elle en fait, à l'état conscient, la traduction simultanément, en parlant tout à la fois de l'uniforme et du second vêtement: «Mon élégance est une apparence. Ma personnalité est grise. Uniforme. Ce rêve me dit jusqu'à quel point j'ai passé ma vie à me le cacher. Je devrais enlever tous ces uniformes comme des pelures d'oignon, jusqu'à me retrouver dans mon authenticité.»

Sous l'uniforme, elle trouve «une espèce de vêtement d'une seule pièce, de couleur bleu "blue-jeans"», ce qui la rend triste. Selon la rêveuse (qui ne travaille que sur la couleur et non sur le vêtement, notons-le), cela signifie qu'elle découvre qu'elle a une personnalité intérieure tout aussi terne et conformiste que ce qu'elle paraît: «Extérieurement, l'élégance et la désinvolture. Mais au fond de moi, je me crois obligée de faire comme tout le monde afin que l'on ne puisse rien me reprocher. Faire comme tout le monde, ne pas me faire remarquer, ne pas me faire démasquer. »

Quelques remarques

Que ce rêve l'amène à retrouver sa véritable authenticité, nous n'en doutons point. Cependant, il y a quelque chose de très bizarre dans ces deux premiers vêtements: cette dame ne porte jamais d'uniforme et, sans doute, encore moins de jeans... Comment expliquer, alors, que le rêve la présente deux fois dans *une situation qui ne correspond pas à la réalité*? Mystère.

Aurait-il fallu, ici, travailler sur le vêtement lui-même, particulièrement sur le jean ? En apparence, probablement pas, puisqu'il ne s'agit pas d'un jean, d'un pantalon, mais d'un vêtement tout d'une pièce. Cet indice nous amènerait donc à penser que seule la couleur importe ici. Cependant, le fait que la rêveuse ait dit: « de couleur bleu blue-jeans » et non simplement « de couleur bleu jeans » me semble bien significatif et révéler que le vêtement lui-même doit être étudié. Dans un certain milieu ou à une certaine époque, on disait « un blue-jean » et non « des jeans ». De plus, imaginez combien il serait intéressant de savoir de quel tissu était fait cette « espèce de» vêtement tout d'une pièce ! Nous serions alors fixés, probablement, sur son importance !

À quoi la rêveuse associe-t-elle la couleur « blue-jeans » et les jeans ? D'après ce que Daco a bien voulu nous dire de ce rêve et des associations de sa cliente, ce type de vêtement serait relié à *la désinvolture*, mot qu'elle a elle-même employé pour désigner sa propre attitude sociale. Il est sans doute relié, dans son esprit, à un certain conformisme ou à une certaine uniformité, à un *manque de distinction* puisque, en même temps que l'uniforme, elle a associé ce bleu au fait d'être comme tout le monde, de ne pas se démarquer des autres. Ajoutons que c'est plutôt un vêtement de jeunes pouvant être un signe de contestation ou de révolte contre les règles et le conformisme social (on ne va pas au bal, au bureau ou à une réunion mondaine importante vêtu d'un jean), et il est peut-être bien souvent associé au fait d'être bien et à l'aise dans un tel vêtement, moins empesé que dans un uniforme, un costume ou un beau pantalon de soie, de laine ou de velours.

Si tel est le sens que la rêveuse donne aux jeans, alors, ce qui la rend si triste, c'est de constater

1) qu'elle est désinvolte;

2) qu'en réalité, elle ne se démarque pas des autres;

3) qu'elle est peut-être plus contestataire et révoltée qu'elle ne le pense;

4) qu'elle devrait se sentir bien et à l'aise (aux yeux des autres et peut-être même dans son travail ou dans sa vie sociale) mais qu'en réalité, elle ne l'est pas.

(Notons que travailler sur la seule couleur, ou sur le vêtement comme tel, nous mène à deux traductions différentes qui peuvent être aussi justes l'une que l'autre).

Les autres éléments du rêve

Une fois cela constaté, voilà qu'une troisième situation apparaît: la voici maintenant ailleurs, vêtue d'un tailleur bleu marine, sombre. Cette fois, aux yeux des autres (« des gens allaient et venaient »), elle se sent « en paix » : en paix avec elle-même et avec les autres...

Pour déchiffrer ce que ce tailleur peut représenter, il faudrait avoir plus de détails sur le vêtement en question : il s'agit, cette fois, d'un deux-pièces, d'une veste et d'une jupe ou, peut-être, d'un pantalon. Or qu'est-ce que la rêveuse porte dans le rêve ? Une jupe ou un pantalon ? Si c'est une jupe, alors c'est certainement en rapport avec la féminité; la rêveuse est maintenant en paix en s'acceptant elle-même dans sa situation et dans sa condition de femme. (Dans l'étape précédente, si le jean-pantalon a une certaine importance, il fait référence à la masculinité).

Dans son interprétation, Daco ne donne aucune précision sur le tailleur en question. Les seules indications qu'il nous fournit sont les suivantes: la rêveuse l'associe, à cause de la couleur « bleu marine », à sa vie de pension, où elle a souffert, dit-elle; cependant, c'était aussi une bonne chose car, précise-t-elle, « c'était mon refuge contre les incessantes mésententes de mes parents ».

Tiens, voilà que surgit tout à coup la vie familiale du temps de son enfance. Ce point, dont Daco ne parle pas du tout dans sa présentation, est certainement exprimé dans ce rêve par le détail suivant : la rêveuse ne sait pas, au début, si c'est sur une rue ou dans une pièce de maison. Or cette dernière peut parfaitement renvoyer à la situation parentale, à la perception qu'elle avait de ses parents lorsqu'elle était petite et d'où peut lui venir son problème d'apparence-authenticité.

De plus, le bleu marine est associé au fait d'être sage, de suivre les règlements du pensionnat, c.-à-d. d'agir conformément aux « diktats » extérieurs. La rêveuse a interprété cet élément de la manière suivante : « Au fond de moi, je me crois obligée de faire comme tout le monde afin que l'on ne puisse rien me reprocher. [...] Il faut que je prenne garde à ne pas me remettre dans les rangs, comme en pension, pour y trouver une fausse paix... Je dois combattre mes compensations; je veux être trop différente des autres par mon originalité; je risque de tomber dans un piège dont il me sera difficile de sortir, l'âge venant. »

Autres remarques

Est-ce que c'est là une explication valable et fidèle au rêve lui-même ? Je trouve personnellement que cette interprétation est très morale, voire moralisante, et relève davantage d'un style psychologue à la Daco qu'à une traduction fidèle du rêve. Après avoir laissé parler sa cliente, Daco affirme : « Et l'on pourrait ajouter à ces associations que le fait d'enlever des vêtements "uniformes" correspondait à un découragement profond devant l'inutilité de fausses valeurs (*ne pas se faire remarquer*, compensé par l'originalité et l'élégance, *vie intérieure terne et "uniforme"*, compensée par une vie trop extérieure et trop brillante, etc.). » [6]

---

6. Pierre Daco, *op. cit.*, p. 49.

Que la rêveuse soit subconsciemment « découragée » de son style de vie trop conformiste, passe encore; son rêve a pour but de mettre ce sentiment (ou tout simplement cette question) à jour. Mais que le rêve la mette en garde contre une « fausse paix » ne me semble guère avoir de sens ici puisque, dans la description, il est bien dit qu'elle se sent réellement en paix; d'où, alors, peut venir cette idée que ce sentiment est faux ? Nous avons pourtant vu, tout à l'heure, que, normalement et selon la logique du rêve (ce qui s'y passe et y est ressenti vraiment), ce tailleur bleu marine, sombre, doit représenter sa vraie nature, c.-à-d. ce qu'elle est vraiment et ce qu'elle doit paraître socialement pour se présenter aux autres de façon authentique. Ici, entre l'analyse de Daco (et de la rêveuse elle-même, à ce qu'il semble, si ses associations ont été vraiment libres et non dirigées par le thérapeute), entre cette analyse et la mienne, il y a une nette divergence… Comment résoudre cette opposition ?

Reprenons le rêve lui-même : l'uniforme gris, retiré dans un premier temps, représente le conformisme et la personnalité jugée terne. S'en départir ne provoque aucun sentiment spécial chez la rêveuse. Le but est de retrouver sa personnalité authentique, qui se manifeste, dans le rêve, par cette espèce de vêtement tout d'une pièce, couleur bleu jeans (associée au conformisme et à l'unité sociale). N'aurait-il pas fallu, justement, aller plus loin à ce stade, et réfléchir sur le vêtement lui-même, le jean, et non pas seulement sur la couleur ? Car, diable !, ce qu'on retrouve sous l'apparence, *logiquement*, c'est précisément la personnalité réelle ! Se peut-il que celle-ci soit comme la façade ? Si oui, c'est peut-être ce qui expliquerait sa tristesse : en enlevant son « masque social », pour parler comme Jung, en se départissant de sa Persona, la rêveuse constate qu'elle ne semble pas avoir la moindre graine d'originalité et de personnalité, malgré les apparences pourtant tout à fait contraires… Jusque-là, son interprétation (« ma personnalité est grise, terne, parce que je tiens inconsciemment à faire comme tout le monde pour ne pas subir de reproches ») se tient.

D'un autre côté, si on tient compte des significations possibles du vêtement «jean» et que l'on s'attarde au fait que nous avons bel et bien affaire à des vêtements d'une et de deux pièces, que pourrions-nous découvrir ?

Si, dans ce rêve, le fait qu'il y ait des vêtements deux-pièces et d'une seule pièce est significatif (et pourquoi ne le serait-il pas, puisqu'il est nettement présent dans le rêve ?), alors nous devons conclure que la question de la féminité, de la condition de femme, est impliquée ici. Mais en quoi et pour signaler quoi ? C'est bien difficile pour nous de le dire; seule la rêveuse, si elle était présente, pourrait nous éclairer sur ce point. Quant à moi, tout ce que je peux dire, c'est que les associations faites à partir du tailleur marine l'ont ramenée à la vie du pensionnat (tenu par des religieuses, des femmes exclusivement, et accueillant des filles, tout aussi exclusivement). De plus, ce fut l'occasion, pour cette jeune femme, de faire ressortir les mésententes familiales du temps de son enfance: je pourrais mettre ma main au feu, sans craindre qu'elle brûle, que ce tout petit rêve l'amène précisément à réfléchir sur sa situation familiale d'enfance, et probablement spécialement sur la situation de sa mère en tant que femme et épouse... Rappelons-nous, ici, que le rêve se déroule en deux lieux différents, ce qui suggère que la troisième partie et la troisième prise de conscience sera différente des deux premières. Si j'ai raison, tout se tient!

La clé du rêve, normalement, se trouve dans le dernier épisode, qui est censé donner la solution [7]. Or, si

---

7. Dans notre section sur les chiffres, nous avons mentionné que selon Daco, justement, la troisième partie d'un rêve est censée apporter la solution au problème dont il est question. Je suis pratiquement convaincue, au stade où j'en suis dans mes réflexions sur ce rêve, que la vie de pensionnat et les mésententes familiales sont la clé de l'explication qui reste toujours à venir. Apparemment, tel que Daco l'a présenté dans son livre, le rêve semble bien expliqué. Or il n'en est rien, il ne l'est que superficiellement: la source du problème est précisément dans cette troisième partie, dans ce fameux tailleur bleu marine, sombre, c.-à-d. dans la situation qu'elle a vécue dans son enfance. L'analyse doit, à partir d'ici, se détourner du rêve et se plonger dans cette enfance.

tel est le cas, le tailleur bleu marine doit représenter *la tenue correcte et appropriée* pour la rêveuse. Or voilà qu'elle l'interprète dans le sens contraire, comme quelque chose auquel elle doit prendre garde... D'où cela peut-il bien venir ? Selon ses associations, la solution se trouve... au pensionnat, et le pensionnat, pour elle, signifie règlements à observer (« Oui ma sœur, non ma sœur... »), souffrance et refuge contre les mésententes parentales... Comme ce sont là des souvenirs pénibles, il est peut-être normal que dans un premier mouvement, elle ait eu le réflexe de prendre garde ! Mais vraiment, comme je le pense, c'est précisément là que notre rêveuse doit se diriger pour régler son conflit apparence-authenticité !

Quelques données sur d'autres vêtements particuliers

À l'aide de ces deux rêves, nous avons pu dégager le sens de plusieurs types de vêtements dont, en particulier, les vêtements du haut et du bas du corps, les survêtements et les sous-vêtements. Nous allons maintenant parler de quelques autres, dont les chaussures, les bas et les coiffures.

Les chaussures

Chevalier et Gheerbrant disent que dans certains cas, la chaussure ou le soulier est le symbole du voyageur. En Chine du Nord, une paire de chaussures est un symbole de l'harmonie du couple au point que c'est un cadeau de mariage devenu traditionnel.

Dans la Bible, la chaussure est liée au fait de prendre possession, un symbole du droit de propriété. C'est ainsi que lorsqu'on prenait possession d'une terre, on y lançait sa chaussure. Ce geste signifiait : « Ceci est à moi. »

Sous un autre aspect, la chaussure est une manifestation de l'identité de la personne, comme si la personnalité s'imprégnait dans la chaussure qui devenait en quelque sorte la personne elle-même. Remarquons d'ailleurs qu'une chaussure se déforme toujours à l'usage et finit (assez rapidement) par prendre la forme du pied et de la démarche de celui ou de celle qui la porte. C'est grâce au soulier que Cendrillon a pu «prouver» qu'elle était la jolie jeune fille du bal et que le Prince Charmant a retrouvé sa belle.

Vous êtes-vous déjà attardés à observer les chaussures de quelqu'un, par exemple celles qui se trouvent sur le paillasson? Expérience fort intéressante et instructive, surtout si l'on regarde plusieurs paires de chaussures appartenant à plusieurs personnes. Examinez-les et jugez en fonction de ce qui vous vient tout naturellement à l'esprit: déjà, au premier coup d'œil, certaines vous paraîtront belles et d'autres laides, peut-être même carrément ridicules. Vous direz peut-être: «Ouf! Heureusement, celle-là n'est pas à moi! Tiens, celle-ci, par contre, j'aimerais bien...» Peut-être même direz-vous, en identifiant les chaussures de X: «C'est bien lui ou elle, ça!»

De l'intimité à la sexualité, il n'y a qu'un tout petit pas à franchir; car si la chaussure peut être l'objet d'un culte fétichiste et même d'une attirance ou de l'éveil du désir à l'égard d'une personne, elle peut devenir carrément un symbole sexuel. C'est la thèse de la psychanalyse freudienne: le pied est le symbole du sexe masculin et la chaussure, dans laquelle il se place, symbolise le sexe féminin, le vagin...

Les pantoufles, nous apprennent Chevalier et Gheerbrant, ont une place très importante dans la poésie sensuelle, et une expression populaire fait dire à celui ou celle qui est très attiré-e par une personne: «Je mettrais volontiers mes pantoufles au pied de son lit!» Cette expression est tellement claire qu'il est inutile d'insister davantage.

Comme nous en avons parlé dans notre section sur le corps et sur ses parties, en parlant du pied, nous invitons nos lectrices et lecteurs à s'y référer. Nous ajouterons cependant ici quelques remarques supplémentaires: la *couleur* de la chaussure a toujours son importance et doit être étudiée. Au besoin, se référer à la section qui parle des couleurs, en n'oubliant surtout pas qu'il faut d'abord se poser la question: «Qu'est-ce que cette couleur signifie pour moi ? D'où me vient-elle ? »

Tous les genres de chaussures n'ont pas le même sens: des sandales, des pantoufles, des souliers à talons hauts ou plats, des souliers de toilette ou de travail, des caoutchoucs (ce qu'au Québec nous appelons des « claques »), des bottes, des espadrilles, ont évidemment tous des fonctions et des sens différents, qui sont à examiner. Enfin, le matériau de fabrication peut aussi avoir son importance: le caoutchouc, la fourrure et le cuir évoquent dans nos esprits des images différentes, qu'il s'agit de mettre à jour.

Les bas (ou chaussettes)

Réfléchissons un peu sur ce vêtement qui peut paraître si anodin. D'abord, il est l'intermédiaire entre le pied et la chaussure. Qu'est-ce à dire, sur le plan symbolique ?

Prenons ici le pied dans son sens de zone de l'intimité personnelle la plupart du temps cachée. Il se pourrait que cette zone secrète soit psychologique (le pied symbole de l'âme, comme le pense Diel), soit sexuelle (le pied symbole sexuel du phallus, comme le pensent les freudiens), soit sociale (le pied au sens de symbole du sens de la réalité et de notre attitude par rapport à l'autorité) [8].

Généralement, le pied est toujours «caché» par une chaussure. C'est cette dernière que l'on voit, et non le pied. Et le pied, c'est un peu comme l'intimité; celle-ci est bien protégée des regards et ce que les gens voient, c'est la protection elle-même, l'apparence extérieure. C'est un peu comme la personnalité fabriquée par rapport à la personnalité profonde, naturelle, originale et originelle dont nous avons parlé plus haut.

Tout ce qui est caché, bien sûr, devient attirant... C'est peut-être ce qui explique (entre autres choses) que la chaussure soit devenue un symbole d'amour: à belle

8. Voir la section sur le corps, où ces différents sens sont expliqués.

chaussure beau pied, à beau pied beau corps, et à beau corps belle âme.

Le pied est une partie du corps qui peut être très sensible et sensuelle: embrasser un pied est tout un art, et peut être aussi excitant que d'embrasser l'oreille !

Il y a aussi le fait que les chaussures peuvent être perçues comme révélatrices de la personnalité même de leur propriétaire: certaines nous plaisent et d'autres non; quelques-unes nous paraîtront carrément affreuses et dégueulasses.

Le pied caché, recouvert d'une chaussure, c'est donc comme l'intimité, notre moi caché, non montré. C'est, plus globalement, notre âme, notre être.

Lorsqu'il m'est arrivé de rêver que j'essayais d'enlever une paire de bas de laine sans y arriver, parce qu'ils étaient trop étroits, et que je sentais dans la pièce la vague présence de ma mère, je me suis fait ces réflexions et j'en suis venue à cette conclusion: en essayant d'enlever une paire de bas qui a rétréci, j'essaie en fait de dégager mon âme propre, ma personnalité réelle, de la dégager d'une «enveloppe». Et puisque maman n'était pas loin, cette «enveloppe» avait donc trait aux problèmes que j'avais avec elle. Voilà ce que le rêve disait !

Mais cela ne m'a pas révélé le sens des bas pour autant. J'ai donc poursuivi ma réflexion (le rêve parlait d'une paire de bas de laine ressemblant beaucoup à l'une des miennes, que j'affectionnais tout particulièrement malgré qu'elle fût trop petite), en concentrant ma pensée sur ma paire de bas réelle et non sur celle du rêve; j'ai alors constaté que les bas représentaient un élément de confort très important: c'est vraiment un *intermédiaire* entre le pied et la chaussure, et extrêmement important. Rien de plus désagréable qu'un bas qui plisse, par exemple, qui vous comprime la plante des pieds, ou qui frotte, qui est rugueux ou encore, qui vous fait transpirer et vous fait marcher continuellement dans la moiteur. Rien de plus agréable, par contre, qu'un bas qui vous enveloppe, qui vous dorlote, qui vous donne presque l'impression de flotter tellement il est doux ! Or c'était le cas de cette paire de bas que j'aimais tant: ils avaient beau être très difficiles à enfiler et à enlever, je m'astreignais quand même à cette tâche tellement j'étais bien avec ces bas-là !

Conclusion : les bas symbolisent le confort (ou l'inconfort, selon ce que nous pensons du bas en question), le bien-être corporel, probablement ressenti au niveau de nos « deux personnalités » : la réelle, l'authentique, et la fabriquée, extérieure.

Les coiffures

Les différents « couvre-chefs », qu'il s'agisse d'un simple chapeau, d'un béret, d'un bonnet, d'une casquette, d'un casque, d'un képi, d'un turban ou d'une quelconque coiffure professionnelle, ont trois fonctions: une fonction décorative vestimentaire, qui vient compléter l'habit et peut permettre les plus pures fantaisies, une fonction protectrice (autant contre les éléments naturels que contre le regard d'autrui) et, enfin, une fonction d'identification de son statut ou de sa personnalité.

Si l'on rêve que l'on est soi-même coiffé, ou que l'on voit quelqu'un coiffé de tel ou tel couvre-chef, il faut d'abord travailler sur le sens que nous donnons à ladite coiffure, chercher d'où nous vient l'image elle-même (ce peut être d'un film vu récemment ou d'une personne réelle) et réfléchir sur le sentiment éprouvé dans le rêve à sa vue : ridicule ? originale ? déplacée ? convenable ? séduisante ?

Symbole sexuel ?

Aeppli nous dit que, selon la psychanalyse (entendons ici le freudisme), le chapeau a une signification unilatéralement sexuelle : celui de l'homme aurait rapport avec le phallus, avec la puissance, voire avec un certain moyen anticonceptionnel... Ajoutons que si la rondeur est une forme féminine et que toute forme allongée est masculine (ce qu'affirme la psychanalyse freudienne), il faudrait sans doute inférer du rêve d'une femme portant un chapeau cylindrique qu'il est « évident » qu'elle souffre du « complexe de castration » et souhaiterait être un homme, avoir le pénis soi-disant tant désiré de toutes les femmes !

Mais un peu de sérieux! Jetons un coup d'œil sur l'exemple suivant, plus nuancé, que donne Aeppli: *Quand une femme aux manières particulièrement distantes rêve qu'elle se promène avec un immense chapeau sur lequel pullulent pêle-mêle des fleurs de toutes les couleurs, on peut être sûr (*sic !*) qu'il s'agit d'un être rempli d'espérances sentimentales, de phantasmes sensuels et dont la froideur extérieure ne constitue guère qu'une feinte assurance.*[9] On voit, dans cet exemple, que c'est la sensualité (et non la sexualité) qui semble être symbolisée par les fleurs (et non par le chapeau!) et ce, si la rêveuse est effectivement prise avec un tel problème. Bien entendu, une interprétation « sexuelle » est toujours possible, mais dépend étroitement du contexte et du thème du rêve: si la sexualité n'est pas impliquée, alors il s'agit forcément d'autre chose.

Dans le *Dictionnaire des symboles* de Chevalier et Gheerbrant, on trouve un détail intéressant sur la coiffe de mariée japonaise: comme on croit que les femmes ont tendance à être très jalouses et que, dans ce cas, des cornes poussent sur leur front, on les revêt, à leur mariage, d'une sorte de bandeau blanc censé empêcher la croissance des « cornes de jalousie »... À bon entendeur, salut !

Symbole de la tête et des idées

Une coiffure quelconque est considérée aussi comme un symbole de la tête et de la pensée. Aeppli écrit: « La tête avec ses idées se comporte en rêve selon le genre de chapeau dont elle est coiffée », et il en donne l'exemple suivant: *Un homme trop sérieux s'est vu en rêve coiffé d'un petit chapeau de clown lui venant d'une bande dessinée. Ce détail lui a permis de travailler à changer une attitude que tout le monde avait trouvée ridicule.*[10] « Changer

9. Ernest Aeppli, *op. cit.*, p. 177.
10. *Ibid.*

de chapeau », c'est changer d'idée, avoir une autre vue du monde. « Porter le chapeau », c'est assumer une responsabilité, même pour un acte que l'on n'a pas commis, soulignent Chevalier et Gheerbrant.

Symbole du statut social et professionnel, de la personnalité et du pouvoir

D'un autre point de vue, la coiffure est en rapport, comme le soulignent encore Chevalier et Gheerbrant, avec le statut social, le prestige et le pouvoir (sorte de substitut de la couronne). « Les coiffures sont une façon de capter, de maîtriser ou d'utiliser la force vitale qui est contenue dans les cheveux ». (Voir à « coiffure ».) Ils ajoutent qu'une coiffure peut aussi devenir un signe distinctif de la profession, de la caste, de l'état, de l'âge ou même de l'idéal, voire de tendances inconscientes. Elle peut encore tout aussi bien symboliser une fonction, une situation ou une vocation. Porter une coiffure particulière, c'est affirmer sa différence, choisir une voie. Ce serait, alors, l'une des images de la personnalité profonde.

Le casque

Dans la mythologie grecque, le casque est un symbole d'invisibilité, d'invulnérabilité et de puissance : il protège en rendant invisible, il manifeste la puissance et il peut aussi, symboliquement, cacher les pensées... Le style du casque trahit l'imagination créatrice et les ambitions de celui ou de celle qui le porte et pourrait déceler l'ambition du pouvoir suprême. Selon Diel, il est le symbole du subconscient; en ce sens, il pourrait indiquer que nous cherchons à nous cacher quelque chose à nous-même, à nous cacher nous-même.

Bien entendu, si, dans votre rêve, vous voyez quelqu'un qui porte un casque protecteur, comme ceux des travailleurs de la construction ou de l'Hydro, ces sens ne conviennent guère : c'est la protection et le métier qui comptent alors !

Le turban

Encore selon Chevalier et Gheerbrant, le turban est un symbole de dignité et de puissance. Ce genre de coiffure nous vient de l'Arabie et de la Turquie: c'est la couronne des Arabes. Il peut aussi cacher quelque chose (une calvitie, par exemple). Enfin, c'est un symbole d'investiture (partie des vêtements d'honneur, toujours chez les Arabes). « Le turban est enfin le symbole des professions civiles: porter le turban veut dire fonctionnaire civil. »

Notons que pour nous, au Québec, le turban vu en rêve peut venir non pas de ces pays exotiques lointains, mais, par exemple, de notre « vadrouilleuse » nationale, Francine Grimaldi, ou bien d'une tireuse de cartes ! En ce cas, l'interprétation risque d'être fort différente et de n'avoir aucun lien avec tout ce qui a été mentionné précédemment !

Le képi

Le képi est une coiffure militaire; en tant que tel, il révélerait donc une attitude qui correspond à celle de l'état d'officier, c.-à-d. à l'exercice de l'autorité.

Le manteau

Nous avons déjà parlé de sa signification lors de la présentation du rêve « Qu'y a-t-il de l'aut'bord ? » ; en tant que survêtement, il peut être pris dans son sens utilitaire de protection contre le froid et les intempéries et, aussi, sur le plan strictement symbolique, comme une représentation de l'aspect le plus extérieur de l'individu qui le porte. À ce titre, plus il sera lourd et pesant, plus il indiquera une personnalité qui, elle-même, apparaît lourde.

Ajoutons que, selon Chevalier et Gheerbrant, le manteau comporte, dans bien des cultures et des traditions, un symbole d'identification : donner son manteau, c'est se donner soi-même. Donner ou laisser son manteau à quelqu'un signifie, pour un maître, que son disciple va continuer sa tradition spirituelle et bénéficier de tous ses dons. Pour illustrer cela, mentionnons ici le cas de Junior Galarneau, dans le téléroman *L'Héritage* de Victor Lévy Beaulieu. Après la mort de son père Xavier, le fils revêt l'ancien manteau et l'ancien chapeau de son père; ce faisant, il reprend à son propre compte le rêve de chevaux que son père avait abandonné. Junior devient littéralement son père sous un certain aspect, représenté par ce manteau et ce chapeau. On ne pouvait mieux faire passer ce symbole d'identification !

Bibliographie

AEPPLI, Ernest, *Les Rêves et leur interprétation*, Montréal, éd. du Roseau, 1986.

BAILLY, Othilie, *Dictionnaire des fantasmes et des rêves secrets*, Paris, éd. Garancière, 1987.

BETTELHEIM, Bruno, *Psychanalyse des contes de fées*, Paris, Livre de poche, coll. « Pluriel », n° 8342, 1976.

CASAS, Joseph, *Les Rêves et votre subconscient*, Paris, éd. de Vecchi, 1987.

CAYLA, Henri, *Vos rêves sont des miroirs*, Montréal, éd. de l'Homme, 1984.

CHEVALIER, Jean, et GHEERBRANT, Alain, *Dictionnaire des symboles*, Paris, Laffont-Jupiter, coll. « Bouquins », 1982.

DACO, Pierre, *L'Interprétation des rêves*, Verviers, Marabout, coll. « Marabout service », 1979.

DIEL, Paul, *Le Symbolisme dans la mythologie grecque*, Paris, Petite Bibliothèque Payot, 1962.

DUDLEY G.A., *Les Rêves et leurs significations*, Montréal, éd. Sélect, coll. « Les chemins du pouvoir intérieur », 1982.

FLUCHAIRE, Pierre, *La Révolution du rêve*, Saint-Jean-de-Braye, éd. Dangles, coll. « Psycho-soma », 1985.

FREUD, Sigmund, *L'Interprétation des rêves*, Paris, Gallimard, coll. « La Pléiade ».

JUNG, Carl-Gustav, *Essai d'exploration de l'inconscient*, Paris, Denoël-Gonthier, coll. « Médiations », 1974.

JUNG, Carl-Gustav, *L'Homme à la découverte de son âme*, Paris, Petite Bibliothèque Payot, n° 53, 1962.

JUNG, Carl-Gustav, *L'Âme et la vie*, Paris, éd. Buchet / Chastel, 1963.
LACHANCE, Laurent, *Les Rêves ne mentent pas*, Paris, éd. Robert Laffont, 1983.
L'HERMITTE, Jean, *Les Rêves*, Paris, P.U.F., coll. « Que sais-je ? », n° 24, 1957.
MESEGUER, Pedro, *Le Secret des rêves*, Paris, éd. Vitte, 1958.
PERROT, Étienne, *Les Rêves et la vie*, Paris, éd. La Fontaine de pierre, 1979.
TEDGUY, Claude B., *Comprendre et utiliser vos rêves*, Montréal, éd Québécor, 1986.
VON FRANZ, Marie-Louise, *L'Ombre et le mal dans les contes de fées*, Paris, éd. La Fontaine de pierre, 1980.
WIRTH, Oswald, *Le Tarot des imagiers du Moyen-Âge*, Paris, éd. Tchou, coll. « Bibliothèque des grandes énigmes », 1966.

Table des matières

Préambule 7
Pour vous mettre dans l'atmosphère... 9
À quoi mène l'analyse de nos rêves ?
À quoi faut-il s'attendre comme résultat ? 9
Retour sur votre état d'esprit 14
Travail préalable 15

Première partie — Guide d'analyse 21
Chapitre 1 — Le psychisme humain
ou tout ce qui peut se passer à mon insu... 23
Les trois zones du psychisme 23
Qu'est-ce que l'inconscient? 28
Où l'inconscient puise-t-il ses matériaux? 28
Exercice 31

Chapitre 2 — Les sortes de rêves 33
Qu'est-ce qu'un rêve et d'où vient-il? 33
Les deux principales sortes de rêves 34
Y a-t-il des rêves importants et d'autres insignifiants? 37
Comment déterminer l'importance d'un rêve? 39
Les rêves typiques 40
Les rêves de chute 40
Les rêves de vol 42
Les rêves de nudité 43
Les rêves de mort 44
Les rêves répétitifs ou récurrents 46
Les rêves de situation 47
Les rêves rectificatifs ou de compensation 48
Les rêves d'avertissement 49
Les rêves de tension 49
Les rêves à thématique psychologique 49
Les grands rêves 49
Les rêves transpersonnels 50
Les rêves prémonitoires 50
Exercices 51

Chapitre 3 — Les thèmes de nos rêves 53
Comment identifier le sujet ou le thème d'un rêve 53
1. La relation à la mère 58
2. La relation au père 58
3. La relation aux parents perçus en tant que couple 59
4. Soi-même en tant qu'homme ou femme 60
5. Soi-même face à l'Autorité 62
Exercice 65

Chapitre 4 — Les personnages de nos rêves 67
Points à vérifier dans le rêve 67
1. Un substitut de soi 70
2. Un substitut de quelqu'un d'autre 71
3. Un substitut d'une réalité quelconque 77
L'Animus et l'Anima 78
Exercices 81

Chapitre 5 — La méthode d'analyse des rêves 83
Rappel de quelques principes 83
Les trois étapes de l'analyse 85
1. La description 85
2. L'énumération des éléments à étudier 90
3. L'étude détaillée de chaque élément 96
Quelques suggestions 120

Deuxième partie — Les symboles (ou éléments de rêve) les plus fréquents 123
Introduction 125
Les animaux 129
La manière de les étudier 129
Les oiseaux 137
Les poissons 138
Le serpent 139
La vipère et la couleuvre 149
Chiffres et nombres 155
Généralités 155
Les petits nombres 159
0 160
1 161
2 163
3 169
4 171
5 172

6..174
7..175
8..176
9..177
10..178
Les nombres supérieurs à 10..179
Le corps et ses différentes parties..183
Le symbolisme général du corps..183
La tête..183
Les cheveux..185
Les jambes et les pieds..188
Le talon, la cheville et le mollet..190
La bouche..193
Les dents..194
La langue..196
L'œil..197
Le nez..199
La main..200
Le dos..201
Les poils..202
Les parties érogènes..203
Les parties internes du corps..205
Les couleurs..207
Généralités..207
Questions à se poser..209
Le sens possible de certaines couleurs..211
Le blanc et le noir..211
Le gris..214
Le brun..215
Le rouge..216
Le roux..216
Le rose..217
Le jaune..219
L'orange..220
Le vert..222
Le bleu..223
Le turquoise..225
Le violet..225
Les directions..227
Généralités..227
Un carrefour..228
Gauche et droite..228
Devant (ou en avant). Derrière (ou en arrière)..233

Nord - Sud - Est - Ouest 235
Hauteur / Profondeur. Haut / Bas 237
Les éléments 239
Généralités 239
L'air (et le vent) 241
L'eau 244
Le feu 250
La terre 252
Les formes 255
Généralités 255
Le cercle 258
La sphère 260
La boule 260
Le carré 261
Le cube 261
Le rectangle 262
Le losange 262
L'ovale 262
Le triangle 263
Les lieux de nos rêves 267
Généralités 267
Maison, logement et appartement 267
À la ville ou à la campagne ? 268
Les pays et les continents 269
Dans le Sud au soleil… 271
« À la caisse ! » 271
Hôtel, motel, auberge et pension 273
Une école 275
À l'hôpital 276
À l'église 278
Au restaurant 280
Salle de concert, théâtre, cinéma 281
Au magasin 281
Au salon de coiffure ou d'esthétique 282
Dans le désert, dans une plaine,
à la montagne ou dans une forêt 282
La maison et ses différentes pièces 285
Ce qu'on en dit généralement dans les livres 285
La cave 289
Le sous-sol 291
La cuisine 291
La salle de famille 294
La salle à manger 295

Le salon 295
La ou les chambres 295
La salle de bain 296
Le bureau 298
Le grenier 298
La remise, le hangar ou le garage 299
Un escalier 300
Des pièces vides 301
Les quatre saisons 303
La sexualité 307
Les véhicules 313
Sur terre 316
Trottinette et tricycle 316
La bicyclette 317
La moto et ses variantes: vélo-moteur, scooter, trois ou quatre-roues 318
L'auto et ses parties 321
Autobus et train 328
Camion et camionnette 334
Gros véhicules de travail (tracteurs, machinerie agricole, grues, déneigeuse, etc.) 335
Sur l'eau 338
Dans les airs 339
Les vêtements 345
Reflet de la personnalité extérieure 345
Symbole de la position sociale 347
Les vêtements du haut et du bas du corps 348
Quelques données sur d'autres vêtements particuliers 360
Les chaussures 360
Les bas (ou chaussettes) 362
Les coiffures 364
Le manteau 367

Bibliographie 369

Achevé d'imprimer au Canada
Imprimerie Gagné Ltée Louiseville